商用密码政策法律使用手册

主　编　黄道丽　何治乐　原　浩
副主编　方　婷　马　宁　谢永红

华中科技大学出版社
http://press.hust.edu.cn
中国·武汉

图书在版编目(CIP)数据

商用密码政策法律使用手册 / 黄道丽,何治乐,原浩主编. -- 武汉:华中科技大学出版社,2025. 8.--(全民安全分类普法手册). -- ISBN 978-7-5772-1914-1

Ⅰ. D922.174

中国国家版本馆 CIP 数据核字第 2025EJ1616 号

商用密码政策法律使用手册　　　　黄道丽　　何治乐　　原　浩　主编
Shangyong Mima Zhengce Falü Shiyong Shouce

策划编辑:田兆麟
责任编辑:张　丛
封面设计:沈仙卫
版式设计:赵慧萍
责任校对:程　慧
责任监印:朱　玢
出版发行:华中科技大学出版社(中国·武汉)　　　电话:(027)81321913
　　　　　武汉市东湖新技术开发区华工科技园　　　邮编:430223
录　　排:华中科技大学出版社美编室
印　　刷:武汉市洪林印务有限公司
开　　本:710mm×1000mm　1/16
印　　张:22.75
字　　数:310 千字
版　　次:2025 年 8 月第 1 版第 1 次印刷
定　　价:79.00 元

出 品 单 位

密码法治实践创新基地

指 导 单 位

江苏省国家密码管理局
苏州市国家密码管理局

参 编 单 位

西交苏州信息安全法学所
公安部第三研究所网络安全法律研究中心

支 持 单 位

华为技术有限公司
国科量子通信网络有限公司
中电信量子信息科技集团有限公司
支付宝（杭州）信息技术有限公司
江苏省数字金融重点实验室
苏州市软件评测中心有限公司

编　委　会

序言

　　囿于密码技术的高度专业性特质，密码法治在法学研究领域内似乎仍属于颇为小众的"边缘学科"。由于密码蕴含的神秘色彩，密码法治无疑是贯穿整个 20 世纪最富魅力的法学议题之一，并且在进入 21 世纪后，其重要性愈发显著。密码技术的"两用物项"属性天然决定了探寻其应然法治路径的复杂性，技术的"两面性"迫使各国决策者必须充分考虑国家安全、社会稳定、产业发展和隐私保护等各种法益的复杂博弈和兼容问题。在全球数字化转型加速背景下，重要国家和地区的密码法治也进一步调整：一方面凸显创造更安全的数据流动环境、更有利的贸易促进措施以赋能各国数字经济发展的特点；另一方面也呈现出基于密码技术提升国家科技实力和国家安全保障能力的趋势。

　　密码是党和国家的重要战略资源，直接关系国家政治安全、经济安全、国防安全和信息安全。我国历来高度重视密码工作，始终将其作为维护国家安全和人民利益的一项基础性工作，密码相关政策在我国密码管理工作中起到了至关重要的作用。1993 年，中共中央政治局召开会议，提出对商用领域密码进行管理，随后密码分类增加了第三类"商用密码"。1996 年，国家决定大力发展商用密码，加强对商用密码的管理。党中央印发《关于发展商用密码和加强对商用密码管理工作的通知》，明确商用密码发展和管理方针。1999 年，国务院颁布施行《商用密码管理条例》，"商用密码"的名称开始为社会所熟知和广泛使用。此后，中共中央文件、党内法规及国家密码管理局制定发布的规范性文件均采用"商用密码"这一名称。

1999 年《商用密码管理条例》不仅奠定了我国基于商用密码生命周期的基本管理格局，也是彼时顺应国际上密码民用化重大转变和数字贸易的早期需求。

百年变局之下，密码管理范式新变革的需求现实更迫切。2019年 10 月 26 日，第十三届全国人大常委会第十四次会议审议通过《中华人民共和国密码法》（以下简称《密码法》），自 2020 年 1 月 1 日起正式施行。《密码法》以总体国家安全观为指导，确立了诸多回应时代命题的密码管理制度，全面重塑具有中国特色的密码管理体系，为加强新时代密码工作提供了强大的法律武器，开启了中国密码法治新纪元。尤其是，《密码法》按照分类管理原则，将密码分为核心密码、普通密码和商业密码，并分章作出专门规定，有效回应了在统一管理模式下哪类密码可以被社会化利用的社会关注。

商用密码用于保护不属于国家秘密的信息，是密码面向社会、面向市场的主要阵地和领域。从社会生产生活实践来看，人民群众日常生活所需的身份认证、交易支付、个人信息保护、通信往来环节背后都有《密码法》意义上的密码使用，重要网络与信息系统、关键信息基础设施、网络数据离不开密码保护，云计算、大数据、5G、物联网、数据要素流通、人工智能、区块链、量子通信、数字货币等新技术、新业态也与密码紧密相关。

2023 年 7 月 1 日，新修订的《商用密码管理条例》（以下简称《条例》）正式施行。《条例》衔接并细化了《密码法》有关商用的规定，明确总体国家安全观在商用密码工作中的指导地位，将商用密码技术和应用能力从 1999 年《商用密码管理条例》国家秘密的定性中"释放"出来，同时总结其部分成熟经验与新时代十年实践成果，确立商用密码使用、应用和管理的法治规则。《条例》系统规范商用密码科研、生产、销售、服务、检测、认证、进出口、应用等生命周期活动，重点关注商用密码技术审查鉴定、检测认证、进出口、应用安全性评估等制度，形成了兼具密码技术共性和中国技术特性的商用密码制度创新体系。此后，《商用密码检测机构管理办法》《商用密码应用安全性评估管理办法》《电子政务电子认证服务管理办法》等多部配套规章相继出台，商用密码管理制度更具可操作性。

客观而言，无论是从政府监管的宏观视角，还是从企业合规的微观层面来审视，商用密码的法治实践都是一项颇具挑战性的工作，普法和释法任务依然相对艰巨。随着《条例》的深入贯彻落实，密码从业人员、密码研究人员，尤其是网络运营者、关键信息基础设施运营者、网络数据处理者、个人信息处理者等不同主体，应当充分了解商用密码相关制度要求，正确、合规、有效使用商用密码产品、技术与服务，实现网络与信息安全。鉴于此，本书主要聚焦解释《条例》，将其放置于大网络安全格局中，结合《网络安全法》《数据安全法》《个人信息保护法》《关键信息基础设施安全保护条例》《网络数据安全管理条例》等网络空间法律体系，从条款主旨、核心概念、主要内容等方面进行解析。同时，援引境外相关规定，包括国外法律、国际条约与协定等相关内容，完成比较法研究应当具备的基本要求，并寻求在法律的审慎稳定和政策的灵活弹性变化之中达到平衡。

"法治兴则民族兴，法治强则国家强。"贯彻落实法律法规，推进密码法治创新，需要汇聚政产学研用各方力量，协调法治引领与产业发展，共同推动密码普法宣传、密码人才培养、密码融合应用、执法能力建设、多部门协作机制建立等工作。我国正致力于构建并践行一个更为深刻、全面且科学的商用密码法治发展体系。一个商用密码法治实践繁荣发展的新时代，值得身为法律工作者的我们在这个看似小众实则影响深远的领域持续努力，也值得政产学研用的密码界同仁们一起奋斗并见证。

因水平所限，本书难免存在疏漏与不足之处，恳请读者批评指正。

是为序。

编写组

2025 年 5 月

目录

商用密码政策法律使用手册

第二编
我国境内密码法律汇编

第一编

《商用密码管理条例》释义

第一章 总 则

第一条 【立法目的】

为了规范商用密码应用和管理，鼓励和促进商用密码产业发展，保障网络与信息安全，维护国家安全和社会公共利益，保护公民、法人和其他组织的合法权益，根据《中华人民共和国密码法》等法律，制定本条例。

本条主旨

本条是关于立法宗旨的规定。

核心概念

规范应用和管理，鼓励和促进商用密码产业发展，网络与信息安全，国家安全和社会公共利益，公民、法人和其他组织的合法权益。

条文详解

《密码法》第一条明确立法目的是"规范密码应用和管理，促进密码事业发展，保障网络与信息安全，维护国家安全和社会公共利益，保护公民、法人和其他组织的合法权益"。本条贯彻和延续《密码法》立法目的，明确制定和实施《条例》希望实现的法益价值和所要达成的法治目标，并明确《条例》的上位法依据。密码工作历来受到党和国家的高度重视，我国是较早制定专门性商用密码法律规范的国家之一，早在 1999 年就颁布实施《商用密码管理条例》。不过，早期的商用密码管理思路偏向于密码技术的军用属性，通常将其视为"隐秘战线"的一部分。

20 世纪 90 年代，随着互联网信息技术的商用普及，网络和数据安全风险问题开始成为一项基础性的社会矛盾。互联网开发之初就被设计成即使在遭受重大损失的情况下仍然能够保证通信能力，这种弹性通过在信息的发送方和接收方之间部署大量节点实现，这些节点构成不可计数的通信路径，在一条路径受到影响后，通信可以通过其他路径进行传输。为此，节点的可信性问题开始成为各方关注的焦点。互联网的节点由大量且身份复杂的参与者控制，其中既包括合法的公共机构和组织，又包括潜在的犯罪分子和敌对势力。事实上，在互联网通信中无法保证通信内容只通过合法参与者控制的节点，这对网络和数据安全提出了严峻挑战。

这种系统性的不安全因素也是密码技术成为互联网发展最根本保证的重要原因。在默认外部风险的情况下，密码技术是实现网络和数据安全最有效的途径，其通过数据加密和认证等方式，能在不安全的环境下对通信和存储的数据施加保护，以防止未经授权的访问、篡改、伪造、抵赖等行为。密码技术能够在安全和发展之间提供有益的平衡机制，这种在安全方面的灵活性是其他任何技术都不能比拟的。密码技术的使用可以有效提升政务信息、商业信息和个人信息等各类信息的安全性，对于国家安全、社会稳定、产业发展和个人隐私的保障至关重要。

为此，我国早期所确立的商用密码专控管理思路已经很难适应社会和时代发展的需要。特别是在我国 2016 年发布的《网络安全法》第二十一条确立国家网络安全等级保护制度，并将重要数据加密作为网络安全保护义务之一的情况下，《密码法》彻底改变了原有思路，明确兼顾安全和发展的监管原则。一方面，安全是发展的条件，没有安全就没有发展得以顺利实现的根本保证；另一方面，发展是安全的基础，没有发展就没有安全得以持续保障的有力支撑。《条例》积极贯彻落实这一意义重大的监管改革成果，将"规范商用密码应用和管理"和"鼓励和促进商用密码产业发展"作为商用密码管理的根本目标。

鉴于此，《密码法》《条例》既是保障法，又是促进法。一方面，商用密码管理必须正视技术"两面性"的客观属性，切实保障商用密码技术自身及其应用的安全性，防止商用密码技术可能被窃取、攻击和滥用的风险，保障网络与信息安全，维护国家安全和社会公共利益，保护公民、法人和其他组织的合法权益。另一方面，密码技术已经成为国家核心竞争力的重要支撑，是数字经济良性发展的必要保障。《条例》专章规定商用密码应用促进规范，推动商用密码技术在各领域的应用，有效缓解日益严峻的网络和数据安全风险，提升用户信心，促进各领域产业的创新发展。

▌ 立法参照

一、境内立法参照

立法目的是法律法规的首要内容，《国家安全法》《密码法》《网络安全法》《数据安全法》《反恐怖主义法》《对外贸易法》《海关法》《出口管制法》等多部法律都将维护国家安全和社会公共利益，保护公民、法人和其他组织的合法权益作为立法目的之一。典型如《国家安全法》的立法目的包括维护国家安全、保护人民的根本利益等；《网络安全法》的立法目的包括保障网络安全，维护网络空间主权和国家安全、社会公共利益，保护公民、法人和其他组织的合法权益等；《密码法》的立法目的包括规范密码应用和管理，促进密码事业发展，保障网络与信息安全，维护国家安全和社会公共利益，保护公民、法人和其他组织的合法权益。

二、境外立法参照

1997 年，经济合作与发展组织发布《密码政策指南》认为，密码技术对于全球信息通信网络技术和电子商务的发展都至关重要。建议旨在促进密码使用的同时不会危害公共安全、执法和国家安全。美国《2014 年联邦信息安全管理法案》规定的立法目的包括规范"涉及有关国家安全的密码活动"。2018 年，美国众议院提出《加密法案》，旨在加强宪法所规定的公民通信隐私权，保护公民的合法权益。越南《密码法》要求国家制定建立和发展密码队伍的政策，强调密码管理的基本原则和要求包括遵守宪法和法律，保护国家利益以及机构、组织和个人的合法权益；确保绝对的机密性、安全性、准确性和及时性。

第二条 【适用范围】

在中华人民共和国境内的商用密码科研、生产、销售、服务、检测、认证、进出口、应用等活动及监督管理，适用本条例。

本条例所称商用密码，是指采用特定变换的方法对不属于国家秘密的信息等进行加密保护、安全认证的技术、产品和服务。

├─ 本条主旨

本条是关于《条例》适用范围和商用密码概念的规定。

├─ 核心概念

商用密码，特定变换，加密保护，安全认证。

┤ 条文详解

一、明确《条例》的适用范围

本条包括两个维度的限定，一是明确效力范围，即《条例》只针对我国境内的商用密码活动产生规范、约束和强制效果，不具有域外适用效力。这主要是考虑到商用密码技术本身"两用物项"的特殊属性，其使用场景通常较为敏感，与国家安全、社会稳定、产业发展和隐私保障均息息相关，在监管和执法权限的设定上要极为审慎，避免因效力扩张引发国际争议与矛盾。明确和坚持域内效力，也符合当前国际密码监管的通行做法。

需要注意的是，随着商用密码应用领域和范围的不断泛化，特别是商用密码在全球数据流动中开始发挥不可替代的安全保障作用，适度扩展域外效力已变得紧迫而必要。党的十九届四中全会通过的《中共中央关于坚持和完善中国特色社会主义制度 推进国家治理体系和治理能力现代化若干重大问题的决定》明确指出，要加快我国法域外适用的法律体系建设。我国在国家网络和数据安全治理的法律法规中已经对此有所考虑，确认全部或部分条款的域外效力。例如，《网络安全法》第七十五条规定："境外的机构、组织、个人从事攻击、侵入、干扰、破坏等危害中华人民共和国的关键信息基础设施的活动，造成严重后果的，依法追究法律责任；国务院公安部门和有关部门并可以决定对该机构、组织、个人采取冻结财产或者其他必要的制裁措施。"未来，我国密码领域的立法修改可引入类似域外适用规定，以在全球化背景下完善密码领域海外利益保障体系，更好地实现监管职责，维护国家利益和社会公共福祉。

二是明确规范事项的范围，包括商用密码科研、生产、销售、服务、检测、认证、进出口、应用等活动及监督管理，实现了商用密码技术、产品和服务的全生命周期、全供应链条的有效治理。鉴于商用密码供应和使用的全球化，不安全或恶意的技术、产品和服务将拥有更为便利而多元的渗透渠道，同时具有典型"侵益性"的技术滥用行为也可能出现在商用密码生命周期的各个阶段。《密码法》第十二条明确规定，任何组织或者个人不得窃取他人加密保护的信息或者非法侵入他人的密码保障系统。任何组织或者个人不得利用密码从事危害国家安全、社会公共利益、他人合法权益等违法犯罪活动。在更加开放的安全环境下，强调商用密码管理的全覆盖，确保各项待规范事项在法治框架内有序运行，将有助于提升商用密码应用的安全性和合规性，遏制各类商用密码违法犯罪活动，切实保障国家安全、社会稳定和个人合法权益。

此款规定只表明应当被纳入监管范围的商用密码活动事项，并不是强调商用密码的专控管理，也不是对商用密码的全流程许可。为适应商用密码技术发展需要，充分发挥商用密码的安全保障功能，我国《密码法》对1999年《商用密码管理条例》的专控管理思路作出重大调整，管理方式由行政审批调整为检测认证管理，目前国家密码管理局仅保留商用密码技术审查鉴定、商用密码检测机构资质认定、电子认证服务使用密码许可、电子政务电子认证服务机构资质认定、进出口许可（商务部会同国家密码管理局）等少量行政许可事项，强化产业市场调节功能，鼓励商用密码创新、应用，兼顾安全与发展的双重法益诉求。

二、明确商用密码的法定概念

《密码法》第六条规定，国家对密码实行分类管理。密码分为核心密码、普通密码和商用密码。为此，商用密码属于密码分类的一种，其概念界定应同《密码法》关于密码的定义保持高度一致，同时体现商用密码的特殊性。理解商用密码的法定概念需要重点把握以下四点：

一是商用密码需要采用特定变换方法，这里的特定变换包括数学（例如双椭圆螺旋曲线、大素数分解等）等方法，使受保护的信息能够在明文与密文之间进行转换，未经授权的人员对于信息内容不可访问。这也是法定的密码同日常使用的"密码"最大的不同，日常生活中广泛使用的支付密码、微信密码、银行卡密码等概念，事实上在法律语境下被称为"口令"，是进行身份验证的工具，其本质不能通过特定变换对受保护的信息实现隐藏，不属于监管意义上的密码范畴。

二是商用密码对"不属于国家秘密的信息"进行保护，这是对商用密码应用范围或对象的限定，是区别于核心密码和普通密码的根本特征。根据我国《保守国家秘密法》的规定，所谓国家秘密系指"关系国家安全和利益，依照法定程序确定，在一定时间内只限一定范围的人员知悉的事项"。涉及国家秘密的载体以及属于国家秘密的设备、产品，应当作出国家秘密标志。根据该定义，商用密码应当主要用于民用或商用场景，不能在涉密场景下进行使用。需要注意的是，根据上述规定并不能得出商用密码在安全强度方面一定弱于核心密码和普通密码的结论，三者最大的区别在于保护对象的不同。

三是商用密码的主要功能是加密保护和安全认证。其中，加密保护是指采用特定变换方法，将原来可读（即大家都能看懂）的信息变成不可直接识别（即在缺乏密钥的情况下大家都不看懂）的信息（例如符号序列），也就是将明文转化为密文的过程。这一功能保证了受保护的信息即使被未经授权的人员截取，其内容也不会被他人所知，充分保障信息的保密性。安全认证是指采用特定变换方法，确认信息是否完整、是否被篡改、是否可靠以及行为是否真实。这一功能保障了信息主体和信息的真实性、可靠性与不可抵赖性。例如常用的电子签名即主要实现这一功能。

四是受规制的商用密码包括技术、产品和服务。技术主要指商用密码的实现途径及保护方法，例如密码安全协议、密码算法、密钥分发协议等。产品主要指商用密码技术的现实载体，例如密码机、密码芯片或模块等。服务指基于商用密码专业技术、技能和设施，为他人提供集成、运营、监理等密码支持和保障的活动。简单而言，商用密码就是基于商用密码技术、产品和服务，实现商用密码功能，提供商用密码保障的行为，典型如商用密码保障系统集成、商用密码保障系统运营等。

┃ 立法参照

一、境内立法参照

《密码法》第二条对密码的概念作了规定。《网络安全法》第二条规定了该法的境内适用效力，即在中华人民共和国境内建设、运营、维护和使用网络，以及网络安全的监督管理，适用本法。《数据安全法》《个人信息保护法》则不仅有域内适用效力，还包含域外适用效力。

二、境外立法参照

一般而言，境外立法也会规定法律的适用范围，例如，越南2018年《网络安全法》第二条规定，本法适用于任何越南组织或个人；越南境内直接参与或从事越南网络信息安全相关活动的外国组织和个人。2012年塔吉克斯坦《密码法》第二条明确，本法规定适用于塔吉克斯坦共和国公共机构的加密工具，以及塔吉克斯坦共和国的个人和法律实体的加密工具，这些工具旨在信息存储和交换过程中保护信息。

第三条 【管理体制】

坚持中国共产党对商用密码工作的领导，贯彻落实总体国家安全观。国家密码管理部门负责管理全国的商用密码工作。县级以上地方各级密码管理部门负责管理本行政区域的商用密码工作。

网信、商务、海关、市场监督管理等有关部门在各自职责范围内负责商用密码有关管理工作。

┠ 本条主旨

本条是关于商用密码工作领导体制、指导思想和管理体制的规定。

┠ 核心概念

党的领导，总体国家安全观，商用密码有关管理工作。

┠ 条文详解

本条明确了我国商用密码工作的领导体制、指导思想和管理体制。本条规定不是对宪法性内容的简单重复，而是在全面总结商用密码工作长期经验的基础上，对"依法治密"有效路径的探索和强化，旗帜鲜明地宣示党对商用密码工作的领导地位，贯彻落实习近平新时代中国特色社会主义思想，体现了"四个意识"，彰显了"四个自信"。

一、坚持中国共产党对商用密码工作的领导

坚持中国共产党的领导，是开展商用密码工作的基础和前提，是任何时候、任何情况下都必须毫不动摇坚持的基本原则。我国密码管理领域的基本法《密码法》中明确了党对密码工作的领导体制，即"坚持中国共产党对密码工作的领导。中央密码工作领导机构对全国密码工作实行统一领导，制定国家密码工作重大方针政策，统筹协调国家密码重大事项和重要工作，推进国家密码法治建设"。党管密码原则具有悠久的历史传统，密码工作历来属于"隐私战线"的一部分，是党和国家的重要"生命线"。自我国1930年创建密码工作以来，就一直由党中央直接领导和管理，坚持党的绝对领导，是密码工作最根本、最核心的基线要求。党的二十大报告明确指出：

"中国特色社会主义最本质的特征是中国共产党领导，中国特色社会主义制度的最大优势是中国共产党领导，中国共产党是最高政治领导力量，坚持党中央集中统一领导是最高政治原则。"在我国社会数字化深刻转型的背景下，商用密码工作同样面临诸多前所未有的困难和挑战，需要守正创新，大胆开拓。只有坚持党的领导，充分实现党总揽全局、协调各方的全面核心领导作用，才能有效发挥政治优势、制度优势，把握正确方向，集中力量办大事。坚持党的领导，是我国密码工作长期实践中获取的最宝贵的历史经验。

二、贯彻落实总体国家安全观

总体国家安全观作为新时代中国特色社会主义发展的基本方略，是我国全面推进依法治国的科学理论指导。党的二十大报告强调，"必须坚定不移贯彻总体国家安全观，把维护国家安全贯穿党和国家工作各方面全过程，确保国家安全和社会稳定"。《密码法》第三条同样明确规定："密码工作坚持总体国家安全观，遵循统一领导、分级负责，创新发展、服务大局，依法管理、保障安全的原则。"尽管商用密码并不用于保护国家秘密，但其本身仍然同国家安全密切相关，一旦失控或被滥用，同样可能引发不可接受的国家安全风险。2014 年 4 月 15 日，习近平总书记主持召开中央国家安全委员会第一次会议。习近平总书记在讲话中首次提出总体国家安全观，强调要准确把握国家安全形势变化新特点新趋势，坚持总体国家安全观，走出一条中国特色国家安全道路。根据《国家安全法》的规定，国家安全首先是一种"没有危险和不受内外威胁的状态"，其次还是一种"保障持续安全状态的能力"。[①] 冷战之后，传统"军事—政治"的国家安全二元结构开始瓦解，经济全球化推动国家间竞争格局和地缘政治关系剧烈变动，越来越广泛的安全考量成为影响国家生存

[①] 我国《国家安全法》第二条规定，国家安全是指国家政权、主权、统一和领土完整、人民福祉、经济社会可持续发展和国家其他重大利益相对处于没有危险和不受内外威胁的状态，以及保障持续安全状态的能力。

和发展的关键内容。国家安全的内涵除由特定的客观物质性决定外，开始受到诸如价值、意识和主体认同等观念的影响。总体国家安全观敏锐地意识到这场深刻的国际变革，从全局性、基础性和体系性的战略高度，全面扩展了新时期国家安全的应然内容，在"风险多元化"的内外部环境下，提升我国整体的国家安全保障能力。商用密码工作要贯彻落实总体国家安全观，重点是处理好"五大要素"和"五对关系"。五大要素是坚持"以人民安全为宗旨，以政治安全为根本，以经济安全为基础，以军事、科技、文化、社会安全为保障，以促进国际安全为依托"。五对关系是指"既重视发展问题，又重视安全问题；既重视外部安全，又重视内部安全；既重视国土安全，又重视国民安全；既重视传统安全，又重视非传统安全；既重视自身安全，又重视共同安全"。

三、明确商用密码监管体制

商用密码工作的管理体制包含纵向和横向两个层面的制度安排。在纵向层面，明确各级密码管理部门负责商用密码管理工作，按照一般行政监管原则，实行四级监管体制，即由国家密码管理部门负责管理全国的商用密码工作，省、市、县地方各级密码管理部门负责管理本行政区域的商用密码工作。鉴于当前社会整体数字化转型的客观事实，商用密码运用的深度和广度都在持续进行，导致商用密码管理工作变得更为复杂，涉及诸多与网络和数据安全以及技术管控相关的管理事项。本条规定既明确了商用密码管理部门同网信、商务、海关和市场监督管理等部门的职权划分，厘定监管边界，又侧面体现了各部门之间相互配合的"公务协作"关系，形成工作合力。一方面，既有效防止商用密码监管领域的"争权"或"弃权"情况；另一方面，又保证各部门在既有监管框架下履职的流畅性和衔接性。

就具体职责而言，例如，明确申请商用密码认证机构资质，应当向国务院市场监督管理部门提出书面申请；关键信息基础设施的运营者采购涉及商用密码的网络产品和服务，可能影响国家安全的，应当依法通过国家网信部门会同国家密码管理部门等有关部门组织的国家安全审查；进口商用密码进口许可清单中的商用密码或者出口商用密码出口管制清单中的商用密码时，应当向海关交验进出口许可证，并按照国家有关规定办理报关手续；商用密码进口许可清单和商用密码出口管制清单由国务院商务主管部门会同国家密码管理部门和海关总署制定并公布等。

├─ 境内立法参照

北大法宝搜索显示，截至 2024 年 7 月，我国有近百部法律、行政法规将坚持党的领导写入法条，典型如《国务院组织法》第三条、《行政复议法》第三条、《立法法》第三条等；有超过 20 部的法律、行政法规都将坚持总体国家安全观写入法条，典型如《国家安全法》第三条、《出口管制法》第三条、《保守国家秘密法》第四条、《反间谍法》第二条、《数据安全法》第四条。

第四条　【人才培养】

国家加强商用密码人才培养，建立健全商用密码人才发展体制机制和人才评价制度，鼓励和支持密码相关学科和专业建设，规范商用密码社会化培训，促进商用密码人才交流。

├─ 本条主旨

本条是关于商用密码人才培养的规定。

├─ 核心概念

人才培养，发展体制机制，评价制度，社会化培训，人才交流。

┃ 条文详解

　　人才是国家战略资源，是未来国家竞争的核心保障力量，也是商用密码事业获得长期稳定发展的根本驱动。我国历来高度重视各领域人才培养工作，并将其作为强国战略的重要面向和组成部分。党的二十大报告明确提出要深入实施人才强国战略，强调培养造就大批德才兼备的高素质人才，是国家和民族长远发展大计。

　　商用密码属于典型的两用物项，其人才队伍承担着"保安全、促发展"的双重艰巨任务。《密码法》颁布实施后，商用密码利用的深度和广度获得巨大扩展，在产业应用、创新发展、服务保障、监督执法等方面均面临明显的人才缺口。特别是当前密码技术正在经历向后量子密码迁移的关键转型期，人才队伍建设的紧迫性和重要性更为凸显。《密码法》将密码人才培养视为一项明确的国家任务，在第九条中规定国家加强密码人才培养和队伍建设，并同步建立密码工作表彰奖励制度。

　　在此基础上，《条例》进一步将该任务细化为四个方面的具体工作。一是建立健全商用密码人才发展体制机制和人才评价制度，这要求各地各部门要深化商用密码人才发展体制改革，不断完善人才认定和评价机制，激励商用密码科研、应用、保障、监管等各领域人才的创新活力，真正做到"真心爱才、悉心育才、倾心引才、精心用才"。二是鼓励和支持密码相关学科和专业建设。当前，我国已经有超过百所高校开设密码学专业或密码学相关课程，培养了大批高水平密码技术人才。但随着商用密码技术的社会化普及应用，提供技术发展决策、服务、保障和监管的商用密码战略人才、法治人才、执法人才等专业化队伍也需要进一步加强，相关学科和专业建设应当同步加强。三是规范商用密码社会化培训。这包含两方面的要求，一方面，社会化培训是促进社会公众"知密码、懂密码、用密码"的有效途径，应充分鼓励和利用各类社会化培训力量，增强社会整体的密码安全意识，引导各方合规、正确、有效和安全地使用和管理商用密码；另一方面，社会化培训不同于国民教育体系和公务员培训体系，其受众具有相当程度的开放性和复杂性，需要承担必要的注意义务和保密责任。社会化培训应当依法依规予以开展，确保商用密码安全。四是促进商用密码人才交流，加快建设世界重要人才中心和创新高地，着力形成人才国际竞争的比较优势。

第五条 【宣传教育】

　　各级人民政府及其有关部门应当采取多种形式加强商用密码宣传教育，增强公民、法人和其他组织的密码安全意识。

┣ 本条主旨

　　本条是关于加强商用密码宣传教育，增强密码安全意识的规定。

┣ 核心概念

　　商用密码宣传教育，密码安全意识。

┣ 条文详解

　　本条贯彻《密码法》第十条规定，强调商用密码宣传教育和增强安全意识的重要性。商用密码宣传教育是网络安全整体宣传教育的重要组成。《密码法》发布后，中央和国家机关有关部门、各省（区、市）密码管理部门、密码用户部门和从业单位等组织开展了一系列主题鲜明、富有特色的密码法宣传活动。然而，商用密码涉及的技术、产品和服务具有较强的专业性，一些公众的密码知识薄弱甚至不具有密码的基础知识，对于密码、加密保护、安全认证等相关概念缺乏了解，对密码的认识仍停留在与口令混淆的初级阶段。商用密码宣传教育有助于公众了解商用密码知识，对于提升商用密码使用、增强安全意识等具有重要意义。

本条规定了各级人民政府在商用密码宣传教育方面的职责，县级以上人民政府进行宣传教育时可以采取多种形式，包括利用官方公众号等新媒体宣传普及，利用电视台的法制栏目宣讲密码知识，走进基层宣讲密码法律法规，在地标建筑、金融机构、交通枢纽等场所投放宣传视频、标语，举办线上密码知识竞赛，利用"全民国家安全教育日""国家网络安全宣传周"等全国性重要活动宣传商用密码知识，推动商用密码进校园、进课堂、进社会、进网络等，在全社会营造知密、懂密、用密的良好氛围。宣传教育的内容包括但不限于商用密码基础知识、政策法律和技术等，引导人们正确、合法地使用商用密码，防范网络攻击等。

商用密码的宣传教育可以按照适用人群和特性分为面向公众的普及性宣传教育，以及面向政府、科研和特定行业、机构等密码使用单位的专业性宣传教育。二者宣传教育的侧重点、力度有所不同。国家密码管理部门和其他各级密码管理部门已经针对《密码法》《条例》开展了多种形式的宣传教育，中国密码学会、密码法治实践创新基地等智库也通过竞赛、论坛、研修班等形式推动商用密码政策法律的宣传教育，对增强公众的商用密码安全意识具有重要作用。

境内立法参照

在我国百余部法律中都有关于宣传教育的规定，典型如《密码法》第十条、《网络安全法》第十九条、《数据安全法》第九条、《保守国家秘密法》第九条、《反间谍法》第十三条等。

017

第一章 总则

第六条 【社会组织】

商用密码领域的学会、行业协会等社会组织依照法律、行政法规及其章程的规定，开展学术交流、政策研究、公共服务等活动，加强学术和行业自律，推动诚信建设，促进行业健康发展。

密码管理部门应当加强对商用密码领域社会组织的指导和支持。

┣ 本条主旨

本条是关于社会组织依法开展活动，加强自律的规定。

┣ 核心概念

社会组织，学术和行业自律，指导和支持。

┣ 条文详解

商用密码领域的学会、行业协会等社会组织是实现"密码共治"格局的重要组成力量，发挥着不可替代的桥梁纽带作用和多元利益协调作用。作为介于密码管理部门和商用密码产业之间的社会组织，一方面，可以积极向密码管理部门反映行业、会员诉求，提出商用密码研究、行业发展和立法规划等方面的意见和建议；另一方面，可以积极参与相关法律法规、宏观调控和产业政策的研究、制定，参与制定修订商用密码国家标准、行业标准和行业发展规划、行业准入条件，帮助密码管理部门完善产业监管，促进行业发展。此外，社会组织同样是一种重要的自律力量，在行业治理中扮演着重要角色，对于规范和引导商用密码产业合法合规发展，发挥着自我监督和自我约束的功能。既大大减少了政府的管理成本，又促进了行业自身的发展，彰显了巨大的社会效益。

《密码法》第三十条规定，商用密码领域的行业协会等组织依照法律、行政法规及其章程的规定，为商用密码从业单位提供信息、技术、培训等服务，引导和督促商用密码从业单位依法开展商用密码活动，加强行业自律，推动行业诚信建设，促进行业健康发展。在此基础上，《条例》进一步强调两方面内容：一是加强商用密码领域学会、行业协会等社会组织的服务属性和约束职能，要求其在依照法律、行政法规及其章程的前提下，提供学术交流、政策研究等服务，并同步加强学术和行业自律，促进行业健康发展；二是明确了密码管理部门对商用密码领域社会组织的指导和支持职责，在深化商用密码领域行政审批改革的背景下，做到自律与他律相结合，帮助社会组织充分发挥桥梁纽带作用，优化共治格局。

第二章　科技创新与标准化

第七条　【促进商用密码科技创新】

国家建立健全商用密码科学技术创新促进机制，支持商用密码科学技术自主创新，对作出突出贡献的组织和个人按照国家有关规定予以表彰和奖励。

国家依法保护商用密码领域的知识产权。从事商用密码活动，应当增强知识产权意识，提高运用、保护和管理知识产权的能力。

国家鼓励在外商投资过程中基于自愿原则和商业规则开展商用密码技术合作。行政机关及其工作人员不得利用行政手段强制转让商用密码技术。

本条主旨

本条是关于商用密码科学技术创新促进机制的规定。

核心概念

创新促进机制，表彰和奖励，知识产权，自愿原则，商业规则。

条文详解

一、商用密码科学技术创新促进机制

密码几乎支撑和涵盖了从实名身份认证到安全在线交易的所有网络活动的全部过程，其"数据安全皇冠上的明珠"的地位和价值为各国安全行业所公认，也激励着各国密码基础研究支持政策、法律保障机制和从业者研发技术的不断推陈出新。

在密码基础研究的顶层规划上，2023年，国家密码管理局对国家密码发展基金进行优化，更名为国家密码科学基金，并制定《国家密码科学基金管理办法（试行）》。国家密码科学基金面向国家战略需求，瞄准国际密码科技前沿，聚焦原创性、前沿性密码理论和共性关键技术研究，着力加强对密码基础研究的顶层规划和科技资源优化配置，提升密码领域原始创新能力，培养密码领域人才和团队，为实现密码科技高水平自立自强提供重要支撑。目前，密码基础研究涵盖的范围包括抗量子公钥密码理论与技术、密码学困难问题求解算法、身份认证与访问控制密码关键技术、新型应用场景下的密码协议设计、量子计算模型下对称密码的设计与分析、新型对称密码组件与算法的设计和分析、密码学与人工智能融合关键技术、量子密码理论与技术、密码安全实现及评估技术、密码设备安全防护关键技术等前瞻性、探索性密码研究问题。国家密码科学基金通过鼓励境内注册、具有独立法人资格、具备良好密码科研基础和科研条件的高等学校、科研院所及企事业单位等依托单位和申请人项目申请、申报等方式，对密码创新给予经费、资金和其他激励。

依据《科学技术进步法》《国家科学技术奖励条例》《国家科学技术奖提名办法》等现行法律法规、部门规范性文件等制定的国家科技进步奖，以及中国密码学会的密码创新奖等奖励和表彰活动等也都属于本条规定的表彰和奖励范畴。以科技领域最高荣誉之一的

国家科技进步奖为例，截至 2023 年 6 月，商用密码领域累计获得国家科技进步奖一等奖 2 项、二等奖 5 项，以及各类省部级密码科学技术奖 174 项。

在行业和企业等社会层面，中国密码学会、密码法治实践创新基地、各省级商用密码协会、商用密码行业协会等机构和智库也通过普适性的商用密码技术宣介，项目征求，法律普及，专业性商用密码技术、产品、服务竞赛与交流等方式开展我国商用密码科学技术研究和成果建设；商用密码类企业等密码从业单位还可以进一步通过《专利法》《著作权法》等规定的激励、奖励方式，给予参与密码科技创新活动的个人、机构奖金等各类激励。例如《专利法》第十五条规定，被授予专利权的单位应当对职务发明创造的发明人或者设计人给予奖励；发明创造专利实施后，根据其推广应用的范围和取得的经济效益，对发明人或者设计人给予合理的报酬。国家鼓励被授予专利权的单位实行产权激励，采取股权、期权、分红等方式，使发明人或者设计人合理分享创新收益。

上述具有奖励性质的基础性、社会化活动，与国家、省市级的密码科学基金等政策性激励活动，共同组成对商用密码科学技术参与者的鼓励和激励，对商用密码可持续创新与繁荣大有裨益。

二、商用密码领域的知识产权保护

给予商用密码技术、产品和服务相关知识产权权利主体一定期限的专门保护是国内外普遍做法。商用密码的知识产权可以通过专利、著作权、商业秘密等形式进行保护。在实践中，主要的密码解决方案可以得到专利、著作权和商业秘密等综合保护，基于此形成的密码芯片、整体、板卡、系统、软件等密码技术、产品和服务可以投入市场，这些多样化的利益激励方式鼓励了密码领域的创新和繁荣。

目前，商用密码主要通过专利、著作权、商业秘密等方式进行择一或组合的知识产权保护。按照国家知识产权局《专利审查指南》第 6.1.1 条规定："如果权利要求涉及抽象的算法或者单纯的商业规则和方法，且不包含任何技术特征，则这项权利要求属于专利法第二十五条第一款第（二）项规定的智力活动的规则和方法，不应当被授予专利权，""如果权利要求中除了算法特征或商业规则和方法特征，还包含技术特征，该权利要求就整体而言并不是一种智力活动的规则和方法，则不应当依据专利法第二十五条第一款第（二）项排除其获得专利权的可能性。"因此，对商用密码算法和技术特征的组合或整体上具有"可专利性"的，可以通过专利方式进行保护。这也是时至今日，虽然 RSA 算法的早期专利已经失效，但利用其算法进行协议构造和软硬件实现的专利仍普遍存在的原因。

此外，如果是通过软件（不依赖于特定硬件）实现加密或认证的密码功能，也可以单独通过软件著作权的方式进行保护。即使是开源的加密软件，也仍然是通过著作权许可协议（如著名的 Apache 协议、GPL 协议等）的方式对某些权利进行特别保护或者限制，像网络上主流的开源 OpenSSL 所使用的便是 Apache 的许可协议 2.0 版本。对于某些不公开的算法设计等，则可以通过商业秘密保护的方式，自行采取保密措施、通过签订保密协议等方式限制披露，进行保护。

《条例》下的商用密码领域的知识产权保护，不仅可以通过知识产权保护商用密码，还鼓励商用密码从业单位等通过转让、许可、授权、公开商用密码知识产权等方式，将商用密码科技成果、技术、产品和服务进行进一步的价值增值和技能赋能，通过知识产权的"优先保护"和"有限保护"机制，激励密码科技创新活动。

三、国际商用密码技术合作

商用密码是在全球范围和网络空间普遍应用的基础性安全技术措施，其发展和应用必然需要不同国家、地区之间的密码技术、产业的交流与合作，以共同构筑密码保护网络安全、数据安全的基线，实现不同商用密码技术、产品和服务的安全互通、互认。为此，《条例》第七条重申《密码法》《立法法》中的自愿原则和非歧视原则，确认商用密码跨国投资、合作的商业规则。通过自愿和非歧视商业规则下的密码跨国机制，将国际领先的密码基础理论、算法逻辑和工程实现的方法吸引进来，将我国商用密码科技的优秀成果通过标准化和应用模式推广出去，真正实现密码的安全价值，推动、共建涵盖密码在内的产业创新、数字经济繁荣。

本条是对《外商投资法》第二十二条在商用密码技术领域的落实，即"国家保护外国投资者和外商投资企业的知识产权，保护知识产权权利人和相关权利人的合法权益；对知识产权侵权行为，严格依法追究法律责任。国家鼓励在外商投资过程中基于自愿原则和商业规则开展技术合作。技术合作的条件由投资各方遵循公平原则平等协商确定。行政机关及其工作人员不得利用行政手段强制转让技术"。本条规定的"行政机关及其工作人员不得利用行政手段强制转让商用密码技术"和《条例》第四十七条规定的"密码管理部门和有关部门及其工作人员不得要求商用密码科研、生产、销售、服务、进出口等单位和商用密码检测、认证机构向其披露源代码等密码相关专有信息"，共同确立了我国对商用密码的同等保护制度。

《条例》所确立的上述原则，也为我国加入商用密码领域的相关国际协定制度设计、深度参与数字贸易制度扫除了法律障碍。例如，我国在 2021 年正式申请加入的《数字经济伙伴关系协定》（DEPA）第 3.4 条"使用密码术的信息和通信技术（ICT）产品"中也明确规定，"对于使用密码术并设计用于商业应用的一产品，任何缔约方不得强制实施或设立一技术法规或合格评定程序，作为制造、出售、分销、进口或使用该产品的条件而要求该产品的制造商或供应商：（a）向该缔约方或缔约方领土内的人转让或使其可获取属制造商或供应商专有的且与该产品中的密码术相关的特定技术、生产工序或其他信息，例如一专用密钥或其他秘密参数、算法说明或其他设计细节……"

第八条 【科技成果转化及成果管理】

国家鼓励和支持商用密码科学技术成果转化和产业化应用，建立和完善商用密码科学技术成果信息汇交、发布和应用情况反馈机制。

├ 本条主旨

本条是关于商用密码科技成果转化应用和建立相应反馈机制的规定。

├ 核心概念

科学技术成果转化，产业化应用，科学技术成果信息汇交，反馈机制。

├ 条文详解

一、商用密码科学技术成果转化和产业化应用

本条是《科学技术进步法》《促进科技成果转化法》在密码科技领域的体现，也是《密码法》相关规定的进一步细化。本条规定的商用密码科技成果转化，是指商用密码生命周期中，将密码算法、协议、密钥管理和封装技术等研发成果，进行后续试验、开发、应用、推广直至形成商用密码新技术、新工艺、新材料、新产品，发展新产业等活动，是密码从科学研究和学术化走向产业化、生态化的第一步。通过成果转化，商用密码的研发成果走出科研院所、高等院校和企业研发部门，开始接受检测、认证以及市场"优胜劣汰"

机制的考验，并最终真正成为保障网络安全的产业技术和现实生产力。

目前，我国在主流密码算法领域均有相应算法，并基本完成了向标准的成果转化和产业化应用。例如，已公开算法的 SM2 椭圆曲线公钥密码算法、SM3 密码杂凑算法、SM4 分组密码算法、SM9 标识密码算法、祖冲之序列密码算法等，在银行金融信息系统、国家电力电网信息系统、社会保障信息系统、税务发票管理信息系统、居民身份证管理系统、在线交易平台等行业、场景中已经普遍部署应用，为相关行业、领域的网络和数据安全提供有力保障。

二、商用密码科学技术成果信息汇交、发布和应用情况反馈机制

商用密码科技成果信息汇交、发布和应用情况反馈属于按照《促进科技成果转化法》制定的强制性与鼓励性相结合的信息共享要求。该法第十一条规定："国家建立、完善科技报告制度和科技成果信息系统，向社会公布科技项目实施情况以及科技成果和相关知识产权信息，提供科技成果信息查询、筛选等公益服务。公布有关信息不得泄露国家秘密和商业秘密。对不予公布的信息，有关部门应当及时告知相关科技项目承担者。利用财政资金设立的科技项目的承担者应当按照规定及时提交相关科技报告，并将科技成果和相关知识产权信息汇交到科技成果信息系统。国家鼓励利用非财政资金设立的科技项目的承担者提交相关科技报告，将科技成果和相关知识产权信息汇交到科技成果信息系统，县级以上人民政府负责相关工作的部门应当为其提供方便"。科技成果信息系统的建设和运营目的，在于通过推广和发挥科技成果在线登记汇交信息系统的信息检索、筛选、统计、分析等功能，畅通科技成果信息的收集渠道，为商用密码科技成果的信息共享提供便利，形成科技成果与应用情况的良性反馈机制，更好地实现商用密码技术和经济效益的匹配，并为包括商用密码技术在内的网络安全科研和应用的宏观统计、决策提供支持。

第九条 【商用密码技术审查鉴定】

国家密码管理部门组织对法律、行政法规和国家有关规定要求使用商用密码进行保护的网络与信息系统所使用的密码算法、密码协议、密钥管理机制等商用密码技术进行审查鉴定。

▌本条主旨

本条是有关商用密码使用和技术审查鉴定的规定。

▌核心概念

网络与信息系统，商用密码技术，审查鉴定。

▌条文详解

本条明确了网络与信息系统所使用的密码技术需使用商用密码保护，法律法规和有关规定与审查鉴定的要求。按照2023年《商用密码应用安全性评估管理办法》第六条规定，"法律、行政法规和国家有关规定要求使用商用密码进行保护的网络与信息系统"已统称为"重要网络与信息系统"。本条侧重在商用密码科学技术成果的转化和产业化应用阶段，要求即将或正在进行转化和产业化应用的商用密码技术成果，由国家密码管理部门组织技术、法律和产业专业人员进行审查鉴定，以实现密码算法、密码协议、密钥管理机制等能够符合和匹配所保护的重要网络与信息系统的安全性要求。

从审查鉴定的范围看，《条例》将原"商用密码科研成果审查鉴定"限缩到法律、行政法规和国家有关规定要求使用商用密码进行保护的网络与信息系统的范围，即不属于重要网络与信息系统的，其使用商用密码技术无强制性审查鉴定要求，并通过《法律、行政法规、国务院决定设定的行政许可事项清单（2023 年版）》进行明确（第 965 项），体现了行政审批制度改革要求和网络安全、数据安全基于重要性区分保护的分类分级原则。

从审查鉴定的对象看，包括密码算法、密码协议、密钥管理机制这三类关键技术而非全部的商密技术。密码算法是描述商用密码变换与处理过程的运算规则；密码协议是参与各方使用商用密码算法和达到特定目的（如实现密钥传递）的交互规则；密钥管理机制是指按照安全策略，对密钥的生成、分发、存储、更新、归档、撤销、备份、恢复、销毁等全生命周期管理的机制。

从审查鉴定的性质看，属于技术性审查而非新的行政审批，审查的发起是国家密码管理部门依需求，而非强制准入；从审查鉴定的结果来看，通过审查鉴定的列入指导目录，未通过的也不完全禁止；从审查鉴定的内容看，其不属于《网络安全法》《网络安全审查办法》等规定的网络安全审查。

总的来说，作为《条例》既有内容的延伸与调整，本条并未给国家密码管理局等监管机构创设新的监管职责，也不会给密码科研从业单位创设新的法律义务。

第十条 【商用密码标准化工作】

国务院标准化行政主管部门和国家密码管理部门依据各自职责，组织制定商用密码国家标准、行业标准，对商用密码团体标准的制定进行规范、引导和监督。国家密码管理部门依据职责，建立商用密码标准实施信息反馈和评估机制，对商用密码标准实施进行监督检查。

国家推动参与商用密码国际标准化活动，参与制定商用密码国际标准，推进商用密码中国标准与国外标准之间的转化运用，鼓励企业、社会团体和教育、科研机构等参与商用密码国际标准化活动。

其他领域的标准涉及商用密码的，应当与商用密码国家标准、行业标准保持协调。

▎本条主旨

本条是关于商用密码国家标准、行业标准、团体标准等密码标准的分类体系结构和制定，以及监管机构标准相关职责的规定。

▎核心概念

商用密码国家标准，行业标准，团体标准，商用密码国际标准化。

▎条文详解

本条确立了商用密码国家标准、行业标准、团体标准等密码标准的类别和制定机构，强调通过商用密码的标准和国际标准的相互转化等标准化工作，吸收借鉴优秀的国外标准和国际标准的密码专业价值，同时体现我国商用密码技术和标准的作用。

一、商用密码标准的类别和制定机构

（一）商用密码国家标准和制定机构

商用密码的标准化是对商用密码符合一定的技术要求的可验证、可复现的规范过程，《标准化法》通过对"农业、工业、服务业以及社会事业等领域需要统一的技术要求"进行标准化，设定一些对产品、服务质量的基本"底线"和不同"标线"。对于"底线"的强制性国家标准（代号为 GB）必须强制执行，主要包括"对保障人身健康和生命财产安全、国家安全、生态环境安全以及满足经济社会管理基本需要的技术要求"。对于不同"标线"的推荐性国家标准（代号为 GB/T），国家鼓励采用。

全国信息安全标准化技术委员会专门归口负责商用密码国家标准。2015年开始，全国网络安全标准化技术委员会 WG3 工作组将具有通用性的商用密码行业标准转化为国家标准。截至 2023 年 6 月，经 TC260 具体实施并经国家标准化管理委员会发布，商用密码国家标准共计 43 项。

（二）商用密码行业标准和制定机构

《标准化法》规定"行业标准由国务院有关行政主管部门制定，报国务院标准化行政主管部门备案"，商用密码的行业标准由国家密码管理局组织制定，报国家标准化管理委员会备案，代号为 GM。

商用密码行业标准的指导机构是密码行业标准化技术委员会。2011 年 10 月，经国家标准化管理委员会批准，国家密码管理局设立密码行业标准化技术委员会。密码行业标准化技术委员会作为我国密码行业唯一标准化组织，受国家密码管理局委托，主要职责如下：① 提出密码行业标准规划和年度标准制定、修订计划的建议；② 组织密码行业标准的编写、审查、复审等工作；③ 组织密码领域的国家和行业标准的宣传贯彻，推荐密码领域标准化成果申报科技进步奖励，或向国家标准化管理委员会提出项目奖励建议；④ 受国家标准化管理委员会委托，对相关国际标准文件进行表决，审查我国提案，并组织开展国际技术交流与合作等。截至 2023 年 6 月，经密码行业标准化技术委员会具体起草、修订，并由国家密码管理局发布的商用密码行业标准共计 141 项。

在商用密码行业标准中，基于标准的技术、管理侧重和功能维度，一般又可进一步划分为基础类标准、应用类标准、检测类标准和管理类四类标准。其中基础类标准为其他三类标准提供底层、共性支撑（如术语、算法、协议、产品等）；应用类标准为商用密码产品、服务应用提供支持；检测类标准为基础类标准和应用类标准提供合法性检测功能，保障商用密码使用的合法性；管理类标准为其他三类标准提供管理功能。

（三）商用密码团体标准和制定机构

2016 年，国家质量监督检验检疫总局、国家标准化管理委员会发布《关于培育和发展团体标准的指导意见》，明确团体标准的合法地位，商用密码团体标准可由商用密码领域的学会、协会等社会团体制定。此外，商用密码企业或者其他企业可以联合制定商用密码企业标准。

在商用密码团体标准的制定和推动方面，中国密码学会、一些省市的密码（行业）协会等已经按照《标准化法》和《团体标准管理规定》等要求制定了某些商用密码技术或应用细分领域的团体标准、指南性文件。例如，上海市商用密码行业协会制定的 T/SHC-CIA 001—2023《隐私计算密码应用基本要求》，天津市商用密码行业协会制定的 T/TCCIA 0002—2022《云密码支撑服务基本要求》等。按照规定，国务院有关行政主管部门分工管理本部门、本行业的团体标准化工作，因此，团体标准主要由属地的密码管理部门归口管理，涉及金融、电力等领域的，还体现出部门、行业的技术关注和协调特点。国家支持社会团体制定高于国家标准、行业标准相关技术要求的团体标准，鼓励制定具有国际领先水平的团体标准。团体标准的制定原则、一般程序、标号规则、适用性等内容也均在《团体标准管理规定》中予以明确，并可在全国团体标准信息平台进行检索。

（四）商用密码标准的信息反馈和评估

商用密码技术的发展和相关标准的累计发布，需要对标准的有效性、适应性等保持跟踪、复审。《标准化法》第二十九条第二款规定："国务院标准化行政主管部门和国务院有关行政主管部门、设区的市级以上地方人民政府标准化行政主管部门应当建立标准实施信息反馈和评估机制，根据反馈和评估情况对其制定的标准进行复审。标准的复审周期一般不超过五年。经过复审，对不适应经济社会发展需要和技术进步的应当及时修订或者废止。"第三十条规定："国务院标准化行政主管部门根据标准实施信息反馈、评估、复审情况，对有关标准之间重复交叉或者不衔接配套的，应当会同国务院有关行政主管部门作出处理或者通过国务院标准化协调机制处理。"按照《标准化法》《密码法》等法律法规要求，国家密码管理局已经开展了多轮次的标准更新工作。例如，2023 年 12 月，国家密码管理局公告（第 45 号）发布 25 项密码行业标准，同时废止 18 项密码行业标准，例如将 GM/T 0006—2012《密码应用标识规范》更新为 GM/T 0006—2023《密码应用标识规范》。

二、商用密码中国标准和国际标准的相互转化等标准化工作

国际标准通常包括国际标准化组织（ISO）、国际电工委员会（IEC）、联合国国际电信联盟（ITU）发布的标准。在通信相关领域也包括全球移动通信系统协会（GSMA）、电气与电子工程师协会（IEEE）等专业组织提出和发布的标准。具体涉及密码学与安全机制，ISO/IEC 的相关工作主要由 ISO/IEC JTC 1/SC 27 的第二工作组（WG2）负责，该工作组起草和发布了大量密码相关标准，如轻量级密码标准 ISO/IEC 29192《信息技术 安全技术 轻量级密码学》等。

我国高度重视商用密码国际标准化工作，推进以我国自主设计研制的 SM 系列密码算法为代表的中国商用密码标准纳入国际标准，积极参与国际标准化活动，加强国际交流合作。2011 年 9 月，我国设计的祖冲之（ZUC）算法纳入国际第三代合作伙伴计划组织（3GPP）的 4G 移动通信标准，用于移动通信系统空中传输信道的信息加密和完整性保护，这是我国密码算法首次成为国际标准。2020 年 5 月，在第 60 次国际标准化组织、国际电工委员会第一联合技术委员会信息安全分技术委员会工作组会议上，我国 ZUC 序列密码算法在内的 ISO/IEC 18033-4：2011/AMD1《信息技术 安全技术加密算法第四部分：序列密码补篇 1：zuc》获得一致通过，成为 ISO/IEC 国际标准，进入发布阶段。2015 年 5 月起，我国陆续向 ISO 提

出将 SM2、SM3、SM4 和 SM9 算法纳入国际标准的提案。2017 年，SM2 和 SM9 数字签名算法成为 ISO/IEC 国际标准并在 2018 年纳入 ISO/IEC 14888-3：2018。同年，SM3 算法也正式纳入 ISO/IEC 10118-3：2018 成为 ISO/IEC 国际标准。2021 年，SM9 标识加密算法、SM9 密钥交换协议正式成为 ISO/IEC 国际标准。这些商用密码的标准化推动为在全球范围的发展与应用提供了中国方案和多样选择，特别是从网络安全角度消减了单一标准供给来源可能导致的安全风险。在这方面的典型案例是 2013 年《纽约时报》和路透社等报道，美国安全技术公司 RSA 在收取美国国家安全局（NSA）支付的费用后，在其软件 Bsafe 中嵌入 NSA 开发并植入"后门"的伪随机数生成算法，随后通过 NIST（美国国家标准与技术研究院）认证和推荐成为安全加密标准（正式写入 NIST SP800-90A 标准），由此成为众多软件产品默认使用的随机数生成器，为 NSA 大规模"破解"加密数据提供了可能，2014 年 4 月，此安全加密标准后来迫于公众压力被移出标准。除上述 Dual EC _ DRBG 双椭圆曲线确定性随机比特生成器外，NSA 还在另一个 RSA 加密产品——Extended Random 协议中植入"后门"，使得本意是增加双椭圆曲线算法产生的密钥数值随机性的协议，反而可将破解 RSA 双椭圆曲线加密软件密码的速度提升数万倍。

在国际标准的转化运用方面，商用密码行业标准 GM/T 0028《密码模块安全技术要求》（已上升为国家标准 GB/T 37092—2018）和 GM/T 0039《信息安全技术 密码模块安全检测要求》（国家标准 GB/T 38625—2020），分别参考国际标准 ISO/IEC 19790《信息安全技术密码模块的安全要求》和 ISO/IEC 24759《信息安全技术密码模块的检测要求》编制，为规范商用密码产品管理、提升商用密码产品安全防护能力发挥了重要作用，也体现了商用密码标准制定的开放性。

三、商用密码各类标准与网络安全等其他领域标准的协调

《标准化法》第十五条规定："制定强制性标准、推荐性标准，

应当在立项时对有关行政主管部门、企业、社会团体、消费者和教育、科研机构等方面的实际需求进行调查，对制定标准的必要性、可行性进行论证评估；在制定过程中，应当按照便捷有效的原则采取多种方式征求意见，组织对标准相关事项进行调查分析、实验、论证，并做到有关标准之间的协调配套。"第三十三条规定："国务院有关行政主管部门在标准制定、实施过程中出现争议的，由国务院标准化行政主管部门组织协商；协商不成的，由国务院标准化协调机制解决"。商用密码的不同类型标准、商用密码标准与其他网络安全标准之间，都需要统筹协调、融合发展，实现不同标准的有效衔接，避免重复、冲突等不一致内容给行业、企业的标准适用带来困惑。

《条例》实施后，最为重要的标准之间的协调体现在第四十一条上，即"网络运营者应当按照国家网络安全等级保护制度要求，使用商用密码保护网络安全。国家密码管理部门根据网络的安全保护等级，确定商用密码的使用、管理和应用安全性评估要求，制定网络安全等级保护密码标准规范"，建立商用密码应用安全性评估的《信息安全技术 信息系统密码应用基本要求》（GB/T 39786—2021）、《信息安全技术 信息系统密码应用测评要求》（GB/T 43206—2023）等既有密评标准，使其与《信息安全技术 网络安全等级保护基本要求》（GB/T 22239—2019）之间相协调，充实后者的"应确保密码产品与服务的采购和使用符合国家密码管理主管部门的要求"等具体和针对性内容。

第十一条 【商用密码标准使用规则】

从事商用密码活动，应当符合有关法律、行政法规、商用密码强制性国家标准，以及自我声明公开标准的技术要求。

国家鼓励在商用密码活动中采用商用密码推荐性国家标准、行业标准，提升商用密码的防护能力，维护用户的合法权益。

本条主旨

本条是关于从事商用密码活动应当符合有关商用密码标准的规定。

核心概念

强制性国家标准，自我声明公开标准，推荐性国家标准，行业标准。

条文详解

本条规定了从事商用密码活动应当符合有关法律、行政法规规定，并明确使用不同类型的商用密码标准要求，包括强制性国家标准、推荐性国家标准、行业标准、团体标准以及企业标准。一般而言，由于推荐性国家标准、行业标准、团体标准、企业标准的技术要求不得低于强制性国家标准的相关技术要求，因此本条也确认和鼓励通过更严标准提升整体的密码技术和应用能力。

《标准化法》第二条明确要求，"国家标准分为强制性标准、推荐性标准，行业标准、地方标准是推荐性标准。强制性标准必须执行。国家鼓励采用推荐性标准"。因此，商用密码从业单位、使用单位对业务、交易等商事活动中所涉及、使用到的商用密码强制性国家标准，必须遵守和执行，并承担不符合强制性国家标准的法律后果。《标准化法》第二十五条规定："不符合强制性标准的产品、服务，不得生产、销售、进口或者提供。"第三十七条规定："生产、销售、进口产品或者提供服务不符合强制性标准的，依照《中国人民共和国产品质量法》、《中华人民共和国进出口商品检验法》、《中华人民共和国消费者权益保护法》等法律、行政法规的规定查处，记入信用记录，并依照有关法律、行政法规的规定予以公示；构成犯罪的，依法追究刑事责任"。

　　需要注意的是，尽管没有专门的商用密码强制性国家标准，但推荐性国家标准、行业标准乃至企业标准等推荐性、不具有强制性的标准也可能因法律转致、约定承诺等原因而对适用相应标准的主体产生法律上的强制力，典型情况如下：（1）法律、行政法规、部门规章中明确引用了推荐性标准的内容，此时引用内容部分将具有相应的强制约束力；（2）如果合同交易等商事活动的主体各方将推荐性标准作为产品、服务履行的质量或验收依据的，则该推荐性标准对各方主体具有法律约束力，并由违反一方承担相应的违约责任；（3）适用主体通过自我声明公开标准进行明示或承诺遵循的，则该主体必须执行该推荐性标准，否则将按照《产品质量法》等承担相应的法律责任。

　　对于自我声明公开标准的情况，《标准化法》第二十七条作出明确规定："国家实行团体标准、企业标准自我声明公开和监督制度。企业应当公开其执行的强制性标准、推荐性标准、团体标准或者企业标准的编号和名称；企业执行自行制定的企业标准的，还应当公开产品、服务的功能指标和产品的性能指标"。自我声明公开标准相当于主体的单方承诺，是主体产品、服务质量优于同行的竞争力的一种宣示，因此，应当对其公开的产品和服务标准的真实性、准确性负责，一旦作出声明，则对其自身具有法律约束力。

第三章 检测认证

第十二条 【商用密码检测认证体系】

国家推进商用密码检测认证体系建设，鼓励在商用密码活动中自愿接受商用密码检测认证。

本条主旨

本条是有关商用密码检测认证体系要求的规定。

核心概念

商用密码检测认证体系建设，自愿接受。

条文详解

一、国家推进商用密码检测认证体系建设

本条是对《密码法》有关检测认证制度和《认证认可条例》关于检测认证一般规定的落实和强化。根据《认证认可条例》，认证是指由认证机构证明产品、服务、管理体系符合相关技术规范、

相关技术规范的强制性要求或者标准的合格评定活动。通过商用密码检测认证，可以验证商用密码是否达到其性能指标的安全功能要求，并符合国家、行业标准的技术规范。从检测到后来的认证体系规范建设，都是对商用密码安全性、合规性的整体评价能力的提升。

商用密码检测认证制度是我国商用密码领域的一项重要制度。商用密码检测认证是依法管理商用密码的制度支撑，在商用密码的市场准入、监督管理、促进应用等方面发挥着重要作用。检测认证是国际通行的贸易便利化工具，为增强商用密码产业"双循环"能力，落实国家行政审批制度改革要求，《密码法》第二十五条已经明确规定"国家推进商用密码检测认证体系建设"，这是商用密码检测认证制度重塑的标志，是深入贯彻行政审批改革精神的切实举措。

商用密码检测认证体系由国家市场监督管理总局（简称市场监管总局）会同国家密码管理部门建立。《密码法》发布后，国家密码管理局取消原有的商用密码产品品种和型号审批，会同市场监管总局建立和推行商用密码认证制度。2019 年 12 月，两部门联合发布《国家密码管理局 市场监管总局关于调整商用密码产品管理方式的公告》，明确市场监管总局会同国家密码管理局建立国家统一推行的商用密码认证制度，采取支持措施，鼓励商用密码产品获得认证。

2020 年 3 月，为推进商用密码检测认证体系建设，促进商用密码产业健康有序发展，两部门联合发布《关于开展商用密码检测认证工作的实施意见》，明确提出，商用检测认证工作坚持"统一管理、共同实施、规范有序、保障安全"的基本原则。两部门根据部门职责，加强检测认证工作的组织实施、监督管理和结果采信，营造有利于商业发展的良好市场环境。

2020 年 5 月，两部门联合发布《关于发布〈商用密码产品认证目录（第一批）〉〈商用密码产品认证规则〉的公告》，包括智能密码钥匙、智能 IC 卡等在内的 22 类密码产品。《商用密码产品认证规则》明确了认证的适用范围、认证模式、认证单元划分、认证实施程序、认证证书、认证标志、认证实施细则和认证责任等内容。

2022年7月，两部门联合发布《关于发布〈商用密码产品认证目录（第二批）〉的公告》，包括可信密码模块、智能IC卡密钥管理系统等6类密码产品。这也标志着我国建立起比较完善的商用密码检测认证体系。

2017年至今，国家密码管理局已陆续开展检测机构、密评机构的布局和培育工作，检测认证体系建设进一步促进密码的合规、正确、有效使用，推动商用密码市场健康有序发展。

二、鼓励在商用密码活动中自愿接受商用密码检测认证

商用密码检测认证体系包括强制性和自愿性两大类。其一，强制性的检测认证，主要体现在《密码法》第二十六条规定中，即对涉及国家安全、国计民生、社会公共利益的商用密码产品，与使用网络关键设备和网络安全专用产品的商用密码服务实施强制性认证。这一要求和《网络安全法》第二十三条的规定一脉相承。其二，国家统一推行的商用密码认证制度，鼓励在商用密码活动中自愿进行商用密码检测认证。强制性检测认证对于维护国家安全和社会公共利益，保护公民、法人和其他组织合法权益具有重要作用。自愿性的检测认证在提高商用密码产品和服务质量的同时，也有助于提高市场竞争力，进一步放宽市场准入，为商用密码从业单位松绑减负。

├ 立法参照

一、境内立法参照

《网络安全法》第二十三条、《密码法》第二十五条、《认证认可

条例》、《国家密码管理局 市场监管总局关于调整商用密码产品管理方式的公告》、《市场监管总局 国家密码管理局关于开展商用密码检测认证工作的实施意见》。

二、境外立法参照

2019 年，美国商务部长批准了联邦信息处理标准 FIPS 140-3（密码模块的安全要求）。FIPS 140-3 是美国针对实施或使用加密技术的信息技术产品的实际安全性度量标准的第三版，在 FIPS 140-2 和 FIPS 140-3 草案的基础上修改加工而成。FIPS 140-3 更改新增了软/固件安全、非侵入式安全、敏感的安全参数管理、生命周期保证四个板块，在附件中增加了文档要求、密码模块安全政策、批准的敏感安全参数产生与建立、批准的验证机制、批准的非侵入式攻击环节测试指标五个文件。通过加密模块验证计划（CMVP）进行的 FIPS 140-3 测试于 2020 年 9 月开始。为了协助开发用于安全模块验证的产品，美国国家标准与技术研究院（NIST）还将推出 SP 800-140 系列特殊出版物和实施指南，进一步明确加密机制、测试程序和文档要求，从而为密码模块的评测、验证和最终认证奠定基础。

此外，FIPS 140-3 引进了两个现有国际标准，即国际标准化组织/国际电工委员会（ISO/IEC）19790：2012（E）信息技术—安全技术—密码模块的安全要求、ISO/IEC 24759：2017（E）信息技术—安全技术—密码模块的测试要求，促进了美国密码标准与国际接轨。

澳大利亚国防和战略物资清单（DSGL 清单）对密码产品检测与服务要求给出了一套技术标准。

2012 年塔吉克斯坦《密码法》规定，用于数据加密措施的密码工具应根据该国立法进行认证。密码工具的检测和认证服务由认证机构负责，根据该国《电子数字签名法》进行。

第十三条 【商用密码检测机构资质要求】

从事商用密码产品检测、网络与信息系统商用密码应用安全性评估等商用密码检测活动，向社会出具具有证明作用的数据、结果的机构，应当经国家密码管理部门认定，依法取得商用密码检测机构资质。

├─ 本条主旨

本条是关于商用密码产品检测、商用密码应用安全性评估活动应当获取商用密码检测机构资质的要求。

├─ 核心概念

商用密码检测机构资质。

├─ 条文详解

一、商用密码检测活动范围

本条将商用密码检测活动的范围界定为商用密码产品检测、网络与信息系统商用密码应用安全性评估。这也是《密码法》和《条例》在商用密码检测领域明确的两类检测活动。根据本条，网络与信息系统商用密码应用安全性评估机构并入商用密码检测机构，也需要获得行政许可。

商用密码检测主要侧重对于产品本身的检测，网络与信息系统商用密码应用安全性评估主要是对是否使用商用密码保护网络与信息系统进行评估，法律要求体现在《条例》的第四十条和第四十一条，《密码法》第二十七条对关键信息基础设施的密评也作了规定。

检测机构进行商用密码检测活动后，向社会出具的数据、结果必须具有证明作用，对于验证商用密码产品、网络与信息系统的安全性具有实质性意义，有助于确保用户、企业和其他相关方能够获取可信的、准确的商用密码使用信息，可以成为网络运营者等主体履行法律义务的佐证，降低法律违规风险。

二、商用密码检测机构资质

国家对商用密码检测活动进行管理和监督，机构在提供证明作用的数据和结果时，必须经过国家密码管理部门的认定，确保检测活动由具备一定专业水平和资质的机构进行，提高商用密码检测的标准化和规范化水平。2022年3月，国家发展改革委、商务部发布《市场准入负面清单（2022年版）》，国家密码局负责实施的许可准入类措施包括商用密码产品质量检测机构资质认定。2023年3月16日，国务院办公厅发布《法律、行政法规、国务院决定设定的行政许可事项清单（2023年版）》，其中第966项明确，由国家密码管理局负责商用密码产品质量检测机构资质认定，包括受理和决定。

为指导商用密码检测机构资质认定的申请和办理，国家密码管理局依据《密码法》第二十五条第二款和本条规定，发布《商用密码检测机构资质认定服务指南》，商用密码检测机构资质认定的项目（项目编号：000177102000）包括两个子项，即商用密码检测机构资质认定（商用密码产品检测业务）和商用密码检测机构资质认定（商用密码应用安全性评估业务）。

截至2024年7月，国家密码管理局已审批设立8家商用密码检测机构（产品），审批174家通过商用密码检测机构（商用密码应用安全性评估业务）资质申请材料审查。

《密码法》第二十五条、《商用密码检测机构管理办法》第三条、《市场监管总局 国家密码管理局关于开展商用密码检测认证工作的实施意见》。

第十四条 【商用密码检测机构资质认定条件】

取得商用密码检测机构资质，应当符合下列条件：

（一）具有法人资格；

（二）具有与从事商用密码检测活动相适应的资金、场所、设备设施、专业人员和专业能力；

（三）具有保证商用密码检测活动有效运行的管理体系。

├── 本条主旨

本条是有关商用密码检测机构资质条件的规定。

├── 核心概念

法人资格，专业人员和专业能力，管理体系。

├── 条文详解

一、商用密码检测机构资质条件

商用密码检测机构资质条件体现商用密码检测机构从事商用密码检测活动应当具备的基本条件和技术能力。

依据 1999 年《商用密码管理条例》，国家密码管理局曾制定发布《商用密码产品质量检测机构审批服务指南》，明确了产品质量检测机构申请人应当具备的条件，主要内容如下：具有独立法人资格的企事业单位；具备信息安全产品检测相关经验；具有从事商用密码产品质量检测相适应的技术力量；具有承担商用密码产品质量检测所必需的专用检测设施、设备；具有从事商用密码质量检测相适应的环境和场所，检测环境应具有安全、防火、防盗、防静电、防辐射等基础设施；具有完善的安全管理规章制度，检测流程规范、科学，检测工作客观、公正；申请单位的法人性质、产权构成以及组织结构能够保证其公正、独立地实施商用密码产品检测活动，不从事密码产品生产、销售等业务。

2017 年，国家密码管理局曾发布《商用密码应用安全性测评机构管理办法（试行）》，对商用密码应用安全性评估机构的基本条件作出要求：① 在中华人民共和国境内注册，由国家投资、法人投资或公民投资成立的企事业单位；② 产权关系明晰，注册资金 500 万元以上；③ 成立年限在 2 年以上，从事信息系统安全相关工作 1 年以上，无违法记录；④ 具备与从事系统测评相适应的独立、集中、可控的工作环境，测评工作场地应不少于 200 平方米；⑤ 具备必要的检测设施、设备，使用的设施设备应满足实施商用密码应用安全性评估工作的要求；⑥ 具备完善的人员结构，包括专业技术人员和管理人员，通过"商用密码应用安全性测评人员考核"的测评人员数量不少于 10 人；⑦ 具有完备的安全保密管理、项目管理、质量管理、人员管理、培训教育、客户管理和投诉处理等规章制度；⑧ 本单位及直接控股的母公司或子公司不从事商用密码产品生产、销售、集成以及运营等可能影响测评结果公正性的活动（测评工具类除外）；⑨ 法律法规要求的其他条件。

《条例》在前期商用密码产品质量检测机构资质审批和商用密码应用安全性评估机构试点的基础上，结合工作实际和行业需求，对商用密码检测机构资质认定条件进行了统一规定。本条要求的资质条件包括法人资格、软硬件设施（固定工作场所、与业务相适应的设备和设施、具备专业能力的技术和管理人员等）和管理体系这三大类。

　　配合《密码法》和《条例》的实施，2023 年 9 月 26 日，国家密码管理局正式发布部门规章《商用密码检测机构管理办法》（国家密码管理局令第 2 号），其中对取得商用密码检测机构资质的条件作出进一步细化，包括：① 具有法人资格；② 具有与从事商用密码检测活动相适应的资金；③ 成立 2 年以上，从事网络安全检测评估领域相关工作 1 年以上，无重大违法或者不良信用记录；④ 具有与从事商用密码检测活动相适应的场所；⑤ 具有与从事商用密码检测活动相适应的设备设施；⑥ 具有保证商用密码检测活动独立、公正、科学、诚信的管理体系；⑦ 具有与从事商用密码检测活动相适应的专业人员；⑧ 具有与从事商用密码检测活动相适应的专业能力。

　　此外，《商用密码检测机构管理办法》也进一步明确，外商投资企业法人申请商用密码检测机构资质，除符合上述条件外，还应当符合我国外商投资有关法律法规的规定。

二、我国商用密码检测机构

　　截至 2024 年 11 月，我国获得商用密码检测机构资质的包括国家密码管理局商用密码检测中心在内，有 112 家。

┠─境内立法参照

　　《商用密码检测机构管理办法》第六条。

第十五条　【商用密码检测机构资质认定程序】

　　申请商用密码检测机构资质，应当向国家密码管理部门提出书面申请，并提交符合本条例第十四条规定条件的材料。

国家密码管理部门应当自受理申请之日起 20 个工作日内，对申请进行审查，并依法作出是否准予认定的决定。

需要对申请人进行技术评审的，技术评审所需时间不计算在本条规定的期限内。国家密码管理部门应当将所需时间书面告知申请人。

├─ 本条主旨

本条是有关商用密码检测机构资质申报流程的规定。

├─ 核心概念

申请材料，技术评审。

├─ 条文详解

一、申请材料

申请商用密码检测机构资质，必须提出书面申请，并提交符合《条例》第十四条规定条件的材料。《商用密码检测机构管理办法》（国家密码管理局令第 2 号）第七条第一款规定了申请商用密码检测机构资质应当提交的材料，并对其真实性负责，包括《商用密码检测机构资质申请表》及法人资格证书，资本结构和股权情况，无重大违法或者不良信用记录、不从事可能影响商用密码检测公平公正性活动的承诺，工作场所等固定资产产权证书或者租赁合同，工作环境和设备设施配置情况，项目管理、质量管理、人员管理、档案管理、安全保密管理等管理体系建立情况，法定代表人、最高管理者、技术负责人、质量负责人、授权签字人以及专业人员情况，申请人认为需要补充的其他材料。

根据《商用密码检测机构资质认定服务指南》，需要提交的材料包括商用密码检测机构资质申请表，本机构主要管理和技术人员登记表，检测管理规章制度，主要负责人签署的商用密码检测责任书，从事信息安全产品或系统检测工作情况的材料，从事商用密码检测所需专用检测设施、设备清单。

二、办理流程

申请商用密码检测机构资质，申请人向国家密码管理局或省（区、市）密码管理局提交商用密码检测机构资质申请材料。《商用密码检测机构管理办法》第七条第二款规定，受国家密码管理局委托进行受理的省、自治区、直辖市密码管理部门自收到申请材料之日起 5 个工作日内，对申请材料进行形式审查，根据下列情况分别作出处理：申请材料内容齐全、符合规定形式的，应当受理行政许可申请并出具受理通知书；申请材料内容不齐全或者不符合规定形式的，应当当场或者在 5 个工作日内一次性告知申请人需要补正的全部材料；不予受理的，应当出具不予受理通知书并说明理由。第八条规定，国家密码管理部门应当自受理申请之日起 20 个工作日内，对申请进行审查，并依法作出是否准予认定的决定。

国家密码管理局组织对申请材料内容进行审查，对申请人商用密码检测能力进行技术评审，技术评审所需时间不计入许可时限。作出行政决定后，国家密码管理局在 10 个工作日内，通过电话、电子邮件等形式通知申请人，并现场领取审批结果。申请人自受理之日起 15 个工作日后，可通过电话查询审批状态和结果。具体申报流程见图 3-1。

商用密码检测机构资质证书的有效期为 5 年，届满需要延续的，应当在届满 30 日前向国家密码管理局提出申请。国家密码管理局根据申请，在《商用密码检测机构资质证书》有效期届满前作出是否准予延续的决定。延续申请材料包括延续申请表、检测管理规章制度和商用密码检测机构资质证书原件。

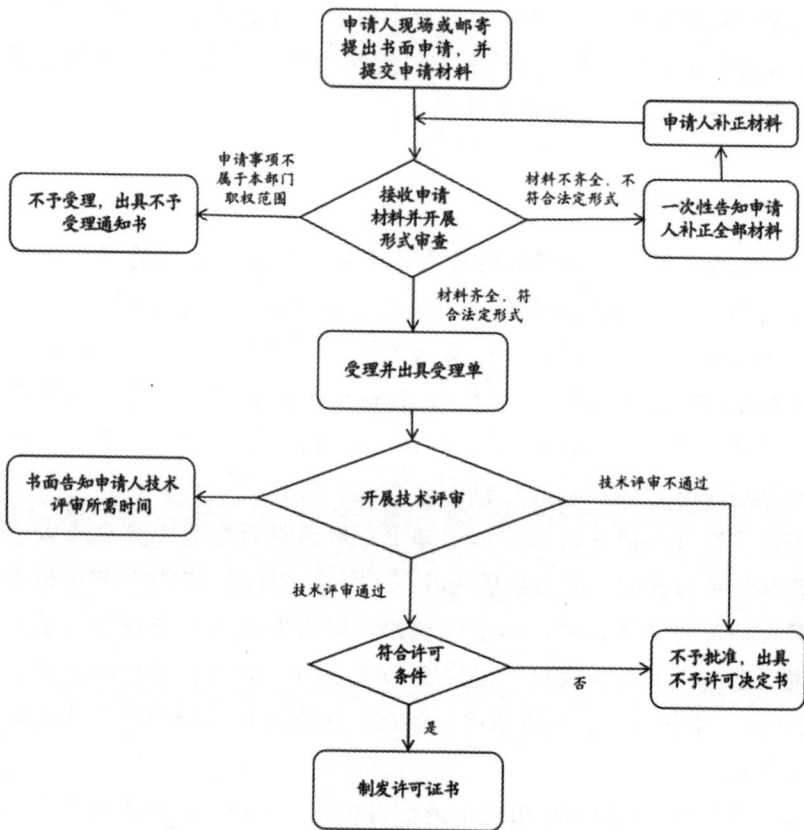

图 3-1　商用密码检测资质申报流程

　　本条明确规定国家密码管理部门对申请的审查时限，能够确保资质认定程序及时完成，提高工作效率，及时为符合条件的商用密码检测机构提供认定结果。

三、技术评审

　　《商用密码检测机构管理办法》第九条明确规定，国家密码管理局根据技术评审需要和专业要求，可以委托专业技术评价机构实施技术评审。技术评审包括专业人员能力考核，场所、设备设施、管理体系建设实地查勘，检测能力考核等。专业技术评价机构应当严格按照商用密码检测机构资质认定基本规范开展技术评审活动，对技术评审结论的真实性、符合性负责，并承担相应法律责任。国家密码管理局应当对技术评审活动进行监督，建立责任追究机制。

技术评审时间不计算在 20 个工作日的规定，是因为考虑了技术评审的独立性和相对灵活性。国家密码管理部门必须向申请人书面告知技术评审所需的时间，为信息透明度提供保障。

├─ 境内立法参照

《商用密码检测机构管理办法》第七条、第八条、第九条。

第十六条 【商用密码检测机构从业规范】

商用密码检测机构应当按照法律、行政法规和商用密码检测技术规范、规则，在批准范围内独立、公正、科学、诚信地开展商用密码检测，对出具的检测数据、结果负责，并定期向国家密码管理部门报送检测实施情况。

商用密码检测技术规范、规则由国家密码管理部门制定并公布。

├─ 本条主旨

本条是关于商用密码检测机构开展商用密码检测活动的要求。

├─ 核心概念

商用密码检测技术规范，规则，检测数据，结果。

├─ 条文详解

一、商用密码检测技术规范、规则

商用密码检测技术规范、规则指商用密码检测领域的国家标准、行业标准、团体标准，用于指导检测机构开展检测活动。本条明确赋予国家密码管理部门制定并公布商用密码检测技术规范、规则。国家密码管理局已经发布了多项商用密码检测行业标准，例如 GM/T 0039—2015《密码模块安全检测要求》、GM/T 0040—2015《射频识别标签模块密码检测准则》、GM/T 0041—2015《智能 IC 卡密码检测规范》、GM/T 0046—2016《金融数据密码机检测规范》、GM/T 0101—2020《近场通信密码安全协议检测规范》等。

商用密码检测机构会发布自己的检测准则，这些准则不属于国家密码管理局发布制定的，但检测机构在从事检测活动过程中也应当予以遵守，例如商用密码检测中心发布的《网络隔离产品密码检测准则》等。

二、开展商用密码检测活动要求

商用密码检测机构接受认证机构委托为其提供认证产品的检测报告，对检测报告负责。根据本条规定，开展商用密码检测活动的要求，即商用密码检测机构从业规范至少包括以下四个方面。

一是按照法律、行政法规和商用密码检测技术规范、规则。法律、行政法规主要包括《密码法》《条例》《认证认可条例》等，商用密码检测技术规范、规则包括国家标准、国家密码管理局制定的行业标准及相关指南等。

二是在批准范围内独立、公正、科学、诚信地开展商用密码检测。检测机构从事检测活动不能超过批准范围，比如对密码产品的检测，必须严格按照《商用密码检测机构资质证书》中的资质认定业务范围开展活动。独立、公正、科学、诚信地开展商用密码检测既是职业道德，也是检测机构应当承担的社会责任，检测机构应当遵循客观独立、公平公正、诚实信用原则。根据《商用密码检测机构管理办法》第二十五条规定，意味着检测机构在检测活动中不能进行以下活动：① 本机构及关联方从事商用密码产品生产、销售（检测工具除外），信息系统或者商用密码保障系统集成、运营，电子认证服务，电子政务电子认证服务，或者其他可能影响商用密码检测公平公正性的活动的；② 同时聘用正在其他商用密码检测机构从业的人员或者存在其他恶意竞争、扰乱市场秩序情形的；③ 以单独出租设备设施或者委派人员等方式承担业务，或者分包、转包所承担业务的；④ 推荐或者限定被检测单位购买使用特定主体生产或者提供的商用密码产品或者服务的。

三是对出具的检测数据、结果负责。《商用密码产品认证规则》也明确提出"检测机构应对检测结果和检测报告负责"，检测机构应当对其出具的检测报告及相关数据负责，检测机构及其人员应当独立于其出具的检测报告所涉及的利益相关方，不受任何可能干扰其技术判断的因素影响，保证其出具的检测报告真实、客观、准确、完整。

四是定期向国家密码管理部门报送检测实施情况。检测机构必须按照要求如实报送检测实施情况，这意味着要按照要求保存检测原始记录和检测报告，按照要求妥善管理检测样品和相关数据信息，报送的实施情况包括年度工作报告以及相关统计数据等。

对于超出批准范围开展商用密码检测，存在影响检测独立、公正、诚信行为，出具的检测数据、结果、报告虚假或者失实的，都将承担相应的法律责任。

┃━ 境内立法参照

《商用密码检测机构管理办法》第十五条，《检验检测机构监督管理办法》第五条、第六条。

第十七条 【国推商用密码认证制度】

国务院市场监督管理部门会同国家密码管理部门建立国家统一推行的商用密码认证制度，实行商用密码产品、服务、管理体系认证，制定并公布认证目录和技术规范、规则。

┃ 本条主旨

本条是有关商用密码认证制度的规定，明确认证范围和实施认证所依据的规范、规则等。

┃ 核心概念

商用密码认证，认证目录和技术规范、规则。

┃ 条文详解

一、商用密码认证制度的建立和发展

《密码法》确立的商用密码认证制度旨在将 1999 年《商用密码管理条例》确立的产品品种和型号审批转向更为科学合理的检测认证，是从传统的事前许可向注重事中、事后监管转变，协调联动全过程市场化监管的重要举措，不仅符合《产品质量法》《认证认可条例》等法律法规修订要求，也有利于充分激发商用密码市场活力，推动商用密码技术的发展和生态繁荣。国家密码管理局和市场监管总局开展充分调研、广泛征求意见和制度起草发布等工作，逐步建立起国推商用密码认证制度。

2019 年 12 月，国家密码管理局、市场监管总局发布《关于调整商用密码产品管理方式的公告》，取消"商用密码产品品种和型号审批"。市场监管总局会同国家密码管理局建立国家统一推行的商用密码认证制度，采取支持措施，鼓励商用密码产品获得认证，并实施为期半年的过渡期。为确保商用密码产品管理工作平稳有序衔接和过渡，过渡期内：① 自 2020 年 1 月 1 日起，国家密码管理局不再受理商用密码产品品种和型号申请，停止发放《商用密码产品型号证书》。自 2020 年 7 月 1 日起，已发放的《商用密码产品型号证书》自动失效。② 市场监管总局会同国家密码管理局另行制定发布国推商用密码认证的产品目录、认证规则和有关实施要求。自认证规则实施之日起，商用密码从业单位可自愿向具备资质的商用密码认证机构提交认证申请。对于有效期内的《商用密码产品型号证书》，持证单位可于 2020 年 6 月 30 日前，自愿申请转换国推商用密码产品认证证书，经认证机构审核符合认证要求后，直接换发认证证书，认证证书有效期与原《商用密码产品型号证书》有效期保持一致。为方便证书转换，持证单位所在地省（区、市）密码管理部门可协助认证机构受理转换认证申请。对于尚未完成商用密码产品品种和型号审批的，原审批申请单位可于 2020 年 6 月 30 日前，自愿转为认证申请；审批期间已经开展的审查及检测，认证机构不再重复审查、检测。

2020 年 3 月，两部门联合发布《关于开展商用密码检测认证工作的实施意见》，明确：① 商用密码认证目录由市场监管总局、国家密码管理局共同发布；② 商用密码认证规则由市场监管总局发布；③ 市场监管总局、国家密码管理局联合组建商用密码认证技术委员会，协调解决认证实施过程中出现的技术问题，为管理部门提供技术支撑、提出工作建议等；④ 确立了监督管理、认证实施的工作原则（主要内容已体现在《商用密码管理条例》中），认证制度建设进入快车道。

2020 年 5 月,《商用密码产品认证目录（第一批）》和《商用密码产品认证规则》正式发布。2022 年 7 月,《商用密码产品认证目录（第二批）》发布,标志着以商用密码认证主体、对象（目录）和规则为主要内容的商用密码认证制度基本建立。

二、认证目录与认证规则

《商用密码产品认证目录（第一批）》《商用密码产品认证目录（第二批）》明确了 28 类商用密码产品的种类划分、产品描述和认证依据等内容。按照《密码法》和《条例》确认的强制性认证与自愿性认证相结合的认证原则,除《条例》第二十条规定"涉及国家安全、国计民生、社会公共利益的商用密码产品,应当依法列入网络关键设备和网络安全专用产品目录,由具备资格的商用密码检测、认证机构检测认证"外,密码从业（主要是商用密码研发、生产）单位可依据和对照目录,自愿申请相应产品的认证,并取得认证证书和使用认证标志。

按照认证目录,需要进行商用密码产品认证的 28 类产品包括:第一批发布的智能密码钥匙、智能 IC 卡、POS 密码应用系统/ATM 密码应用系统/多功能密码应用互联网终端、PCI-E/PCI 密码卡、IPSec VPN 产品/安全网关、SSL VPN 产品/安全网关、安全认证网关、密码键盘、金融数据密码机、服务器密码机、签名验签服务器、时间戳服务器、安全门禁系统、动态令牌/动态令牌认证系统、安全电子签章系统、电子文件密码应用系统、可信计算密码支撑平台、证书认证系统/证书认证密钥管理系统、对称密钥管理产品、安全芯片、电子标签芯片、其他密码模块,以及第二批发布的可信密码模块、智能 IC 卡密钥管理系统、云服务器密码机、随机数发生器、区块链密码模块、安全浏览器密码模块。

第十八条 【商用密码认证机构资质管理】

从事商用密码认证活动的机构，应当依法取得商用密码认证机构资质。

申请商用密码认证机构资质，应当向国务院市场监督管理部门提出书面申请。申请人除应当符合法律、行政法规和国家有关规定要求的认证机构基本条件外，还应当具有与从事商用密码认证活动相适应的检测、检查等技术能力。

国务院市场监督管理部门在审查商用密码认证机构资质申请时，应当征求国家密码管理部门的意见。

┃ 本条主旨

本条是有关商用密码认证机构资质的申请条件和程序的规定。

┃ 核心概念

商用密码认证机构资质，技术能力。

┃ 条文详解

一、商用密码认证机构资质的申请条件

按照我国目前对认证活动实施统一监管的《认证认可条例》的规定，取得认证机构资质，应当经国务院认证认可监督管理部门批准，并在批准范围内从事认证活动。其中第十条第一款规定："取得认证机构资质，应当符合下列条件：（一）取得法人资格；（二）有固定的场所和必要的设施；（三）有符合认证认可要求的管理制度；

（四）注册资本不得少于人民币 300 万元；（五）有 10 名以上相应领域的专职认证人员。"第十条第二款规定："从事产品认证活动的认证机构，还应当具备与从事相关产品认证活动相适应的检测、检查等技术能力。"

《条例》明确商用密码认证机构资质条件与《认证认可条例》保持一致，这也是我国对认证适用许可的法律制度的统一要求。其中《认证认可条例》第十条第一款规定了申请商用密码认证机构资质的主体、场地、硬件、规章制度、资金、人员等方面的基本条件，《认证认可条例》第十条第二款则是要求"具有与从事商用密码认证活动相适应的检测、检查等技术能力"的专业条件，体现了商用密码检测认证活动的专业性。即能够从事和提供商用密码认证服务的机构，应当具备密码技术、标准理解和实施能力（例如对 GM/T 0065—2019《商用密码产品生产和保障能力建设规范》、GM/T 0066—2019《商用密码产品生产和保障能力建设实施指南》的充分认识和结合适用）、认证基础设施建设保障、质量控制与风险管理等方面的专业能力，可以实施"型式试验＋初始工厂检查＋获证后监督"的全过程认证流程服务，并对认证结果负责和能够承担相应的法律责任。

二、商用密码认证机构资质的申请程序

按照本条和《认证机构管理办法》等具体规定，申请商用密码认证机构资质的基本流程如下：① 向国务院市场监督管理部门提出书面申请，提交符合前述《认证认可条例》第十条规定条件的证明文件。② 国务院市场监督管理部门对申请人提交的证明文件进行初审，并自收到之日起 5 日内作出受理或者不予受理的书面决定。对申请材料不齐全或者不符合法定形式的，应当一次性告知申请人需要补正的全部内容。③ 国务院市场监督管理部门审查商用密码认证机构资质，并征求国家密码管理部门的意见。④ 国家密码管理部门对申请商用密码认证机构所涉及的密码专业能力进行审核，并将意见反馈给国务院市场监督管理部门。⑤ 国务院市场监督管理部门自

受理认证机构资质申请之日起 45 日内（按照《认证机构管理办法》，需要对申请人的认证、检测、检查等技术能力进行专家评审的，专家评审时间不得超过 30 日。评审时间不计算在审批期限内。国家密码管理部门的审核意见期限应适用此情形）作出是否批准的决定。决定批准的，申请人出具批准文件，决定不予批准的，书面通知申请人，并说明理由。⑥国务院市场监督管理部门公布依法取得认证机构资质的企业名录。截至 2023 年 6 月 30 日，我国已取得商用密码认证机构资质的机构为国家密码管理局商用密码检测中心。

此外需要注意的是，由于立法不同时期的规则机制和法律技术上存在差异，《条例》第十五条规定的商用密码检测机构资质审查期限和本条规定的商用密码认证机构资质审查表述上略有差别，但均为工作日（《认证机构管理办法》第四十三条规定，国务院认证认可监督管理部门实施行政许可的期限以工作日计算，不含法定节假日）。

第十九条 【商用密码认证机构从业规范】

商用密码认证机构应当按照法律、行政法规和商用密码认证技术规范、规则，在批准范围内独立、公正、科学、诚信地开展商用密码认证，对出具的认证结论负责。

商用密码认证机构应当对其认证的商用密码产品、服务、管理体系实施有效的跟踪调查，以保证通过认证的商用密码产品、服务、管理体系持续符合认证要求。

本条主旨

本条是有关商用密码认证机构应适用的商用密码认证从业原则，技术规范、规则，以及认证持续符合要求的规定。

核心概念

商用密码认证技术规范、规则，跟踪调查，持续符合，认证结论负责。

条文详解

一、商用密码认证的法律依据和技术规范、规则

结合《条例》规定内容，《密码法》《计量法》《产品质量法》《认证认可条例》和《认证机构管理办法》等一并构成了适用于商用密码认证的法律依据。

除法律法规外，2020年5月发布、施行的《商用密码产品认证规则》是指导商用密码检测认证的基本技术和管理规则，是实施商用密码认证和出具认证结论的基本规则依据。《商用密码产品认证规则》对认证模式、实施程序、证书的取得和使用、认证责任等进行了规定，并具有法律强制力。具体内容包括：

（1）商用密码产品认证模式为"型式试验＋初始工厂检查＋获证后监督"。

（2）认证委托人（如商用密码研发、生产单位）应提交的申请材料包括产品技术文档，生产能力、质量保障能力、安全保障能力说明等。

（3）认证流程：① 委托人应按型式试验方案提供样品至检测机构，检测机构向认证机构和认证委托人出具型式试验报告；② 认证机构根据产品认证通用要求，结合相关标准对认证委托产品的生产企业实施初始工厂检查；③ 认证机构对型式试验、初始工厂检查结论和相关资料信息进行综合评价，作出认证决定；④ 认证机构对认证有效期内的获证产品和生产企业进行持续监督，并结合相关资料信息进行综合评价。

（4）认证证书有效期为 5 年，通过认证机构的认证后，通过定期监督审核可以保持认证效力。证书到期需延续使用的，认证委托人应在有效期届满前 6 个月内提出认证委托。

（5）认证实施细则。针对目录中的不同产品，认证机构依据规则的原则和要求，制定并公布认证实施细则（例如 2022 年 7 月，配合第二批目录发布的《商用密码产品认证实施细则 安全浏览器密码模块》等细则文件）。至 2023 年，国家密码管理局商用密码检测中心已就目录中主要的产品类别制定了相应的实施细则。

（6）法律责任。认证机构应对其作出的认证结论负责。检测机构应对检测结果和检测报告负责。认证委托人应对其所提交的委托资料及样品的真实性、合法性负责。

（7）认证标准和指引文件方面。目前作为认证依据的标准类文件主要包括算法类的基础标准（如 GM/T 0001—2012《祖冲之序列密码算法》、GM/T 0002—2012《SM4 分组密码算法》、GM/T 0003—2012《SM2 椭圆曲线公钥密码算法》、GM/T 0004—2012《SM3 密码杂凑算法》、GM/T 0009—2023《SM2 密码算法使用规范》、GM/T 0010—2023《SM2 密码算法加密签名消息语法规范》、GM/T 0044—2016《SM9 标识密码算法》等），目录产品对应类别的技术规范包括 GM/T 0005—2012《随机性检测规范》、GM/T 0062—2018《密码产品随机数检测要求》、GM/T 0028—2014《密码模块安全技术要求》、GM/T 0065—2019《商用密码产品生产和保障能力建设规范》、GM/T 0066—2019《商用密码产品生产和保障能力建设实施指南》等。

二、认证从业原则和跟踪调查

《条例》明确认证机构应在批准范围内独立、公正、科学、诚信地开展商用密码认证，对出具的认证结论负责。

其中，独立、公正原则旨在要求认证机构应当体现独立于商用密码产品生产者、销售者等的第三方性质。不得与行政机关存在利益关系，不受任何可能影响认证结果的因素的影响。认证机构不得接受任何可能对认证活动的客观公正产生影响的资助，不得从事任何可能对认证活动的客观公正产生影响的产品开发、营销等活动。认证机构及其认证人员不得与认证委托人存在资产、管理、人员等方面的利益关系。

科学、诚信原则要求认证机构应当公开认证基本规范、认证规则、收费标准等信息，并依据所适用的标准和规范，对认证范围内的认证对象完成规定的认证程序。认证机构基于客观事实和系统、完整的认证方法，反映和发现认证产品、服务的问题，确保认证、检查、检测的完整、客观、真实，不得增加、减少、遗漏程序。在对符合性进行评价的基础上应及时作出认证结论，并保证认证结论的客观、真实，其认证发现、认证结论应可验证，不存在虚假、夸大、隐瞒等情形。认证机构及其认证人员对认证结果负责。

认证的跟踪机制包括认证机构应履行的跟踪调查、持续符合性评价等内容。由于认证是对认证对象在认证范围和认证有效期内通过科学的抽样评价方法所建立的有别于检测、检查的专门制度，在5年内进行跟踪调查便是保证认证有效性和信任度的必要措施。通常，认证机构对认证有效期内的获证产品和生产企业进行持续监督的，可不预先通知生产企业，一般采用工厂检查的方式实施，必要时可在生产现场或市场抽样检测。发现认证的产品、服务、管理体系不能持续符合认证要求，应暂停其使用或者撤销认证证书并予以公布。同时，相关产品、服务或管理体系认证标志也应相应暂停或停止使用。

三、认证责任制和法律责任

针对违反本条规定的认证活动，《条例》第五十二条规定了相应的法律责任。认证结论和结构是对认证过程和符合性的整体呈现，《认证认可条例》和《条例》等均通过法律强制规定（而非认证机构与委托人的协议约定）明确认证结论负责制，并基于认证机构对认证结论的负责承诺，依法追究责任人（包括认证机构单位、主要负责人员等）的法律责任。具体如下：

（1）应当按照认证法律法规、规则、程序等要求对认证的产品、服务、管理体系开展认证和实施有效的跟踪调查，保证认证结果的准确性，以及在认证证书有效期内认证结果的持续有效。

（2）由于认证的产品、服务、管理体系存在缺陷，给基于对认证结果的信任而购买产品、接受服务的对方造成损失时，生产者、销售者承担连带责任。

（3）出具的认证结论虚假或者失实，按照《条例》第五十二条的规定承担相应的行政处罚，以及可能给委托人造成的损失等民事法律责任。

第二十条 【商用密码产品强制检测认证】

涉及国家安全、国计民生、社会公共利益的商用密码产品，应当依法列入网络关键设备和网络安全专用产品目录，由具备资格的商用密码检测、认证机构检测认证合格后，方可销售或者提供。

├ 本条主旨

本条是有关实施强制性商用密码检测认证的产品目录的规定。

├ 核心概念

网络关键设备和网络安全专用产品目录，检测认证。

├ 条文详解

一、强制性检查认证制度的适用范围

本条是商用密码产品强制检测认证的规定。2022 年 9 月修订的

《强制性产品认证管理规定》第二条明确规定："为保护国家安全、防止欺诈行为、保护人体健康或者安全、保护动植物生命或者健康、保护环境，国家规定的相关产品必须经过认证，并标注认证标志后，方可出厂、销售、进口或者在其他经营活动中使用。"在网络安全领域，该必须认证的产品范围同样主要限于为国家安全和社会公共利益的目的。《网络安全法》第二十三条规定："网络关键设备和网络安全专用产品应当按照相关国家标准的强制性要求，由具备资格的机构安全认证合格或者安全检测符合要求后，方可销售或者提供。国家网信部门会同国务院有关部门制定、公布网络关键设备和网络安全专用产品目录，并推动安全认证和安全检测结果互认，避免重复认证、检测。"这正式确立了适用强制性要求的原则规定。2023年4月，为落实《网络安全法》的上述规定，国家互联网信息办公室、工信部、公安部、财政部、国家认证认可监督管理委员会发布《关于调整网络安全专用产品安全管理有关事项的公告》，进一步整合和明确了网络关键设备和网络安全专用产品安全认证和安全检测的适用标准、任务机构、清单目录等内容：① 自2023年7月1日起，列入《网络关键设备和网络安全专用产品目录》的网络安全专用产品应当按照《信息安全技术 网络安全专用产品安全技术要求》等相关国家标准的强制性要求，由具备资格的机构安全认证合格或者安全检测符合要求后，方可销售或者提供；② 具备资格的机构是指列入《承担网络关键设备和网络安全专用产品安全认证和安全检测任务机构名录》的机构；③ 国家互联网信息办公室会同工信部、公安部、国家认证认可监督管理委员会统一公布和更新符合要求的网络关键设备和网络安全专用产品清单。《条例》本条规定即是强制性检测认证对商用密码产品适用性的确认。

二、网络关键设备和网络安全专用产品目录

按照2023年7月《关于调整〈网络关键设备和网络安全专用产品目录〉的公告》，网络关键设备和网络安全专用产品目录分别包括以下内容。

（一）网络关键设备（见表 3-1）

表 3-1　网络关键设备

序号	设备类别	范围
1	路由器	整系统吞吐量（双向）≥12Tbps 整系统路由表容量≥55 万条
2	交换机	整系统吞吐量（双向）≥30Tbps 整系统包转发率≥10Gpps
3	服务器 （机架式）	CPU 数量≥8 个 单 CPU 内核数≥14 个 内存容量≥256GB
4	可编程逻辑控制器 （PLC 设备）	控制器指令执行时间≤0.08 微秒

（二）网络安全专用产品（见表 3-2）

表 3-2　网络安全专用产品

序号	产品类别	产品描述
1	数据备份与恢复产品	能够对信息系统数据进行备份和恢复，且对备份与恢复过程进行管理的产品
2	防火墙	对经过的数据流进行解析，并实现访问控制及安全防护功能的产品
3	入侵检测系统（IDS）	以网络上的数据包作为数据源，监听所保护网络节点的所有数据包并进行分析，从而发现异常行为的产品
4	入侵防御系统（IPS）	以网桥或网关形式部署在网络通路上，通过分析网络流量发现具有入侵特征的网络行为，在其传入被保护网络前进行拦截的产品
5	网络和终端隔离产品	在不同的网络终端和网络安全域之间建立安全控制点，实现在不同的网络终端和网络安全域之间提供访问可控服务的产品

序号	产品类别	产品描述
6	反垃圾邮件产品	能够对垃圾邮件进行识别和处理的软件或软硬件组合,包括但不限于反垃圾邮件网关、反垃圾邮件系统、安装于邮件服务器的反垃圾邮件软件,以及与邮件服务器集成的反垃圾邮件产品等
7	网络安全审计产品	采集网络、信息系统及其组件的记录与活动数据,并对这些数据进行存储和分析,以实现事件追溯、发现安全违规或异常的产品
8	网络脆弱性扫描产品	利用扫描手段检测目标网络系统中可能存在的安全弱点的软件或软硬件组合的产品
9	安全数据库系统	从系统设计、实现、使用和管理等各个阶段都遵循一套完整的系统安全策略的数据库系统,目的是在数据库层面保障数据安全
10	网站数据恢复产品	提供对网站数据的监测、防篡改,并实现数据备份和恢复等安全功能的产品
11	虚拟专用网产品	在互联网链路等公共通信基础网络上建立专用安全传输通道的产品
12	防病毒网关	部署于网络和网络之间,通过分析网络层和应用层的通信,根据预先定义的过滤规则和防护策略实现对网络内病毒防护的产品
13	统一威胁管理产品(UTM)	通过统一部署的安全策略,融合多种安全功能,针对面向网络及应用系统的安全威胁进行综合防御的网关型设备或系统
14	病毒防治产品	用于检测发现或阻止恶意代码的传播以及对主机操作系统应用软件和用户文件的篡改、窃取和破坏等的产品

序号	产品类别	产品描述
15	安全操作系统	从系统设计、实现到使用等各个阶段都遵循了一套完整的安全策略的操作系统，目的是在操作系统层面保障系统安全
16	安全网络存储	通过网络基于不同协议连接到服务器的专用存储设备
17	公钥基础设施	支持公钥管理体制，提供鉴别、加密、完整性和不可否认服务的基础设施
18	网络安全态势感知产品	通过采集网络流量、资产信息、日志、漏洞信息、告警信息、威胁信息等数据，分析和处理网络行为及用户行为等因素，掌握网络安全状态，预测网络安全趋势，并进行展示和监测预警的产品
19	信息系统安全管理平台	对信息系统的安全策略以及执行该策略的安全计算环境、安全区域边界和安全通信网络等方面的安全机制实施统一管理的平台
20	网络型流量控制产品	对安全域的网络进行流量监测和带宽控制的流量管理系统
21	负载均衡产品	提供链路负载均衡、服务器负载均衡、网络流量优化和智能处理等功能的产品
22	信息过滤产品	对文本、图片等网络信息进行筛选控制的产品
23	抗拒绝服务攻击产品	用于识别和拦截拒绝服务攻击、保障系统可用性的产品
24	终端接入控制产品	提供对接入网络的终端进行访问控制功能的产品
25	USB移动存储介质管理系统	对移动存储设备采取身份认证、访问控制、审计机制等管理手段，实现移动存储设备与主机设备之间可信访问的产品

序号	产品类别	产品描述
26	文件加密产品	用于防御攻击者窃取以文件等形式存储的数据、保障存储数据安全的产品
27	数据泄露防护产品	通过对安全域内部敏感信息输出的主要途径进行控制和审计，防止安全域内部敏感信息被非授权泄露的产品
28	数据销毁软件产品	采用信息技术进行逻辑级底层数据清除，彻底销毁存储介质所承载数据的产品
29	安全配置检查产品	基于安全配置要求实现对资产的安全配置检测和合规性分析，生成安全配置建议和合规性报告的产品
30	运维安全管理产品	对信息系统重要资产维护过程实现单点登录、集中授权、集中管理和审计的产品
31	日志分析产品	采集信息系统中的日志数据，并进行集中存储和分析的安全产品
32	身份鉴别产品	要求用户提供以电子信息或生物信息为载体的身份鉴别信息，确认应用系统使用者身份的产品
33	终端安全监测产品	对终端进行安全性监测和控制，发现和阻止系统和网络资源非授权使用的产品
34	电子文档安全管理产品	通过制作安全电子文档或将电子文档转换为安全电子文档，对安全电子文档进行统一管理、监控和审计的产品

对目录中涉及商用密码，并符合目录性能规定的路由器、交换机、服务器，以及典型的加密保护、安全认证产品，如虚拟专用网产品、安全操作系统、安全网络存储、公钥基础设施、文件加密产品、身份鉴别产品、电子文档安全管理产品等，需要按照本条规定经检测认证合格。

三、承担网络关键设备和网络安全专用产品安全认证和安全检测任务机构名录和实施规则

（一）机构名录

按照国家认监委、工信部、公安部、国家互联网信息办公室在2018年发布的《关于发布承担网络关键设备和网络安全专用产品安全认证和安全检测任务机构名录（第一批）的公告》，第一批承担安全认证、检测的机构有16家，具体机构及认证、检测的范围情况（见表3-3）。

表 3-3　第一批承担安全认证、检测的机构

序号	机构名称	对应法人单位	机构安全认证/检测范围 *	说明
1	中国信息安全认证中心	中国信息安全认证中心	网络关键设备和网络安全专用产品安全认证	选择认证方式的网络关键设备和网络安全专用产品，安全认证合格后，由认证机构报国家认证认可监督管理委员会
2	中国信息通信研究院/中国泰尔实验室	中国信息通信研究院	网络关键设备安全检测	选择检测方式的网络关键设备，安全检测符合要求后，由检测机构报工业和信息化部
3	国家计算机网络与信息安全管理中心	国家计算机网络与信息安全管理中心		

商用密码政策法律使用手册

序号	机构名称	对应法人单位	机构安全认证/ 检测范围 *	说明
4	国家工业控制系统与产品安全质量监督检验中心	工业和信息化部电子科学技术情报研究所（工业和信息化部电子第一研究所）	网络关键设备安全检测	选择检测方式的网络关键设备，安全检测符合要求后，由检测机构报工业和信息化部
5	中国电子技术标准化研究院赛西实验室	中国电子技术标准化研究院		
6	工业和信息化部电子第五研究所	工业和信息化部电子第五研究所		
7	信息产业数据通信产品质量监督检验中心	北京通和实益电信科学技术研究所有限公司		
8	国家电话交换机质量监督检验中心	电信科学技术第一研究所		
9	信息产业无线通信产品质量监督检验中心	西安通和电信设备检测有限公司		

序号	机构名称	对应法人单位	机构安全认证/检测范围*	说明
10	信息产业有线通信产品质量监督检验中心	成都泰瑞通信设备检测有限公司	网络关键设备安全检测	选择检测方式的网络关键设备,安全检测符合要求后,由检测机构报工业和信息化部
11	信息产业光通信产品质量监督检验中心	武汉网锐实验室(信息产业光通信产品质量监督检验中心)		
12	信息产业广州电话交换设备质量监督检验中心	中国电信集团公司广东分公司		
13	公安部计算机信息系统安全产品质量监督检验中心	公安部第三研究所	网络安全专用产品安全检测	选择检测方式的网络安全专用产品,安全检测符合要求后,由检测机构报公安部
14	公安部安全与警用电子产品质量检测中心	公安部第一研究所		

序号	机构名称	对应法人单位	机构安全认证/检测范围＊	说明
15	国家计算机病毒应急处理中心计算机病毒防治产品检验实验室	国家计算机病毒应急处理中心	网络安全专用产品安全检测	选择检测方式的网络安全专用产品，安全检测符合要求后，由检测机构报公安部
16	信息产业信息安全测评中心	中国电子科技集团公司第十五研究所		

（二）适用标准

根据前述法律法规，国家认监委在 2023 年发布《关于修订网络关键设备和网络安全专用产品安全认证实施规则的公告》要求，具备资格的机构在开展强制性检测、认证时，网络关键设备认证依据为强制性国家标准《网络关键设备安全通用要求》（GB 40050—2021）、网络安全专用产品认证依据为强制性国家标准《信息安全技术 网络安全专用产品安全技术要求》（GB 42250—2022）。针对具体产品类别的国家标准，全国信息安全标准化技术委员会还发布一系列具体产品类别的国家推荐性标准以支持检测认证方法，如《信息安全技术 防火墙安全技术要求和测试评价方法》（GB/T 20281—2020）、《信息安全技术 网络入侵检测系统技术要求和测试评价方法》（GB/T 20275—2021）、《信息安全技术 网络型入侵防御产品技术要求和测试评价方法》（GB/T 28451—2012）、《信息安全技术 反垃圾邮件产品技术要求和测试评价方法》（GB/T 30282—2013）、《信息安全技术 网络脆弱性扫描产品安全技术要求和测试评价方法》（GB/T 20278—2022）等。

第二十一条 【商用密码服务强制认证】

商用密码服务使用网络关键设备和网络安全专用产品的，应当经商用密码认证机构对该商用密码服务认证合格。

▌本条主旨

本条主要规定了适用强制性认证的商用密码服务要求。

▌核心概念

商用密码服务，商用密码服务认证。

▌条文详解

一、商用密码服务

《密码法》《条例》没有直接界定何为商用密码服务，按照国家密码管理局《密码政策问答（七十九）》的解读：商用密码服务是指基于商用密码专业技术、技能和设施，为他人提供集成、运营、监理等商用密码支持和保障的活动。典型的商用密码服务包括：密码保障系统集成（如数字证书认证系统集成），是指为他人集成建设实现密码功能的系统，保护他人网络与信息系统的安全。密码保障系统运营（如增值税发票防伪税控系统运营），是指为保证他人实现密码功能的系统的正常运行提供安全管理和维护。概括而言，商用密码服务的特点如下：① 商用密码服务应是为其他组织或个人提供服务，例如向密码应用单位提供密码机和配套保障系统的安装、部署、运维，向社会提供具有密码加密或认证功能的电子签名、电子印章、电子证照，或向个人提供加密的网络传输、云存储服务，等等。如果组织为保障自身网络安全使用密码技术和设施设备，一般不应认为商用密码服务。② 商用密码服务一般均使用了商用密码产品，且并不局限于硬件产品，而是结合产品硬件和系统、应用软件等在内的整体解决方案。由于商用密码产品、服务概念所隐含的商用性，意味着如果不做商业化购买、部署、应用，或做更宽泛的理解不具有直接或间接的营利性的服务活动，不属于商用密码服务。例如目前广泛使用的基于开源的 HTTPS（超文本传输安全协议）访问网络链接，就难以界定其单一服务提供者和"商用性"，但是如果针对某一密码应用单位提供定制 SSL/TLS，则可能构成商用密码服务。

此外，《条例》第四章专门规定了电子认证等特殊类型的密码服务。

二、商用密码服务认证

按照《认证认可条例》对认证的界定（认证是指由认证机构证明产品、服务、管理体系符合相关技术规范、相关技术规范的强制性要求或者标准的合格评定活动）、《条例》规定和上述讨论，商用密码服务也应适用本章《商用密码管理条例》规定的检测认证，且基于自愿性和强制性检测认证相结合的原则，在触发"使用网络关键设备和网络安全专用产品"条件时，应按照强制性认证的要求进行认证，其认证对象为"使用网络关键设备和网络安全专用产品的"整体商用密码服务。

需要注意的是，《条例》第二十条规定的纳入网络关键设备和网络安全专用产品目录范围的商用密码产品，因其产品特性不同，可分别选择适用检测或认证方式，但对于本条规定的商用密码服务，由于《认证认可条例》对认证的界定，特别是其服务特性所决定，只能适用认证方式。同样，在适用的认证标准上，对使用网络关键设备的认证依据为强制性国家标准《网络关键设备安全通用要求》（GB 40050—2021）、对使用网络安全专用产品认证依据为强制性国家标准《信息安全技术 网络安全专用产品安全技术要求》（GB 42250—2022）。

第四章 电子认证

第二十二条 【采用商用密码技术提供电子认证服务应当具备相关条件】

采用商用密码技术提供电子认证服务，应当具有与使用密码相适应的场所、设备设施、专业人员、专业能力和管理体系，依法取得国家密码管理部门同意使用密码的证明文件。

本条主旨

本条是有关电子认证服务提供者作为商用密码技术使用相关主体能力和资质要求的规定。

核心概念

电子认证服务，同意使用密码的证明文件。

条文详解

一、电子认证服务提供者的主体能力要求

按照 2015 年修订的《电子认证服务管理办法》规定，电子认证

服务，是指为电子签名相关各方提供真实性、可靠性验证的活动。电子认证服务提供者，是指为需要第三方认证的电子签名提供认证服务的机构，也称为电子认证服务机构。目前主流的电子签名中，需要认证的电子签名一般指向数字签名，而数字签名则主要通过使用非对称密码对身份、签名等电子形式的数字记录进行变换，从而实现对交易主体身份安全认证的保障，对交易过程的真实性、完整性、抗抵赖性的确认——这也正是商用密码概念所要求的密码功能。

按照《电子认证服务管理办法》第五条规定，电子认证服务机构应当具备下列条件，并向工业和信息化部提交材料：① 具有独立的企业法人资格。② 具有与提供电子认证服务相适应的人员。从事电子认证服务的专业技术人员、运营管理人员、安全管理人员和客户服务人员不少于三十名，并且应当符合相应岗位技能要求。③ 注册资本不低于人民币三千万元。④ 具有固定的经营场所和满足电子认证服务要求的物理环境。⑤ 具有符合国家有关安全标准的技术和设备。⑥ 具有国家密码管理机构同意使用密码的证明文件。⑦ 法律、行政法规规定的其他条件。因此，从服务的法律定性上看，电子认证服务属于一类需申请行政许可的特定事项，并需取得服务牌照——《电子认证服务许可证》后方能开展业务。

二、电子认证服务提供者需取得同意使用密码的证明文件的资质要求

按照《电子签名法》第十七条和《电子认证服务管理办法》的上述规定，申请和设立电子认证服务机构，需先行取得国家密码管理机构同意使用密码的证明文件，并据此向主管部门申领《电子认证服务许可证》。因此，取得国家密码管理机构同意使用密码的证明文件是开展电子认证服务的前置条件，其也是一项行政许可事项，并由《法律、行政法规、国务院决定设定的行政许可事项清单（2023 年版）》（第 967 项）对此进行了确认。

对于如何申请取得同意使用密码的证明文件，2017 年，国家密码管理局修正并重新发布了《电子认证服务密码管理办法》，规定了

申请条件和程序，主要内容包括：① 对电子认证服务系统的安全性进行审查，包括建设工作总结报告、技术工作总结报告、安全性设计报告、安全管理策略和规范报告、用户手册和测试说明等。② 对电子认证服务系统与密钥管理系统等进行互联互通测试。同时，通过特别制定电子认证基础设施建设和运行的标准规范《证书认证系统密码及其相关安全技术规范》等标准类文件，以实施安全性审查和互联互通测试。截至2023年6月，取得电子认证服务同意使用密码的证明文件（《电子认证服务使用密码许可证》）的机构为64家。

第二十三条 【电子认证服务密码使用要求】

电子认证服务机构应当按照法律、行政法规和电子认证服务密码使用技术规范、规则，使用密码提供电子认证服务，保证其电子认证服务密码使用持续符合要求。

电子认证服务密码使用技术规范、规则由国家密码管理部门制定并公布。

┣ 本条主旨

本条是有关电子认证服务机构使用密码的技术规范和规则要求的规定。

┣ 核心概念

电子认证服务密码使用技术规范，规则。

┣ 条文详解

商用密码是电子认证服务的核心技术，电子认证服务机构通过构建使用商用密码的电子认证服务系统提供电子认证服务，包括向从事商事交易等社会活动的各方主体颁发数字证书，提供证书验证，维护和更新证书的有效性，直至注销和撤销证书等。

商用密码政策法律使用手册

具体而言，《电子认证服务密码管理办法》围绕电子认证服务系统，对其应当遵循的密码标准、规范，使用密码许可申请、审批，使用规则和事中事后监管等提出了相对完整的制度要求。除了对《电子认证服务使用密码许可证》取得和维持有效性的相关要求外，还包括以下内容：① 电子认证服务系统应当由具有商用密码产品生产和密码服务能力的单位承建。确保电子认证服务系统的产品、服务由具有相应资质和能力的提供方提供。② 电子认证服务系统的建设和运行应当符合《证书认证系统密码及其相关安全技术规范》。同时建立了电子认证服务系统的密码技术规范和安全要求。③ 电子认证服务系统所需密钥服务由国家密码管理局和省、自治区、直辖市密码管理机构规划的密钥管理系统提供等。实务中，电子认证服务系统所需密钥服务一般由持有《电子认证服务使用密码许可证》的电子认证服务提供者申请并填写《密钥管理中心密钥配发申请表》等资料，省级密码管理局密钥管理中心受理审核密钥申请用途说明是否属实、申请对数是否超标（一般原则上一次申请不多于 5000 对），并交密钥管理中心领导审核，经审核确认后为申请单位配发密钥。

作为《条例》和《电子认证服务密码管理办法》的配套标准，目前电子认证服务密码使用方面已经制定了一系列的国家标准和行业标准，包括《信息安全技术 证书认证系统密码及其相关安全技术规范》（GB/T 25056—2018）、《基于 SM2 密码算法的证书认证系统密码及其相关安全技术规范》（GM/T 0034—2014）、《数字证书认证系统密码协议规范》（GM/T 0014—2023）、《数字证书互操作检测规范》（GM/T 0043—2015）等。这些标准、规范构成了电子认证服务系统建设和运行的推荐性标准，同时也是各级国家密码管理局监督检查的基本法律和技术依据。

第二十四条 【电子政务电子认证服务机构资质要求】

采用商用密码技术从事电子政务电子认证服务的机构，应当经国家密码管理部门认定，依法取得电子政务电子认证服务机构资质。

┣ 本条主旨

本条是有关电子政务电子认证服务机构资质要求的规定。

┣ 核心概念

电子政务电子认证服务机构资质。

┣ 条文详解

电子政务电子认证服务是指采用商用密码技术，为社会管理、公共服务等非涉密政务活动提供电子签名认证服务，确保电子签名的真实性和可靠性的活动。主要的电子签名形式是采用商用密码技术的各类数字签名技术。本条主要确认了电子政务电子认证服务机构资质认定属于行政许可事项，是一类特别的电子认证服务，应由申请方向国家密码管理局申请和进行认定。

政务活动中电子公文、电子印章、电子证照、电子报关、电子报税、电子社保等活动的广泛开展，对电子签名、数据电文法律效力的确认提高了要求。随着防篡改、抗抵赖性的需求日益增加，我国对电子认证服务和电子政务电子认证服务主要的基础法律包括

《密码法》和《电子签名法》等。《电子签名法》主要对民事活动的数据电文、电子签名、认证提出了相应要求。《密码法》第二十九条规定："国家密码管理部门对采用商用密码技术从事电子政务电子认证服务的机构进行认定，会同有关部门负责政务活动中使用电子签名、数据电文的管理。"2019年《国务院关于在线政务服务的若干规定》进一步明确和澄清："电子签名、电子印章、电子证照以及政务服务数据安全涉及电子认证、密码应用的，按照法律、行政法规和国家有关规定执行。"据此可以认为是将《电子签名法》的数字签名安全认证到不涉密的电子政务领域。基于两部法律，我国对2009年《电子政务电子认证服务管理办法（试行）》进行了进一步修订并向社会公开征求意见，《电子政务电子认证服务管理办法（试行）》是目前具体规范电子政务电子认证服务的主要规定，属于部门规范性文件。2024年9月，国家密码管理局发布《电子政务电子认证服务管理办法》，（国家密码管理局令第4号），从部门规章层面对电子政务电子认证服务机构资质、申请流程等作出规定。

截至2023年6月，取得电子政务电子认证服务机构资质的社会化服务机构累计56家，并呈现出在主要省市均匀分布的特点，为各级政务部门开展政务活动提供了有力的安全支撑。

第二十五条 【电子政务电子认证服务机构资质认定条件】

取得电子政务电子认证服务机构资质，应当符合下列条件：

（一）具有企业法人或者事业单位法人资格；

（二）具有与从事电子政务电子认证服务活动及其使用密码相适应的资金、场所、设备设施和专业人员；

（三）具有为政务活动提供长期电子政务电子认证服务的能力；

（四）具有保证电子政务电子认证服务活动及其使用密码安全运行的管理体系。

本条主旨

本条是有关电子政务电子认证服务机构的资质条件的规定。

核心概念

电子政务电子认证服务机构资质。

条文详解

电子政务电子认证服务机构的资质条件可以从人、财、物等多维度进行考虑，并形成涵盖技术措施、管理制度和法律规范的体系。

一、企业法人或者事业单位法人资格

要求电子政务电子认证服务机构具备基本的企业或事业单位法人主体资格，是对行政许可申请主体的常规性要求。有独立法人资格，方才具备独立地履行服务和承担法律责任的能力。一般而言，非政务部门内部机构的第三方申请电子政务电子认证服务，应具备企业法人主体资格，并主要以公司形式设立和存续。对于一些敏感、专业的政务活动、领域，则需要由与其相关的事业单位作为电子政务电子认证服务机构提供持续服务，因此，本条明确了具备法人资格的企业、事业单位均可作为申请电子政务电子认证服务机构资质的主体，同时这也意味着将对主体、人员是否存在重大违法记录或者不良信用记录等资格进行评价。当然，外商投资类企业按照非歧视原则也具有相关主体申请资格，具体规定体现在《条例》第二十七条。

二、资金、场地、设备设施和人员要求

电子政务电子认证服务机构所提供的服务具有一定的资金、人员和技术要求，主要体现如下：

（1）应具有与从事电子政务电子认证服务活动及其使用密码相适应的资金，即主体设立时的注册资本和日常运营资金要求。

（2）具有固定的运营场所，满足电子政务电子认证服务要求的物理环境，以及符合国家密码相关标准规范的电子认证服务系统等设备设施；特别包括证书认证中心、密钥管理中心及其承载的证书认证系统、密钥管理系统，各类服务接口等（合称电子认证服务系统）的物理安全、系统安全、数据安全（包括算法安全、备份安全）和可靠性方面，例如防火、防水、防电磁、防断电、防入侵、防攻击等要求，并应部署物理和逻辑隔离、访问控制、入侵检测、漏洞扫描、病毒防治、通信加密等安全技术措施。通常而言，电子政务电子认证服务需提供 7×24 全天候服务，对各类故障的响应、处置都提出了高可用性要求。在人员技能和保障方面，通常应包括制定相应的人事管理制度，涵盖人员背景调查、身份鉴别、岗位设施、职责设计等内容，以确保人员权限和信任程度与其角色和职责匹配。通常要求具有与从事电子政务电子认证服务活动及其使用密码相适应的专业技术人员、运营管理人员、安全管理人员和客户服务人员等专业人员不少于 30 名，并符合相应岗位技能要求。

三、长期电子政务电子认证服务能力

长期服务能力是对资金、场地、设备设施和人员要求的自然延展，只有具备相应的人、财、物，才能具备实现长期服务的基础能力。同时长期服务也是政务活动的"天然"要求，面向公众服务、社会管理必然体现为相关技术支撑的稳定性、安全性、时效性和持续性。因此，在电子政务电子认证服务的采购协议等法律文件中，

也要求电子政务电子认证服务机构对长期服务做好技术、资金和人员准备，并写入书面承诺。

四、保证电子政务电子认证服务活动及其使用密码安全运行的管理体系

保证电子政务电子认证服务活动及其使用密码安全运行的管理体系旨在通过文档化的制度建设，将保证电子政务电子认证服务的技术、管理和法律机制整合成体系化的风险管理机制，这也符合网络安全风险管理的制度建设要求。通常而言，管理体系在服务机构的制度层面，除访问控制、应急预案等常规制度外，还应包括认证业务声明、安全管理制度、运营管理制度、账号管理制度、集成服务管理制度、人事管理制度、客户服务管理制度、财务费用管理制度、安全审计制度等，并按照需要将这些制度细化成操作规程等流程化形式，如介质管理、备份管理等更细粒度文件，以服务于证书操作和认证服务的各个生命周期环节。

第二十六条 【电子政务电子认证服务机构资质认定程序】

申请电子政务电子认证服务机构资质，应当向国家密码管理部门提出书面申请，并提交符合本条例第二十五条规定条件的材料。

国家密码管理部门应当自受理申请之日起 20 个工作日内，对申请进行审查，并依法作出是否准予认定的决定。

需要对申请人进行技术评审的，技术评审所需时间不计算在本条规定的期限内。国家密码管理部门应当将所需时间书面告知申请人。

本条主旨

本条是有关电子政务电子认证服务机构资质申请和审查流程的规定。

核心概念

电子政务电子认证服务机构资质认定，技术评审。

条文详解

按照《条例》第二十五条和本条规定，申请电子政务电子认证服务机构资质单位应提交材料的具体形式化文件如下：① 电子政务电子认证服务机构资质申请表；② 法人资格证书；③ 资金情况，包括注册资金及资本结构，运营资金、损害赔偿责任资金来源等；④ 运营场所情况以及物理环境符合国家有关安全标准的情况；⑤ 电子认证服务系统相关技术材料及相关设备清单，包括建设工作报告、技术工作报告、安全性设计报告、安全管理策略和规范、标准符合性自评估报告以及相关软件、设备清单等；⑥ 专业人员的人数、结构，签署的保密协议等情况；⑦ 为用户提供长期服务和质量保障能力说明及承诺；⑧ 电子政务电子认证服务及其使用密码安全管理体系建立情况，包括电子政务电子认证服务及其使用密码安全管理体系建立情况，业务运营管理、电子认证服务系统运行管理、人员管理、档案管理、安全保密管理等管理体系建立情况。

国家密码管理局自收到申请材料之日起 5 个工作日内，对申请材料进行形式审查，申请材料齐全、符合规定形式的，应当受理行政许可申请并出具受理通知书；申请材料不齐全或者不符合规定形式的，应当当场或者在 5 个工作日内一次告知需要补正的全部内容；不予受理的，应当出具不予受理通知书并说明理由。

自受理行政许可申请之日起 20 个工作日内，国家密码管理局对申请进行审查，并依法作出是否许可的决定。准予许可的，颁发《电子政务电子认证服务机构资质证书》，并公布取得资质证书的电子政务电子认证服务机构名录；不予许可的，应当出具不予行政许可决定书，说明理由并告知申请人相关权利。

资质审查中最为重要的工作是对申请人进行技术评审。技术评审包括电子认证服务系统安全性审查，运营场所和物理环境、设备设施、管理体系建设实地查勘，专业人员能力考核等。通常国家密码管理局会根据技术评审需要和专业要求，组织专家或者委托专业机构实施技术评审。由于技术评审的时间、周期存在一定程度的不确定性，技术评审所需时间不计算在本条规定的期限内，但国家密码管理局会将所需时间书面告知申请人。

第二十七条 【外商投资电子政务电子认证服务安全审查】

外商投资电子政务电子认证服务，影响或者可能影响国家安全的，应当依法进行外商投资安全审查。

├ 本条主旨

本条是有关外商投资电子政务电子认证服务的安全审查制度的规定。

├ 核心概念

外商投资电子政务电子认证服务，外商投资安全审查。

┃ 条文详解

外商投资安全审查是 2019 年《外商投资法》确立的一项基础法律制度，其第三十五条规定"国家建立外商投资安全审查制度，对影响或者可能影响国家安全的外商投资进行安全审查"。国际上目前普遍将外商投资安全审查作为一项投资、贸易规则的例外，即一国可以以涉及国家安全为合理事由，对纳入审查范围的外商投资行为进行审查，评估该行为可能对该国国家安全产生的风险和影响，并据此作出对该投资行为进行限制或禁止的措施。据此，外商投资安全审查不在于对投资后果的处罚或惩戒，而在于事前的风险预防与排除。

按照《外商投资安全审查办法》，主要审查以下情形：① 外国投资者单独或者与其他投资者共同在境内投资新建项目或者设立企业；② 外国投资者通过并购方式取得境内企业的股权或者资产；③ 外国投资者通过其他方式在境内投资的活动属于外商投资行为，由国家外商投资安全审查工作机制（办公室负责日常工作）负责安全审查的组织、协调、指导工作。整体上看，外商投资安全审查与网络安全审查类似，是面向投资行为（特别包括投资方案，实质上也包括技术方案）的安全审查，网络安全审查则主要为面向安全技术和管理机制（特别包括供应链安全，也可能包括股权架构）的安全审查。

电子政务电子认证服务可能涉及敏感、重要数据，信息，工作秘密甚至国家秘密，因此《条例》增加了外商投资电子政务电子认证服务可能触发外商投资安全审查，将其纳入《外商投资法》的整体审查框架内。同时，由于《外商投资法》规定"依法作出的安全审查决定为最终决定"，因此对作出的通过安全审查的决定、禁止投资的决定或附条件通过安全审查的决定，均为最终决定，不能提起行政复议或行政诉讼。

第二十八条 【电子政务电子认证服务机构从业规范】

电子政务电子认证服务机构应当按照法律、行政法规和电子政务电子认证服务技术规范、规则，在批准范围内提供电子政务电子认证服务，并定期向主要办事机构所在地省、自治区、直辖市密码管理部门报送服务实施情况。

电子政务电子认证服务技术规范、规则由国家密码管理部门制定并公布。

▌本条主旨

本条是有关电子政务电子认证服务机构开展认证服务的技术规范、规则等标准要求和报送义务的规定。

▌核心概念

电子政务电子认证服务技术规范，规则。

▌条文详解

电子政务电子认证服务对从业单位的服务质量、安全保障等提出了更高要求，这些要求已经通过国家密码管理局制定并公布的《电子政务电子认证服务管理办法》《电子政务电子认证服务业务规则规范》《电子政务电子认证服务质量评估要求》等规章、规范性文件进行了系统规定。

按照《电子政务电子认证业务规则规范》等要求，电子政务电子认证服务机构应当制定本机构的电子政务电子认证业务规则和相应的电子签名认证证书策略，在提供、变更电子政务电子认证服务前予以公布，并向住所地省、自治区、直辖市密码管理部门备案。这里的住所地也即《民法典》等规定的主要办事机构所在地。

按照《电子政务电子认证服务管理办法（试行）》《电子政务电子认证服务业务规则规范》《电子政务电子认证服务质量评估要求》明确的业务规则和服务质量要求，电子政务电子认证服务机构应当按照本机构的电子政务电子认证业务规则提供下列服务：① 电子签名认证证书全生命周期管理服务；② 确认签发的电子签名认证证书的真实性；③ 提供电子签名认证证书目录信息查询服务；④ 提供电子签名认证证书状态查询服务；⑤ 提供电子签名认证证书使用支持服务。

本条还进一步规定了电子政务电子认证服务机构应当每年至少进行一次服务实施情况报送，包括年度报告、重大事项和服务合规性评估（含问题发现和整改），并及时向住所地省、自治区、直辖市密码管理部门报送。同时，《条例》还在第五十五条规定了违反报送义务等情形时的法律责任。

第二十九条 【电子认证信任机制】

国家建立统一的电子认证信任机制。国家密码管理部门负责电子认证信任源的规划和管理，会同有关部门推动电子认证服务互信互认。

┃ 本条主旨

本条是有关我国电子认证信任机制建设的规定。

核心概念

电子认证信任机制，电子认证信任源，电子认证服务互信互认。

条文详解

本条是我国电子认证信任机制建设的基础规定，明确了国家密码管理局在电子认证信任机制建设中的主要职责和任务。本条规定旨在从国家层面规划建设电子认证信息源，为不同电子认证服务机构的运营 CA 提供互信互认机制，实现不同运营 CA 证书、不同信任模式的互操作。电子认证信任机制，目前是指主流的以公钥基础设施（PKI）和多层证书认证机构（CA）技术为基础，通过相应的信任模型传递信任关系，建立不同主体之间数字信任体系的过程。通过电子认证信任机制促动数字信任体系，可有效促进政务数据合规有序地共享、开放、流通、利用，增强政府公信力，提高行政效率及服务水平，有助于实现数字政府跨层级、跨地域、跨系统、跨部门、跨业务的协同管理和服务，促进政府数据与社会数据资源融合，提升数据要素社会价值及经济价值，切实发挥数据的生产要素效能。以数字信任为基础构建的数据要素流通规则，可有效支撑数据要素各相关主体权益的体现，也可明确数据要素流通交易条件，以及保障数字身份、电子签名、隐私保护、责任认定等网络信任能力，为"数据资源确权、开放、流通、交易"提供健康、可靠的发展环境。

在 PKI 信任模型中，CA 中心是信任产生的来源或者起点，因此也称为信任锚，CA 签发的数字证书是信任确认和传递工具。2005年，国家密码管理局组织建设了国家电子认证根 CA 系统，并以根 CA 为基础，为电子认证服务机构、电子政务电子认证服务机构提供 CA 证书运营等服务，统一的电子认证信任体系正在稳步构建，并基本形成了相对稳定的 CA 业态。截至 2023 年 6 月，全国 64 家电子认证服务机构和 56 家电子政务电子认证社会化服务机构均取得了根 CA 签发的运营 CA 证书。

以国家电子政务外网管理中心的网络信任体系建设为例，自 2006 年起，至 2023 年 6 月，已形成覆盖全国的电子政务电子认证服务体系，并在 19 个中央部门、29 个省级电子政务外网管理和使用单位建立了注册服务机构，为中央、省、市、县各级政务部门的 500 多个重要业务应用提供电子认证服务，面向电子政务外网与各级各类政务应用提供身份认证、访问授权和责任认定等安全服务，为跨部门、跨地域的业务协同提供支撑保障。

第三十条 【政务活动中使用电子签名、数据电文管理】

密码管理部门会同有关部门负责政务活动中使用电子签名、数据电文的管理。

政务活动中电子签名、电子印章、电子证照等涉及的电子认证服务，应当由依法设立的电子政务电子认证服务机构提供。

├─ 本条主旨

本条是有关政务活动中电子签名、数据电文管理的规定。

├─ 核心概念

数据电文，电子签名，电子印章，电子证照。

├─ 条文详解

按照《国务院关于在线政务服务的若干规定》，电子签名是指数据电文中以电子形式所含、所附用于识别签名人身份并表明签名人认可其中内容的数据。电子印章是指基于可信密码技术生成身份标识，以电子数据图形表现的印章。电子证照是指由计算机等电子设备形成、传输和存储的证件、执照等电子文件。电子档案是指具有凭证、查考和保存价值并归档保存的电子文件。

电子签名、电子印章、电子证照，以及电子档案、电子发票等是目前在线政务服务中普遍应用到密码安全认证功能的服务类型。例如电子证照在我国已经进行了十多年的推广适用，我国早在2013年8月1日就由深圳市市场监督管理局颁发了全国第一张全流程电子营业执照。但不同类型的电子认证服务，为政务采用或公众接纳有着不同的节奏和过程。如电子发票已经成为普遍认可的发票载体和形式，反观电子印章，尽管目前在主要省市的部分政务办公、公共管理和社会公共服务活动中通过电子印章对公文、证照、协议、凭据、流转单等各类电子文件进行签章具有强制性的法律效力，但将电子印章用于民事主体之间的交易协议，其法律效力确认仍有待相应技术成熟和业态支持。

由于目前主流的电子签名、数据电文有赖于商用密码底层技术支撑的数字签名等形式实现，因此《条例》明确规定，密码管理部门会同有关部门负责政务活动中使用电子签名、数据电文的管理，其中涉及直接密码相关的事项，应由国家密码管理局牵头或协调，而由于电子签名、数据电文的形成、签署、流转、处置等政务活动周期中必然涉及不同部门、领域，因此也需要与相关部门会同、协商，解决电子签名、数据电文所承载的政务活动整体问题。

《国务院关于在线政务服务的若干规定》："政务服务中使用的符合《中华人民共和国电子签名法》规定条件的可靠的电子签名，与手写签名或者盖章具有同等法律效力。""国家建立权威、规范、可信的统一电子印章系统。国务院有关部门、地方人民政府及其有关部门使用国家统一电子印章系统制发的电子印章。电子印章与实物印章具有同等法律效力，加盖电子印章的电子材料合法有效。""国家建立电子证照共享服务系统，实现电子证照跨地区、跨部门共享和全国范围内互信互认。国务院有关部门、地方人民政府及其有关部门按照电子证照国家标准、技术规范制作和管理电子证照，电子证照采用标准版式文档格式。电子证照与纸质证照具有同等法律效力。""除法律、行政法规另有规定外，电子证照和加盖电子印章的电子材料可以作为办理政务服务事项的依据。"上述对电子签名、电子印章、电子证照的规定放置于政务活动的语境中，因此也被纳入《条例》所设定的电子政务电子认证服务机构的服务范围，以保障政务活动符合《电子签名法》《密码法》等法律规定的可靠性等要求，体现密码的安全认证功能。

第五章 进 出 口

第三十一条 【商用密码进口许可和出口管制】

涉及国家安全、社会公共利益且具有加密保护功能的商用密码，列入商用密码进口许可清单，实施进口许可。涉及国家安全、社会公共利益或者中国承担国际义务的商用密码，列入商用密码出口管制清单，实施出口管制。

商用密码进口许可清单和商用密码出口管制清单由国务院商务主管部门会同国家密码管理部门和海关总署制定并公布。

大众消费类产品所采用的商用密码不实行进口许可和出口管制制度。

本条主旨

本条是关于商用密码进出口管理制度的规定。

核心概念

进口许可，出口管制，清单管理。

条文详解

商用密码进出口管理是商用密码管理的重要组成部分，涵盖商用密码进口许可和出口管制两部分。进口许可是指国家对有数量限制和其他限制的进口到中华人民共和国境内的物项实行的管理制度。凡属于进口许可证管理的物项，除法律法规另有规定外，各类企业应在进口该物项前按规定向指定的发证机构申领进口许可证，海关凭进口许可证接受申报和验放。出口管制是指国家对从中华人民共和国境内向境外转移管制物项，以及中华人民共和国公民、法人和非法人组织向外国组织和个人提供管制物项，采取禁止或限制性措施。总体而言，对商用密码进出口实施必要的监督管理是目前世界各国与国际组织的通行做法，也符合世贸组织"安全例外"的规定。

我国商用密码进出口管理的依据主要包括《密码法》《海关法》《对外贸易法》《出口管制法》《商用密码管理条例》《货物进出口管理条例》《技术进出口管理条例》《禁止出口限制出口技术管理办法》（商务部、科技部 2009 年第 2 号令）、《两用物项和技术进出口许可证管理办法》（商务部、海关总署 2005 年第 29 号令）、《两用物项和技术出口通用许可管理办法》（商务部 2009 年第 8 号令）等相关法律法规，以及商务部、国家密码管理局、海关总署共同发布的公告《商用密码进口许可清单、出口管制清单和相关管理措施》（商务部、国家密码管理局、海关总署 2020 年第 63 号公告）、商务部和科技部联合制定的《中国禁止出口限制出口技术目录》（商务部、科技部 2023 年第 57 号公告，以下简称"《禁限目录》"）、商务部和海关总署共同发布的 2024 年度《两用物项和技术进出口许可证管理目录》（商务部、海关总署 2023 年第 66 号公告，以下简称"《两用物项目录》"）等进出口管理目录。

一、商用密码进出口管理原则

本条规定的商用密码进出口管理原则应遵从货物和技术进出口管理及两用物项出口管理的一般原则。根据《出口管制法》第十三条规定："国家出口管制管理部门综合考虑下列因素，对出口经营者出口管制物项的申请进行审查，作出准予或者不予许可的决定：（一）国家安全和利益；（二）国际义务和对外承诺……。"《对外贸易法》第十五条规定："国家基于下列原因，可以限制或者禁止有关货物、技术的进口或者出口：（一）为维护国家安全、社会公共利益或者公共道德，需要限制或者禁止进口或者出口的……（十一）根据我国缔结或者参加的国际条约、协定的规定，其他需要限制或者禁止进口或者出口的。"同时根据《禁限目录》，有关禁止或限制出口技术参考原则包括为维护国家安全、社会公共利益或者公共道德，需要禁止或限制出口的；根据我国所缔结或者参加的国际公约、协定的规定，其他需要禁止或限制出口的。

结合《出口管制法》《对外贸易法》《禁限目录》上述规定，本条第一款规定的"涉及国家安全、社会公共利益"即为对《出口管制法》规定的第一项"国家安全和利益"，以及《对外贸易法》《禁限目录》"为维护国家安全、社会公共利益或者公共道德"的参考和借鉴。具体而言，商用密码作为一把"双刃剑"，既可以用于合法的信息保护，又可能被不法分子用来从事违法犯罪活动，因此，对商用密码实行进口许可和出口管制，是基于维护国家安全和社会公共利益的理性考量。此外，本条第一款规定的"中国承担国际义务"即为对《出口管制法》规定的第二项"国际义务和对外承诺"，以及《对外贸易法》《禁限目录》"根据我国所缔结或者参加的国际公约、协定的规定"的参考和借鉴。具体而言，中国需承担的国际义务包括我国参与的联合国全球框架或区域性国际组织的承诺和义务，例如《联合国全球反恐战略》、联合国大会及安理会相关反恐决议以及国际反恐公约和协定、《上海合作组织宪章》《上海合作组织反极端主义公约》等。

二、商用密码进口许可

根据本条规定，商用密码进口许可的范围是涉及国家安全、社会公共利益且具有加密保护功能的商用密码产品、技术和服务。这里的"加密保护"，是指使用特定变换，将原来可读的信息变成不能识别的符号序列，用于实现信息的保密性。

商用密码进口许可的实施部门是国务院商务主管部门和国家密码管理部门，经国务院商务主管部门、国家密码管理部门审查符合法定条件的，由国务院商务主管部门颁发商用密码进口许可证。商务部、国家密码管理局、海关总署 2020 年第 63 号公告公布了《商用密码进口许可清单》，该清单于同年年底被并入商务部和海关总署共同发布的《两用物项和技术进出口许可证管理目录》，成为这一综合性管制目录的子目录之一，该目录通常于每年年底更新一次，目录内物项和技术的进口适用许可证管理，有关的进口经营者应依法办理《两用物项和技术进口许可证》。最新版目录中子目录四《商用密码进口许可清单》的内容没有变化，可以看出，目前我国仅对加密电话机、加密传真机、密码机（密码卡）和加密 VPN 设备这 4 类商用密码实行进口许可，并按两用物项进行管理。此外，《商用密码进口许可清单》分别对实行进口许可的前述 4 类商用密码产品所需符合的特定密码算法和加解密速率等技术参数标准进行了具体描述，同时列明了其对应的海关商品编号，并明确指出目录中的商品范围以商品名称及描述为准，海关商品编号仅供通关申报参考。

三、商用密码出口管制

根据本条规定，商用密码出口管制的范围是涉及国家安全、社会公共利益或者中国承担国际义务的商用密码产品、技术和服务。如前所述，"中国承担国际义务"，是指根据中国所缔结或者参加的国际公约、协定的规定，需要限制或者禁止出口的情形。出口的商用密码不得危害或者可能危害国家安全、社会公共利益，或者违反中国承担的国际义务。

商用密码出口管制的实施部门是国务院商务主管部门、国家密码管理部门，经国务院商务主管部门、国家密码管理部门审查符合法定条件的，由国务院商务主管部门颁发商用密码出口许可证。针对"涉及国家安全、社会公共利益或者中国承担国际义务的商用密码"的出口管制，重要的环节之一即为通过合同、协议来核实最终用户，以严格恪守我国需承担和履行的国际义务。

另外，《两用物项目录》中子目录十一《商用密码出口管制清单》的内容也没有变化，相较于进口许可的范围而言，目前我国商用密码出口管制的范围较为宽泛，涵盖如下内容：① 安全芯片、密码机（密码卡）、加密 VPN 设备、密钥管理产品、专用密码设备、量子密码设备、密码分析设备这 7 类密码系统、设备和部件；② 密码研制生产设备、密码测试验证设备这 2 类测试、检查和生产设备；③ 专门设计或改进用于研制、生产或使用前述第①项列明的 7 类密码系统、设备和部件的软件，以及前述第②项列明的 2 类测试、检查和生产设备的软件；④ 专门设计或改进用于研制、生产或使用前述第①项列明的 7 类密码系统、设备和部件的技术，前述第②项列明的 2 类测试、检查和生产设备的技术，以及前述第③项规定的软件的技术。此外，《商用密码出口管制清单》也分别对实行出口管制的商用密码所需符合的特定密码算法和加解密速率等技术参数标准进行了具体描述，结合《商用密码进口许可清单》规定，实行出口管制的商用密码清单上的某些商用密码仅给出了商品描述，并未列明海关商品编号，对此类物项是否适用许可证管理制度，应以清单的商品名称及描述为准，海关商品编号仅供通关申报参考。也就是说，即使清单并未列明该物项的海关商品编号，但结合清单列明的商品名称和描述判断该物项落入管制清单范围，则相关的出口经营者应当申请《两用物项和技术出口许可证》。

根据《禁限目录》，禁止出口的物项如下：① 铁路、船舶、航空航天和其他运输设备制造业领域中的航天器测控技术，其控制要点为我国使用的卫星及其运载无线电遥控遥测编码和加密技术，包括算法、码表等。② 电信、广播电视和卫星传输服务业领域：一是空间数据传输技术，其控制要点为涉及保密原理、方案及线路设计技术或加密与解密的软件、硬件的卫星数据加密技术；二是卫星应用技术，其控制要点为北斗卫星导航系统信息传输加密技术，包括相应的软件。此外，限制出口的物项如下：① 电信、广播电视和卫星传输服务领域中的通信传输技术，其控制要点包括广电网、电信网保密技术的密码设计技术，以及我国自行研制并用于军事领域的信息传输、加/解密技术。② 互联网和相关服务领域中的密码安全技术，其控制要点如下：密码芯片设计和实现技术（高速密码算法、并行加密技术、密码芯片的安全设计技术、片上密码芯片设计与实现技术、基于高速算法标准的高速芯片实现技术），以及量子密码技术（包括量子密码实现方法、传输技术、网络技术、工程实现技术等）。

四、商用密码进口许可和出口管制清单制定

根据本条第二款，商用密码进口许可清单和商用密码出口管制清单由国务院商务主管部门会同国家密码管理部门和海关总署制定并公布。商务部、国家密码管理局、海关总署共同发布的公告《商用密码进口许可清单、出口管制清单和相关管理措施》（商务部、国家密码管理局、海关总署2020年第63号公告）即为本款落实的具体体现。针对商用密码进出口采取清单管理，其优势在于调整的便利性，能够有效协调立法的稳定性与技术发展之间的冲突，同时也与国际通行做法保持一致。

本款规定也与《对外贸易法》《出口管制法》形成了有效的协调与衔接。例如《对外贸易法》第十七条规定："国务院对外贸易主管部门会同国务院其他有关部门，依照本法第十五条和第十六条的规定，制定、调整并公布限制或者禁止进出口的货物、技术目录。国务院对外贸易主管部门或者由其会同国务院其他有关部门，经国务

院批准，可以在本法第十五条和第十六条规定的范围内，临时决定限制或者禁止前款规定目录以外的特定货物、技术的进口或者出口。"《出口管制法》第九条第一款规定了出口管制清单的制定和调整，即"国家出口管制管理部门依据本法和有关法律、行政法规的规定，根据出口管制政策，按照规定程序会同有关部门制定、调整管制物项出口管制清单，并及时公布"。

五、商用密码进出口管理的例外规定

本条第三款规定，大众消费类产品所采用的商用密码不实行进口许可和出口管制制度。大众消费类产品所采用的商用密码，是指社会公众可以不受限制地通过常规零售渠道购买供个人使用的、不能轻易改变密码功能的产品或技术。但目前对于豁免进出口管理的产品或技术范围尚无可参照适用的清单或目录，实践中一般需要根据其获取渠道、使用用途和功能等作出综合判定。从各国对密码进出口监管的历史演进来看，对一国具有管控能力的密码，其在立法和政策上通常倾向于放松出口管制；对一国不具有管控能力但认为有必要监管的密码，通常会实施较为严格的出口管制；对于一国不具有管控能力，无法实现有效监管且并无强烈监管意愿的密码，通常会在执法实践中适当放松出口管制。

由于大众消费类产品所采用的商用密码对国家安全、社会公共利益带来的风险较小且可控，对大众消费类产品所采用的商用密码不实行进口许可和出口管制制度，可最大限度减少对贸易的影响。这既是国际社会的通行做法，又符合我国现有商用密码进出口管理实践。大众消费类产品所采用的商用密码，主要涉及保护个人信息安全，以及《电子签名法》《电子商务法》框架下附加安全认证功能的商用密码，如数字电视智能卡、蓝牙模块和用于知识产权保护的加密狗等，IEEE 802.11（Wi-Fi）族系等认可标准的密码技术或产品。

┃ 立法参照

一、境内立法参照

《密码法》第二十八条、《出口管制法》第九条、《对外贸易法》第十七条

二、境外立法参照

2015 年 4 月 21 日，欧亚经济联盟成员国（包括俄罗斯、哈萨克斯坦、白俄罗斯、吉尔吉斯斯坦和亚美尼亚）通过《EAEU 第 30 号决定 "关于非关税规管措施"》，其适用于加密产品的进出口，其中规定了密码产品进出欧亚经济联盟成员国的条件，涵盖密码进出口许可证的类型、使用范围、申请程序及具体要求。

美国对于密码的出口管制主要体现在 2018 年《出口管制改革法》《武器出口管制法》《国际武器贸易条例》《出口管理条例》等规定中。其《出口管理条例》的《商业管制清单》规定，对于大众市场加密物项，例如包含加密功能的手机、平板电脑、消费类软件等常见的电子消费类产品（通过电子、电话、邮件、柜台等方式由公众获取的零售软件、无需供应商提供安装支持的软件、不超过 64 位密钥长度的对称密码产品）无须申请出口许可证。

欧盟对密码的管控政策主要体现在出口领域。其依据《瓦森纳协定》制定了《欧盟两用物项出口管制条例（第 3381/94 号）》，并通过两用物项和技术出口管控的联盟体制，建立了欧盟的密码出口管控要求。《建立管控两用物项出口、转让、经纪和运输的共同体体系的第 428/2009 号条例》是目前欧盟最为主要的密码出口管控基础性立法，该条例于 2021 年进行了修订。修订后的《欧盟两用物项出口管制条例》（第 2021/821 号条例）第五类 "电信和信息安全" 第二部分 "信息安全" 中明确规定，受到出口管控而需要获得许可的信息安全系统、设备和组件包括以下内容。① 设计或改装的使用除

认证和数字签名技术以外的"加密"数字技术实施密钥管理功能，并具有以下功能的系统、设备和组件：与密钥管理功能相关的认证和数字签名功能；与密码保护直接相关的，防止个人身份识别号码（PIN）或此类数据未经授权访问，包括在文件或文本没有加密的情况下进行访问控制的认证；密码不包括"固定"的数据压缩或编码技术。具体而言，对称算法使用的密钥长度超过 56 位；非对称算法的安全性基于密钥长度的整数分解超过 512 位（例如 RSA），有限域乘法组中的离散对数计算规模超过 512 位（例如 Diffie-Hellman 密钥交换算法），一组离散对数超过 112 位（例如椭圆曲线上的 Diffie-Hellman 密钥交换算法）。② 设计或改装的实施密码分析功能的系统、设备和部件。③ 专门设计或改装以减少超出必要的健康、安全或电磁干扰标准的信息承载信号泄漏的系统、设备和部件。④ 设计或改装的使用加密技术对"扩频"系统生成扩频码的系统、设备和组件，也包括为"跳频"系统生成跳频码的系统、设备和组件。⑤ 为使用超宽带调制技术的系统（超过 500MHz 的带宽，或 20% 或以上的分数带宽）生成连接码、扰码或网络识别码的系统、设备和组件而设计或改装加密技术。⑥ 非加密信息和通信技术（ICT）安全系统和设备的评估水平超过通用标准（CC）的 EAL-6（评估保证级别）或同等标准的系统、设备和部件。⑦ 设计或改装的使用机械、电气或电子手段检测秘密入侵通信电缆系统的系统、设备和部件。⑧ 设计或改装的使用"量子加密"技术的系统、设备和部件。

英国作为《瓦森纳协定》的成员国之一，根据《欧盟两用物项出口管制条例（第 3381/94 号）》和《瓦森纳协定》于 2000 年制定了《两用物项出口管控法》，并通过发布和修订国家《战略出口管控清单》，对包括密码在内的战略物资进行出口管控。

澳大利亚对于密码产品的出口管控目前主要是依据 2015 年最新修正的《国防贸易管控法》进行规制，同时对密码技术产品的技术规格等内容在其"国防和战略物资清单"中有详细的规定。

第三十二条 【商用密码进出口许可适用范围】

进口商用密码进口许可清单中的商用密码或者出口商用密码出口管制清单中的商用密码，应当向国务院商务主管部门申请领取进出口许可证。

商用密码的过境、转运、通运、再出口，在境外与综合保税区等海关特殊监管区域之间进出，或者在境外与出口监管仓库、保税物流中心等保税监管场所之间进出的，适用前款规定。

▍本条主旨

本条是关于商用密码进出口管理适用范围的规定。

▍核心概念

许可证申领、过境、转运、通运、再出口。

▍条文详解

一、商用密码进出口许可证申领

结合《出口管制法》第二条规定，两用物项是指既有民事用途，又有军事用途或者有助于提升军事潜力，特别是可以用于设计、开发、生产或者使用大规模杀伤性武器及其运载工具的货物、技术和服务。商用密码关涉国家安全、国计民生和社会公共利益，属于国际公认的军民两用物项。因此，进口商用密码进口许可清单中的商用密码或者出口商用密码出口管制清单中的商用密码，应当按照有关规定向国务院商务主管部门申请领取《两用物项和技术进出口许可证》。

二、商用密码进出口管理的适用范围

商用密码属于两用物项，被纳入两用物项进出口监管范围，因此监管的适用范围规定与《出口管制法》和《两用物项和技术进出口许可证管理办法》的相关规定保持一致。

《出口管制法》第四十五条规定："管制物项的过境、转运、通运、再出口或者从保税区、出口加工区等海关特殊监管区域和出口监管仓库、保税物流中心等保税监管场所向境外出口，依照本法的有关规定执行。"同时《两用物项和技术进出口许可证管理办法》第六条规定："以任何方式进口或出口，以及过境、转运、通运《管理目录》中的两用物项和技术，均应申领两用物项和技术进口或出口许可证。两用物项和技术在境外与保税区、出口加工区等海关特殊监管区域、保税场所之间进出的，适用前款规定。两用物项和技术在境内与保税区、出口加工区等海关特殊监管区域、保税场所之间进出的，或者在上述海关监管区域、保税场所之间进出的，无须办理两用物项和技术进出口许可证。"

过境、转运、通运分别是国际贸易中货物物流的三种形式。根据《海关法》第一百条规定，"过境"是指由境外启运、通过境内的陆路运输继续运往境外。"转运"是指由境外启运，在境内设立海关的地点换装运输工具后，不通过境内陆路运输，再继续运往境外。"通运"是指由境外启运，由船舶或航空器载运进境并由原装运输工具载运出境的。"再出口"是指已经出口的物项在境外从一个国家再行出口到另一个国家。海关监管区，是指设立海关的港口、车站、机场、国界孔道、国际邮件互换局（交换站）和其他有海关监管业务的场所，以及虽未设立海关，但是经国务院批准的进出境地点。因此，商用密码的过境、转运、通运、再出口，要求进出口经营者向国务院商务主管部门申请领取两用物项和技术进出口许可证。此外，结合《出口管制法》《两用物项和技术进出口许可证管理办法》

《海关法》的上述相关规定，综合保税区等海关特殊监管区域，以及出口监管仓库、保税物流中心等保税监管场所均视同中国境内，商用密码作为两用物项从上述特殊区域出口到境外或从境外进口到上述特殊区域，理应由进出口经营者向国务院商务主管部门申请领取两用物项和技术进出口许可证。

▎立法参照

一、境内立法参照

《出口管制法》第四十五条、《两用物项和技术进出口许可证管理办法》第六条。

二、境外立法参照

《欧盟两用物项出口管制条例》（第 3381/94 号）将受管制的行为划分为两用物项的出口、中介服务、技术援助、过境和转让。

（1）出口。① 将受管制的两用物项从欧盟境内运输到境外；② 通过电子媒介（例如通过传真、电话、电子邮件或其他电子方式）将软件或技术传输到欧盟境外，也包括通过语音传输媒介口头传输到欧盟境外；③ 再出口和出口加工。欧盟没有类似美国"视同出口"的概念，但"出口"的定义中包含在欧盟境内以电子方式或口头方式将受管制的技术转移给外国人，且技术援助的定义也涵盖了某些"视同出口"行为，同时，欧盟对"出口者"的定义涵盖"在个人行李中携带两用物项的自然人"。

（2）中介服务。① 为从一个第三国向另一个第三国购买、销售或提供两用物项或技术进行谈判或交易安排；② 出售、购买位于第三国的两用物项以转移到另一个第三国。受管制物项将被用于大规模杀伤性武器用途或军事最终用途的，需要获得许可，如仅提供辅助服务（运输、金融服务、保险或再保险服务，或一般的广告或促销），则不包括在中介服务内。

（3）技术援助，是指与维修、开发、制造、组装、测试、维护或其他技术服务有关的技术支持，可以采取指导、建议、培训、工作知识或技能的传播或咨询服务，包括通过电子方式以及通过电话或其他口头形式。技术援助所涉的管制物项可能被用于大规模杀伤性武器或军事最终用途的，须获得许可。

（4）过境，是指非欧盟的两用物项进入和通过欧盟关税区运输到欧盟关境外，包括：①依据《欧盟海关法典》（UCC）第 226 条规定的从欧盟境外进入、通过欧盟关境（依据 UCC 第 226 条仅通过欧盟的纯过境行为，即货物始发地及目的地均为第三国）；② 在自贸区内转运或直接从自贸区再出口；③临时存储并直接从临时存储的场所再出口；④经由同一船只或飞机进入欧盟、无须卸货直接运出欧盟的情形。管制物项如果可能被用于大规模杀伤性武器或军事最终用途，则其过境须获得许可。与出口行为相比，欧盟对上述三种行为的管控程度略低。

（5）欧盟境内转让，是指《欧盟两用物项清单》附件四中的物项从一个欧盟成员国转让到另一个欧盟成员国须经许可。这些两用物项主要包括导弹及相关软件、技术，欧盟进行战略控制的物项（如密码分析），化学武器，核技术等。

美国《出口管理条例》（EAR）管理的出口行为具体分为以下四类。

（1）出口，是指向美国境外实质运输、转移来源于美国的受管制产品、技术或物品。美国商务部工业与安全局要求出口行为必须遵守有关美国出口管制法律，如不属于豁免申请许可的，则须事先获得出口许可。

（2）再出口，是指向美国境外运输、转移受管制产品/技术的二次或多次再出口，例如，将来源于美国的受管制物品或技术从 A 国实质运输、转移至 B 国的再出口行为。根据美国出口管制法律，如首次出口受到出口监管，则后续无论进行多少次再出口，同样受到美国出口监管。

（3）视同出口。在美国境内向美国境内或境外的外籍人士（美国公民、拥有美国居留权或受保护的主体除外）传输、提供无形资产，包括技术、源代码、系统或任何其他受到美国出口管制法律管辖的知识产权等，不包括科研界广泛传播、作为基础科学研究、非加密的技术、信息等。上述以书面或口头形式传达信息的行为也会被视为"出口"。"提供"的形式包括当面以及通过电子形式传输、下载、上传等。此外，大学、科研机构、研发中心等组织进行的培训、教学中，如涉及上述信息或技术在第三国再次传送到另一个第三国，也会构成前述"再出口"。

（4）境内转移，是指在来源于美国的产品或技术出口至某国后，随后在该国内转卖。若"中国制造"的产品包括达到一定占比的美国的原创技术、组件，即使在中国境内销售，也可能受到美国政府的出口管制，在进行销售、量产前可能都需要事先获得美国有关部门对该技术、组件的出口管制许可。同时，如某些技术、软件或代码等是用来开发或使用某些受管制物品的，则该技术、软件和代码同样也可能被纳入受管制的范围内。

澳大利亚《国防贸易管控法》将行为人的密码进出口行为分为"出版""供应""代理"。其中的"出版"与"供应"可以视为出口行为，出版行为可以认为是字面意义上的出版，在某些情形下可以认为是以网络或以其他形式对相关信息进行公布。例如，行为人将"国防和战略物资清单"管控的技术信息向公众或部分公众公布，这一公布行为多数情况下由学术机构，例如大学或研究机构作出，且多数情况下不具有营利目的，但是这一行为依然将相关技术信息传播至其他地区，此时可以认为该行为属于出口，应当受到管控。

第三十三条 【商用密码进出口报关要求】

进口商用密码进口许可清单中的商用密码或者出口商用密码出口管制清单中的商用密码时，应当向海关交验进出口许可证，并按照国家有关规定办理报关手续。

进出口经营者未向海关交验进出口许可证，海关有证据表明进出口产品可能属于商用密码进口许可清单或者出口管制清单范围的，应当向进出口经营者提出质疑；海关可以向国务院商务主管部门提出组织鉴别，并根据国务院商务主管部门会同国家密码管理部门作出的鉴别结论依法处置。在鉴别或者质疑期间，海关对进出口产品不予放行。

▌本条主旨

本条是关于商用密码进出口报关要求的规定。

▌核心概念

交验进出口许可证，质疑，组织鉴别。

▌条文详解

一、商用密码进出口报关程序

《海关法》第二条规定，中华人民共和国海关是国家的进出关境监督管理机关。海关依照海关法和其他有关法律、行政法规，监管进出境的运输工具、货物、行李物品、邮递物品和其他物品，征收关税和其他税、费，查缉走私，并编制海关统计和办理其他海关业务。《出口管制法》第十九条规定，出口货物的发货人或者代理报关企业出口管制货物时，应当向海关交验由国家出口管制管理部门颁发的许可证件，并按照国家有关规定办理报关手续。同时《两用物项和技术进出口许可证管理办法》第七条也规定，两用物项和技术进出口时，进出口经营者应当向海关出具两用物项和技术进出口许可证，依照海关法的有关规定，海关凭两用物项和技术进出口许可证接受申报并办理验放手续。结合《海关法》《出口管制法》《两用物项和技术进出口许可证管理办法》的上述相关规定，海关是商用密码进口许可与出口管制的执行机关，其有权并应当核验进出口经营者的商用密码进出口许可证。商用密码属于两用物项，被纳入两用物项进出口监管范围，因此，进出口经营者应当向海关如实申报进口商用密码进口许可清单中的商用密码或者出口商用密码出口管制清单中的商用密码，并向海关交验由商务部签发的两用物项和技术进出口许可证。

二、商用密码进出口的质疑和鉴定程序

《出口管制法》明确对管制货物的监管由海关执行，海关监管的具体规定依据《海关法》。为进一步明确海关对出口管制物项的监管，《出口管制法》还补充了质疑和鉴定程序的有关规定，明确了海关的相关职责和权限。《出口管制法》第十九条第二款规定，"出口货物的发货人未向海关交验由国家出口管制管理部门颁发的许可证件，海关有证据表明出口货物可能属于出口管制范围的，应当向出口货物发货人提出质疑；海关可以向国家出口管制管理部门提出组织鉴别，并根据国家出口管制管理部门作出的鉴别结论依法处置。在鉴定或者质疑期间，海关对出口货物不予放行。"《两用物项和技术进出口许可证管理办法》第九条第二款规定，"海关有权对进出口经营者进口或者出口的商品是否属于两用物项和技术提出质疑……对进出口经营者未能出具两用物项和技术进口或者出口许可证或者商务部相关证明（格式见附件4）的，海关不予办理有关手续。"这里的"海关质疑"是指海关在核验商用密码进出口过程中发现其可能属于受管制物项，而进出口经营者未提交两用物项和技术进出口许可证或进出口的商用密码不属于管制范围的证明，因此向进出口经营者提出质疑，要求其向出口管制管理部门申请许可或相关证明的过程。

商用密码属于两用物项，被纳入两用物项进出口监管范围，根据《出口管制法》和《两用物项和技术进出口许可证管理办法》的

上述相关规定，商用密码的进出口经营者未向海关交验两用物项和技术进出口许可证，海关有证据表明进出口产品可能属于商用密码进口许可清单或者出口管制清单范围的，应当向进出口经营者提出质疑，这是海关履行进出口监管职责的具体要求。同时，《条例》规定海关可以向国家商务主管部门提出组织鉴别，并根据商务主管部门作出的鉴别结论依法处置。在鉴别或者质疑期间，海关对出口货物不予放行，这与《出口管制法》的相关规定形成有效协调与衔接。但需注意的是，由于商用密码进出口监管鉴别具有较强的专业性和技术性，在此方面需要获得国家密码管理部门的专业意见和支持，因此《条例》规定，国务院商务主管部门可会同国家密码管理部门作出鉴别结论。

第三十四条 【商用密码进出口许可审批程序】

申请商用密码进出口许可，应当向国务院商务主管部门提出书面申请，并提交下列材料：

（一）申请人的法定代表人、主要经营管理人以及经办人的身份证明；

（二）合同或者协议的副本；

（三）商用密码的技术说明；

（四）最终用户和最终用途证明；

（五）国务院商务主管部门规定提交的其他文件。

国务院商务主管部门应当自受理申请之日起 45 个工作日内，会同国家密码管理部门对申请进行审查，并依法作出是否准予许可的决定。

对国家安全、社会公共利益或者外交政策有重大影响的商用密码出口，由国务院商务主管部门会同国家密码管理部门等有关部门报国务院批准。报国务院批准的，不受前款规定时限的限制。

┝ 本条主旨

本条是关于商用密码进出口管理审批程序的规定。

┝ 核心概念

技术说明，最终用户，最终用途。

┝ 条文详解

一、商用密码进出口的申请条件和审查期限

根据商务部、国家密码管理局、海关总署共同发布的公告《商用密码进口许可清单、出口管制清单和相关管理措施》（商务部、国家密码管理局、海关总署 2020 年第 63 号公告），进口《商用密码进口许可清单》所列物项和技术，应向商务部申请办理《两用物项和技术进口许可证》；出口《商用密码出口管制清单》所列物项和技术，应向商务部申请办理《两用物项和技术出口许可证》。因此，进出口经营者必须申请商用密码进出口许可（即两用物项和技术进出口许可证），且通过省级商务主管部门向商务部提出书面申请。申请必须提交的文件包括申请人的法定代表人、主要经营管理人以及经办人的身份证明，合同或者协议的副本，商用密码的技术说明，最终用户和最终用途证明等。除此之外，商务部《商用密码进出口许可》办事指南中还要求提交《两用物项和技术进/出口许可申请表》。

其中，关于"商用密码的技术说明"，商务部的办事指南中并未提供样本，进出口经营者可在参考商用密码进口许可和出口管制清单所规定的特定密码算法和加解密速率等技术参数标准的描述基础上，根据需要与主管部门进一步沟通确认具体要求。最后，最终用

户和最终用途管理作为我国出口管制制度的重要组成部分，是我国履行防扩散义务的重要手段，也是国际出口管制立法的通行做法。我国对管制物项的最终用户和最终用途实行严格管控，《出口管制法》第十七条强化了管制物项最终用户和最终用途管理，规定国家出口管制管理部门建立管制物项最终用户和最终用途风险管理制度。根据《出口管制法》第十三条规定，管制物项出口的最终用途和最终用户是出口管制管理部门审查出口许可申请的考量要素之一。因此，进出口经营者在申请商用密码进出口许可时也应向国务院商务主管部门提交最终用户和最终用途证明。

鉴于商用密码具有较强的专业性和技术性，在此方面需要获得国家密码管理部门的专业意见和支持，因此《条例》规定，国务院商务主管部门可会同国家密码管理部门对进出口经营者提出的商用密码进出口申请进行审查，以提高审查的权威性。经审查符合要求的，由国务院商务主管部门向提出申请的进出口经营者颁发两用物项和技术进出口许可证。

二、特殊的商用密码出口报批

结合《出口管制法》相关规定，全面管制是防扩散出口管制的措施之一，根据有关出口管制法规的规定，如果商用密码的出口对国家安全、社会公共利益或者外交政策有重大影响，例如商用密码可能被用于大规模杀伤性武器及其运载系统目的的，无论该物项和技术是否被列入管制清单，都可能经特定报批程序后受到管制。全面管制的规定赋予了主管部门对管制物项进行动态调整的权力，以更好地满足监管要求。《出口管制法》第十条规定，根据维护国家安全和利益、履行防扩散等国际义务的需要，经国务院批准，或者经国务院、中央军事委员会批准，国家出口管制管理部门会同有关部门可以禁止相关管制物项的出口，或者禁止相关管制物项向特定目的国家和地区、特定组织和个人出口。因此，如果商用密码的出口对国家安全、社会公共利益或者外交政策有重大影响，则可能归入出口的全面管制物项范畴，同时鉴于具体判定的专业性、技术性和复杂性，国务院商务主管部门需要听取国家密码管理部门等有关部门的专业意见，并报国务院批准。

▎立法参照

一、境内立法参照

《出口管制法》第十条、第十三条和第十五条，《两用物项和技术出口通用许可管理办法》第八条。

二、境外立法参照

欧盟依据《瓦森纳协定》制定了《欧盟两用物项出口管制条例（第 3381/94 号）》，并通过两用物项和技术出口管控的联盟体制，建立了欧盟的密码出口管控要求。《建立管控两用物项出口、转让、经纪和运输的共同体体系的第 428/2009 号条例》是目前欧盟最为主要的密码出口管控基础性立法，该条例于 2021 年进行了修订。修订后的《欧盟两用物项出口管制条例》（第 2021/821 号条例）第 4 条规定：出口未列入清单的两用物项，如果有关当局告知出口者，该物品可全部或部分用于与开发、生产、处理、作业、维护、储存、探测、识别或散布化学、生物或核武器或其他核爆炸设施或者开发、生产、维护或储存能够运载这些武器的导弹的用途，须获得出口授权。如果出口者知道其申请出口的两用物项未列入管制清单，但旨在全部或部分用于任何与大规模杀伤性武器扩散有关的活动，出口者必须通知当局，由当局决定有关物项的出口是否应该获得授权。

韩国《对外贸易法》纳入了全面管制原则。该法规定：如果拟出口管制清单外但极有可能用于生产、开发、使用或储藏大规模杀伤性武器及其运载工具的物项，出口商应当向工业和能源部部长或相关行政机关申请许可证。韩国全面管制原则的适用对象和范围包括三类：第一类是韩国 21 种出口监控清单物项（韩国的出口监控清单在严格意义上来说并不是管制清单，但韩国政府依然要求出口商在出口这 21 种物项时申请出口许可）；第二类是被政府要求申请出口许可的物项；第三类是出口商确知或怀疑最终可能被用于大规模杀伤性武器的物项。当出口物项是上述任何一种时，非清单物项的出口也需要申请出口许可。

此外，最终用户和最终用途管控制度已经成为国际通行做法。

第六章 应用促进

第三十五条 【商用密码使用一般规则】

国家鼓励公民、法人和其他组织依法使用商用密码保护网络与信息安全，鼓励使用经检测认证合格的商用密码。

任何组织或者个人不得窃取他人加密保护的信息或者非法侵入他人的商用密码保障系统，不得利用商用密码从事危害国家安全、社会公共利益、他人合法权益等违法犯罪活动。

本条主旨

本条是关于自愿使用商用密码和禁止从事密码违法犯罪活动的规定。

核心概念

鼓励，窃取他人加密保护的信息，非法侵入他人的商用密码保障系统。

┃ 条文详解

一、鼓励依法使用商用密码保护网络与信息安全

《密码法》第一款规定与《条例》第一条的"鼓励和促进商用密码产业发展，保障网络与信息安全"目的相呼应。体现了密码监管适度放松的思路，改变国家专有的传统密码思维，允许个人和组织合法使用密码保障网络与信息安全，最大化密码价值。国家尊重公民、法人和其他组织依法使用密码的权利。随着密码技术从军用向民用的转化，密码逐渐被应用于保护非国家秘密。对于不涉及国家安全的广阔应用领域，商用密码体现了其丰富的产品和服务用途，密码技术的应用有效保护私有主体免受攻击、信息泄露、篡改等风险，也相应降低了由这些风险带来的经济财产损失。《条例》明确鼓励公民、法人和其他组织依法使用商用密码保护网络与信息安全，对一般公众使用商用密码没有提出强制性要求。

《网络安全法》规定，建设、运营网络或者通过网络提供服务，应当依照法律、行政法规的规定和国家标准的强制性要求，采取技术措施和其他必要措施，保障网络安全、稳定运行，有效应对网络安全事件，防范网络违法犯罪活动，维护网络数据的完整性、保密性和可用性。《网络安全法》第二十一条规定"网络运营者应当按照网络安全等级保护制度的要求，履行下列安全保护义务，保障网络免受干扰、破坏或者未经授权的访问，防止网络数据泄露或者被窃取、篡改：……（四）采取数据分类、重要数据备份和加密等措施。"这些规定为商用密码的普遍使用奠定了坚实的法律基础。公民、法人及其他组织均可使用商用密码技术对重要数据进行加密，以防止网络遭受攻击，保护网络和信息的安全。随着网络安全等级保护制度和关键信息基础设施安全保护制度的建设部署和深入推进，商用密码的适用范围也更加广泛。

从全球密码使用的规定来看，各国也鼓励其利用密码技术保护数据和信息。例如，美国国家标准与技术研究院（NIST）按照 1996 年《信息技术管理改革法》和 2002 年《联邦信息安全管理法案》规定通过联邦信息处理标准，在适用性声明中表示允许私营和商业组织使用密码。

二、禁止从事密码违法犯罪活动

该条第二款贯彻落实《密码法》第十二条规定。《网络安全法》第二十七条规定、《治安管理处罚法》第二十九条、《关键信息基础设施安全保护条例》第五条第二款等法律法规中有类似的禁止性规定。不从事密码违法犯罪活动是公民、法人和其他组织使用密码的最基本义务，使用任何技术都应当以不危害国家安全、不损害社会公众利益和不损害他人合法权益为首要前提。"加密保护的信息"包括但不限于企业数据、个人信息和重要数据。

比较而言，"窃取"更加侧重结果，根据 2011 年《最高人民法院、最高人民检察院关于办理危害计算机信息系统安全刑事案件应用法律若干问题的解释》第一条规定：非法获取计算机信息系统数据或者非法控制计算机信息系统，具有下列情形之一的，应当认定为刑法第二百八十五条第二款规定的"情节严重"：（一）获取支付结算、证券交易、期货交易等网络金融服务的身份认证信息十组以上的；（二）获取第（一）项以外的身份认证信息五百组以上的。其中身份认证信息是指用于确认用户在计算机信息系统上操作权限的数据，包括账号、口令、密码、数字证书等。"非法侵入"更加强调行为，即一旦未经授权实施了进入商用密码保障系统的行为，则为本条第二款的禁止行为，并有可能触犯《刑法》。例如，违反国家规定，非法侵入国家事务、国防建设、尖端科学技术领域三类计算机信息系统的行为，即构成犯罪。

行为人往往利用自己所掌握的计算机知识或者信息技术，通过非法手段获取口令或者许可证明后冒充合法使用者进入计算机信息系统，窃取他人的加密信息，或者直接对密码保障系统进行未经授权的访问，严重危害公民、法人的合法权益，甚至危害国家安全，这些行为是法律法规明令禁止的。

三、不利用密码从事违法犯罪活动是各国立法共识

对密码违法及犯罪的打击是各国密码立法的一个重要方面，大多数国家对"未经授权侵入计算机信息系统"或者"非法获取数据"等行为进行处罚；有少数国家进行了直接的行政或者刑事立法规范。例如，美国 1986 年实施的《计算机欺诈和滥用法》对攻击密码等行为设置了刑事处罚措施。2018 年越南《网络安全法》，明确禁止非法获取机关、组织和个人的机密信息和合法的加密信息；泄露民用密码产品的信息，以及合法使用民用密码加密的客户信息；使用或买卖来源不明的民用密码产品。2012 年菲律宾《网络犯罪预防法》规定，未经授权使用、生产、销售计算机密码、访问代码或类似数据，通过这些数据访问计算机系统中的全部或任意部分从而实施本法规定的犯罪行为属于滥用设备，危害计算机数据和系统机密性、完整性和可用性，构成犯罪。

近年来，受大规模勒索攻击事件频发影响，勒索攻击的防治打击成为关注重点，预防性立法与指导性文件发布逐渐提上日程，多个国家从强制性事件报告义务、事件响应、赎金支付以及国际合作等多角度强化对以勒索攻击为代表的密码违法犯罪行为的打击力度。美国白宫、美国国家标准与技术研究院（NIST）、国土安全部网络安全与基础设施安全局（CISA）等多次发布关于打击勒索攻击的备忘录或指南，英国、法国、加拿大、新加坡、丹麦等国家也通过专门机构发布指南、咨询文件等方式进行防范。

▌ 立法参照

一、境内立法参照

《密码法》第十二条、《网络安全法》第二十七条、《治安管理处

罚法》第二十九条、《关键信息基础设施安全保护条例》第五条第二款、《互联网上网服务营业场所管理条例》第十五条、《计算机信息网络国际联网安全保护管理办法》第六条。

二、境外立法参照

越南《网络安全法》第 7 条、菲律宾《网络犯罪预防法》第 2 章第 4 条和第 3 章第 8 条、2007 年泰国《计算机犯罪法》第一部分。

第三十六条 【支持网络、信息领域商用密码应用】

国家支持网络产品和服务使用商用密码提升安全性，支持并规范商用密码在信息领域新技术、新业态、新模式中的应用。

▌ 本条主旨

本条是关于支持和规范网络产品、服务和信息领域新技术、新业态和新模式中的商用密码应用的规定。

▌ 核心概念

网络产品和服务，信息领域新技术，新业态，新模式。

▌ 条文详解

本条既包括了将商用密码推广到新的技术和产业场景，又内涵了商用密码通过在网络产品、服务等产业中应用，自身也需要不断适应和提升安全能力的要求。

密码是保障网络与信息安全的核心技术和基础支撑，是解决网络与信息安全问题最有效、最可靠、最经济的手段之一。网络产品和服务普遍涉及的身份认证、安全隔离、数据备份、安全传输、防篡改、抗抵赖等方面都涉及对密码的基础应用。例如在网络安全等级保护基本制度中，明确在多环节部署和适配商用密码：（1）通信传输中，应采用校验技术或密码技术保证通信过程中数据的完整性，应采用密码技术保证通信过程中数据的保密性；（2）身份鉴别中，应采用口令、密码技术、生物技术等两种或两种以上组合的鉴别技术对用户进行身份鉴别，且其中一种鉴别技术至少应使用密码技术实现；（3）产品服务的系统开发中，应进行上线前的安全性测试并出具安全测试报告，安全测试报告应包含密码应用安全性测试相关内容；（4）云计算中应采取密码技术或其他技术手段防止虚拟机镜像、快照中可能存在的敏感资源被非法访问，应支持云服务客户部署密钥管理解决方案，保证云服务客户自行实现数据的加解密过程；（5）移动互联的各类场景中，无线接入设备应开启接入认证功能，并支持采用认证服务器认证或国家密码管理机构批准的密码模块进行认证等。

在 2023 年版《网络关键设备和网络安全专用产品目录》中，明确用于防御攻击者窃取以文件等形式存储的数据、保障存储数据安全的文件加密产品，支持公钥管理体制，提供鉴别、加密、完整性和不可否认服务的公钥基础设施作为网络安全专用产品，应当按照《信息安全技术　网络安全专用产品安全技术要求》等相关国家标准的强制性要求，由具备资格的机构进行安全认证合格或者安全检测符合要求后，方可销售。除了明确密码产品、服务的自身的密码应用外，《网络关键设备和网络安全专用产品目录》中的网络关键设备如路由器、专用产品操作系统等，乃至由多设备、系统构建的在线平台，这些应用中涉及的身份认证、数据存储和传输加密都离不开密码技术的支持，并且还需要密码的加密、认证多种功能的组合。

不仅如此，各类信息科技所推动的数字经济的快速发展，以及由此演化出的各种新技术、新业态、新模式，也需要密码技术与之融合、适配。例如，2017 年年末人民银行开始组织商业机构共同开展法定数字货币试点，数字人民币"以加密币串形式"实现价值转移，明确综合使用软硬件一体化的数字证书体系、数字签名、安全加密存储等技术，具有不可重复花费、不可非法复制伪造、交易不可篡改及抗抵赖性等特性。再如新一轮人工智能领域中，一方面，需要借助于密码技术实现基础模型合法来源、个人信息保护等训练数据处理活动的安全，另一方面，采用人工智能技术构建新型的密码算法分析手段，是传统密码分析（包括解密）的有效补充。而在量子计算中，解密能力已经成为各国公认的衡量子计算机成型和里程碑阶段的重要判定指标。此外，像在5G、物联网及其具体应用（如车联网、智能家居、穿戴设备等）方面，受到通信信道带宽、传输速率、终端功耗等制约，轻量化密码算法和密码协议与车载芯片、卫星导航、移动终端等相互协同，不断迭代，促进产业发展进步。

《条例》注意密码在信息领域中的新应用，并重视由此产生的对产业和密码自身进步的重要价值，为此专门设计了本条原则性规定。

第三十七条 【商用密码应用促进协调机制】

国家建立商用密码应用促进协调机制，加强对商用密码应用的统筹指导。国家机关和涉及商用密码工作的单位在其职责范围内负责本机关、本单位或者本系统的商用密码应用和安全保障工作。

密码管理部门会同有关部门加强商用密码应用信息收集、风险评估、信息通报和重大事项会商，并加强与网络安全监测预警和信息通报的衔接。

├─ 本条主旨

本条是关于商用密码应用促进协调机制的规定。

├ 核心概念

协调机制，信息通报，重大事项会商。

├ 条文详解

一、商用密码应用促进协调机制

为贯彻落实《密码法》等有关规定，统筹指导全国商用密码应用工作，国家建立商用密码应用促进协调机制，各地区、各有关部门也应当结合实际建立商用密码应用促进协调机制，统筹指导本地区、本行业（领域）商用密码应用工作。

国家机关包括中央国家机关和地方国家机关，具体包括国家权力机关（全国和地方代表大会及其常委会）、国家行政机关（国务院及地方人民政府）、司法机关（最高人民法院、最高人民检察院）、军事机关和国家主席、政协、监察机关以及法规授权管理公共事务的组织。涉及商用密码工作的单位指除国家机关以外，还有具有商用密码管理职责的企业、事业单位和人民团体。国家机关和涉及商用密码工作的单位在其职责范围内负责本机关、本单位或者本系统的密码工作，主要包括健全密码管理制度，负责管理本机关、本单位或者本系统商用密码的装备和使用，开展商用密码应用安全性评估等工作。

二、商用密码应用信息收集、风险评估、信息通报

为确保商用密码安全，全天候全方位感知商用密码应用的安全态势，必须统筹协调密码管理部门和有关部门共同推进商用密码应用安全管理工作，建立密码管理部门会同有关部门的商用密码应用信息收集、风险评估、信息通报等协调机制，准确把握商用密码应用安全风险发生的态势、规律、动向，实现商用密码应用信息的及

时收集、准确分析、有效使用和共享，提高对商用密码安全风险和事件的响应能力。

商用密码应用信息收集，是指针对泄露和窃取加密信息，非法攻击、侵入商用密码保障系统，利用商用密码从事危害国家安全、社会公共利益、商业利益的活动或者其他违法犯罪活动等商用密码安全风险进行持续性监测，收集相关信息。商用密码应用安全风险评估，是指对商用密码应用安全风险进行科学的分析、研判和评估。商用密码应用信息通报，是指密码管理部门和公安、国家安全、网信、工信、保密等有关部门相互通报商用密码应用安全风险等相关信息，通过整合多方资源、交流共享商用密码应用安全信息，实现商用密码安全的综合防控和主动防范。信息通报制度对商用密码安全风险评估具有重要意义，发挥着跨部门、多层级的信息交流与共享平台的作用，是协调有关部门、整合多方资源，实现综合防控、主动防范的重要载体。商用密码信息通报是商用密码安全管理过程中传递信息、积极防范、协调联通、综合防御的有效手段，也是国家商用密码安全管理的基础性工作。

三、重大事项会商

一般意义上，会商通常包括与重大安全事件等事项有关的协调部门、主管部门、监管部门等有关部门，与重大事项有关的行业、领域的技术、管理人员，高校、社会化安全服务机构的学者、专家人员在内，形成多方建言献策、群策群力的民主集中决策机制。本条所规定的会商指密码管理部门和公安、国家安全、网信、工信、保密等有关部门，共同研究、协商解决商用密码应用安全重大问题。会商机制的建立体现了商用密码应用安全监管工作的特点，其涉及密码管理部门以及公安、国家安全、网信、工信、保密等有关部门，而商用密码应用安全信息的来源分散、数据体量大，要求上述各有关部门除在其职责范围内负责落实商用密码安全信息收集、分析和通报工作之外，还要加强各有关部门相互之间的沟通协作，才能形成协同联动和有序高效的局面。

四、加强与网络安全监测预警和信息通报的衔接

《网络安全法》重点关注网络安全监测预警与信息通报制度的建立和实施，第二十五条、第五十一条、第五十二条、第五十四条、第五十五条中都要求建立网络安全监测预警和信息通报制度，《网络安全法》第二十五条、第五十一条、第五十二条和第五十四条分别要求建立国家层面、关键行业和领域，省级以上政府有关部门、网络运营者之间的与全国立体的网络安全监测预警相对应的网络安全信息通报制度，不仅确定了网络安全监测预警和信息通报的组织机构及其工作机制，重点强化了关键信息基础设施安全保护领域的网络安全监测预警和信息通报制度的构建，还明确了网络安全风险增大时省级政府有关部门应当采取的网络安全风险评估和预警措施，以及网络运营者的网络安全预警信息发布义务。《关键信息基础设施安全保护条例》第二十四条进一步规定了关键信息基础设施网络安全监测预警与信息通报制度。本条规定即为《条例》与《网络安全法》《关键信息基础设施安全保护条例》的有效协调与衔接，也体现出将商用密码应用信息收集与信息通报和网络安全监测预警与信息通报统筹考虑、协调开展、相互衔接的立法意图。

┠ 立法参照

一、境内立法参照

《网络安全法》第二十五条、《关键信息基础设施安全保护条例》第二十四条、《数据安全法》第二十二条。

二、境外立法参照

美国 2015 年通过的《网络安全信息共享法案》（CISA）回应了《提升私营机构网络安全信息共享》行政令，规定网络安全信息共享

的范围必须与网络安全威胁直接相关，包括"网络威胁指标"和"防御措施"两大类。其中"网络威胁指标"是指"对于描述或识别下列网络数据而言必要的信息，即（1）恶意侦察，包括异常模式的通信，其目的旨在收集与网络安全威胁或安全漏洞相关的技术信息；（2）破坏安全控制措施或者利用安全漏洞的方法；（3）安全漏洞，包括表明存在安全漏洞的异常活动；（4）导致用户在对信息系统或其中存储、处理或传输的信息进行合法访问时不经意地破坏安全控制措施的方法；（5）恶意的网络命令和控制；（6）事件造成的实际或潜在的损害（包括因描述网络安全威胁而引发的信息泄露）；（7）网络安全威胁的任何其他特性，如果披露该特性不被法律另行禁止。"同时，"防御措施"界定为"以信息系统及其中存储、处理或传输的信息为保护对象，所采用的用于防止、减轻已知或可疑的网络安全威胁或安全漏洞的行动、设备、程序、签名、技术或其他措施，但不包括对信息系统或其中存储、处理或传输的信息进行破坏、销毁、提供未经授权的访问或造成实质性损害的措施。"

美国国土安全部 2016 年制定《联邦政府向其他实体共享网络安全信息的程序规定》《非联邦实体向联邦机构共享网络安全信息的程序规定》《联邦政府接收网络安全信息的程序》等文件，以及现行有效的网络安全事件分级响应系列文件（PPD-8、PPD-41），NIST《提升关键基础设施网络安全框架》等规定的预防、保护、缓解、响应、恢复机制表明，已经形成并在不断完善包括密码在内的网络安全信息共享体系。

欧盟 2005 年《保护关键基础设施的欧洲计划》（EPCIP）提出建立关键基础设施预警信息网络（CIWIN）；2009 年《关键信息基础设施保护：保护欧洲免受大规模网络攻击和中断：预备、安全和恢复力的通信》要求建立适当的早期预警机制和欧洲信息共享和预警系统（EISAS）；《2013/40/EU 号指令》要求收集的网络安全信息包括登记在成员国且实施非法访问信息系统、非法进行系统干扰、非法进行数据干扰和非法进行拦截等犯罪行为所包含的信息。

第三十八条 【关键信息基础设施商用密码使用要求】

法律、行政法规和国家有关规定要求使用商用密码进行保护的关键信息基础设施，其运营者应当使用商用密码进行保护，制定商用密码应用方案，配备必要的资金和专业人员，同步规划、同步建设、同步运行商用密码保障系统，自行或者委托商用密码检测机构开展商用密码应用安全性评估。

前款所列关键信息基础设施通过商用密码应用安全性评估方可投入运行，运行后每年至少进行一次评估，评估情况按照国家有关规定报送国家密码管理部门或者关键信息基础设施所在地省、自治区、直辖市密码管理部门备案。

├ 本条主旨

本条是有关关键信息基础设施运营者商用密码使用和应用安全性评估制度的规定，涵盖商用密码使用、评估方式、评估频次以及备案要求。

├ 核心概念

关键信息基础设施，商用密码应用安全性评估。

├ 条文详解

一、关键信息基础设施运营者使用商用密码的要求

关键信息基础设施是《网络安全法》和《关键信息基础设施安

全保护条例》中明确规定的概念，是指公共通信和信息服务、能源、交通、水利、金融、公共服务、电子政务、国防科技工业等重要行业和领域的，以及其他一旦遭到破坏、丧失功能或者数据泄露，可能严重危害国家安全、国计民生、公共利益的重要网络设施、信息系统等。在商用密码使用和应用安全性评估方面，《条例》充分体现原则与弹性并重，安全与发展不悖的理念。本条衔接和细化《密码法》第二十七条第一款和《网络安全法》相关规定，明确要求关键信息基础设施进行商用密码应用安全性评估，突出对关键信息基础设施的重点保障。

《网络安全法》第二十一条规定了网络运营者对重要数据应当采取加密措施，第三十四条明确关键信息基础设施的运营者要在此基础上履行增强型的安全保护义务。《关键信息基础设施安全保护条例》第五十条第二款规定，"关键信息基础设施中的密码使用和管理，还应当遵守相关法律、行政法规的规定"。这对使用密码技术保护关键信息基础设施安全提出原则性要求。公安部2020年发布的《贯彻落实网络安全等级保护制度和关键信息基础设施安全保护制度的指导意见》要求关键信息基础设施的运营者"构建以密码技术、可信计算、人工智能、大数据分析等为核心的网络安全保护体系，不断提升关键信息基础设施内生安全、主动免疫和主动防御能力"。

此外，在重要行业和领域规定中也不乏对密码使用和密码安全性评估的要求，例如，《关于加强重要领域密码应用的指导意见》、《金融领域密码应用指导意见》、《金融和重要领域密码应用与创新发展工作规划》（2018—2022年）等中央文件和党内法规都对中央领域网络和信息系统使用国产密码提出明确要求，建立健全密码应用安全性评估审查制度，做好安全性评估审查工作。2023年《公路水路关键信息基础设施安全保护管理办法》、2024年《铁路关键信息基础设施安全保护管理办法》也对关键信息基础设施运营者的密码使用和密码安全性评估工作提出要求。

二、关键信息基础设施运营者商用密码应用评估要求

当前，密码在管理、产业、应用、创新等方面虽然取得了一些成绩，但与其所承载的历史使命相比，尚面临很大挑战，突出表现之一是，一些重要信息系统和关键信息基础设施密码防护薄弱，系统"裸奔"，数据"裸跑"，密码应用局部化、碎片化、外挂化的现象比较普遍，[①] 早已经被证明不安全的密码算法、密码协议仍然被使用，形势严峻。规范关键信息基础设施的商用密码应用对确保商用密码的合规、正确、有效使用，切实保障关键信息基础设施的运行安全，具有不可替代的重要作用。对关键信息基础设施的商用密码应用安全性进行评估，是国家密码法律法规的明确要求，是关键信息基础设施安全保护义务的重要组成部分和发挥密码作用的重要抓手。

《商用密码应用安全性评估管理办法》第二条明确了商用密码应用安全性评估的概念，是指按照有关法律法规和标准规范，对网络与信息系统使用商用密码技术、产品和服务的合规性、正确性、有效性进行检测分析和评估验证的活动。该办法还详细规定了密码安全性评估的监管部门、开展原则、自评要求等。

根据《商用密码应用安全性评估管理办法》以及《信息安全技术 信息系统密码应用基本要求》（GB/T 39786—2021）等规定和标准的要求，商用密码应用安全性评估主要对物理和环境、网络和通信、设备和计算、应用和数据、密钥管理及安全管理六个方面进行密码测评。关键信息基础设施的密码安全性评估分为三个阶段。第一阶段是规划阶段。关键信息基础设施运营者编制商用密码应用方案，委托密码安全性评估机构评估。第二阶段是建设阶段。关键信息基础设施运营者建设商用密码保障系统，并通过密码安全性评

---

① 国家密码管理局官网，徐汉良：依法推动商用密码管理 开创商用密码工作新局面，https：//www.oscca.gov.cn/sca/c100238/2019-12/25/content_1057311.shtml。

估后方可投入运行。第三阶段是运行阶段。也是本条第二款所要求的"运行后每年至少进行一次评估"。具体流程图见图6-1。

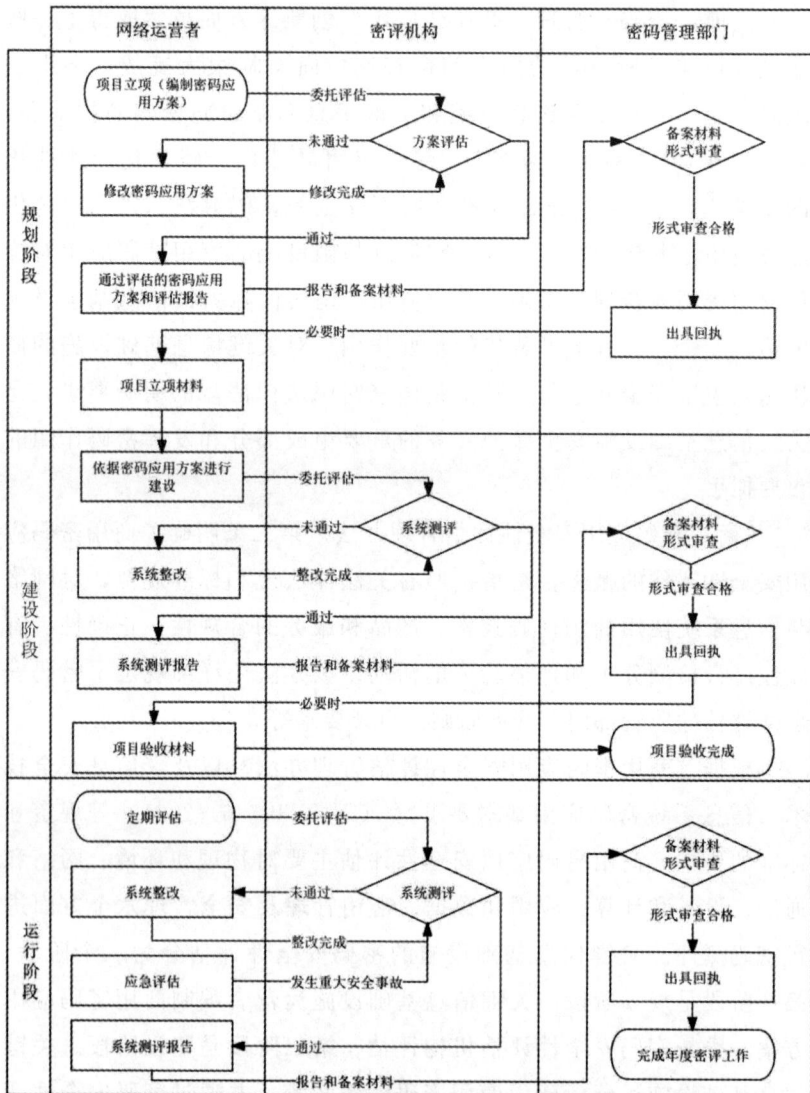

图6-1 关键信息基础设施密码评估流程①

———————————

① 图片来源于中国密码学会商用密码应用安全性评估联合委员会2023年8月发布的《2023商用密码应用安全性评估发展研究报告》。

三、商用密码应用安全性评估情况的备案要求

为做好商用密码应用安全性评估事中事后监管，保障密码安全性评估工作质量，监督运营者履行密码安全性评估责任，2021年年底国家密码管理局已经印发《关于规范商用密码应用安全性评估结果备案工作的通知》，对密码安全性评估备案的时间、提交材料等提出具体要求。

《条例》之后发布的《商用密码应用安全性评估管理办法》第三条明确规定了密码安全性评估工作的监管部门，即"国家密码管理局负责管理全国的商用密码应用安全性评估工作。县级以上地方各级密码管理部门负责管理本行政区域的商用密码应用安全性评估工作"。第十四条明确规定评估情况"按照国家有关规定报送国家密码管理局或者网络与信息系统所在地省、自治区、直辖市密码管理部门备案"。具体而言，中央层面国家机关的密码安全性评估情况报国家密码管理部门备案，其他关键信息基础运营者的密码安全性评估情况报关键信息基础设施系统所在地省、自治区、直辖市密码管理部门备案。关于备案的时间要求，《商用密码应用安全性评估管理办法》第十四条规定，应当在商用密码应用安全性评估报告形成后30日内报送材料。

▍境内立法参照

《商用密码应用安全性评估管理办法》、《关键信息基础设施安全保护条例》第五十条第二款、《公路水路关键信息基础设施安全保护管理办法》第十八条第一款、《铁路关键信息基础设施安全保护管理办法》第十七条第一款、《贯彻落实网络安全等级保护制度和关键信息基础设施安全保护制度的指导意见》、《关于规范商用密码应用安全性评估结果备案工作的通知》等。

第三十九条 【关键信息基础设施使用的商用密码技术产品服务要求】

法律、行政法规和国家有关规定要求使用商用密码进行保护的关键信息基础设施，使用的商用密码产品、服务应当经检测认证合格，使用的密码算法、密码协议、密钥管理机制等商用密码技术应当通过国家密码管理部门审查鉴定。

├ 本条主旨

本条是有关对关键信息基础设施使用的商用密码技术、产品和服务的检测认证、审查鉴定要求的规定。

├ 核心概念

检测认证，审查鉴定。

├ 条文详解

一、关键信息基础设施使用商用密码产品、服务应当经检测认证

《关键信息基础设施安全保护条例》第五十条第二款规定"关键信息基础设施中的密码使用和管理，还应当遵守相关法律、行政法规的规定"，《条例》的衔接即体现在第三十八条和第三十九条。本条是对第三十八条的进一步延伸和细化，涵盖了商用密码应用安全性评估（"密评"）和常态化的商用密码技术、产品、服务要求。即使关键信息基础设施在非密评的日常商用密码应用和管理中，也需

要遵循对商用密码技术、产品和服务的安全要求,按照《条例》第十六条、第十九条、第二十条和第二十一条的规定,开展商用密码产品和服务的检测认证。关键信息基础设施运营者在采购或接受商用密码产品、服务时,应通过检测认证协议,检测认证的服务水平协议(SLA),参考商用密码检测、认证的规则、指南等标准类文件,要求商用密码产品、服务提供者提供检测、认证的结论和维持证书的可用性和有效性,以符合本条要求。

二、关键信息基础设施使用商用密码技术应当经审查鉴定

《条例》第九条规定,"国家密码管理部门组织对法律、行政法规和国家有关规定要求使用商用密码进行保护的网络与信息系统所使用的密码算法、密码协议、密钥管理机制等商用密码技术进行审查鉴定"。因此本条所规定的审查鉴定,不是由国家密码管理局对商用密码研发阶段的成果进行审查鉴定,而是由关键信息基础设施运营者对是否通过了国家密码管理局的审查鉴定进行应用阶段的查证与核验,具体包括几种情形:(1)在采购或接受商用密码产品、服务时,要求商用密码产品、服务的提供者提供所涉及的产品、服务的算法、协议和密钥管理机制是否通过国家密码管理局的审查鉴定结论或依据;(2)在对关键信息基础设施使用商用密码进行密评工作时,对构成商用密码产品、服务的基础和底层算法、协议、密钥管理机制是否通过国家密码管理局的审查鉴定进行评价;(3)关键信息基础设施运营者在直接开发、采购、定制商用密码技术时,所涉及的算法、协议、密钥管理机制应通过国家密码管理局的审查鉴定。

本条款的设计也说明,通过检测认证的商用密码产品、服务,并不一定意味着其算法、协议和密钥管理机制符合审查鉴定的安全要求,因此关键信息基础设施应从不同的安全层面、维度和措施上分别实施保障机制。

第四十条 【商用密码国家安全审查】

关键信息基础设施的运营者采购涉及商用密码的网络产品和服务，可能影响国家安全的，应当依法通过国家网信部门会同国家密码管理部门等有关部门组织的国家安全审查。

▌本条主旨

本条是商用密码国家安全审查的规定。

▌核心概念

关键信息基础设施的运营者，采购商用密码，国家安全审查。

▌条文详解

本条是关于关键信息基础设施运营者采购涉及商用密码的网络产品和服务适用"国家安全审查"规则的规定，是与《国家安全法》《网络安全法》实现"法法衔接"的重要内容。

早在 2015 年，我国公布的《国家安全法》就明确建立了国家安全审查制度，其第五十九条规定，国家建立国家安全审查和监管的制度和机制，对影响或者可能影响国家安全的外商投资、特定物项和关键技术、网络信息技术产品和服务、涉及国家安全事项的建设项目，以及其他重大事项和活动，进行国家安全审查，有效预防和化解国家安全风险。在此基础上，2016 年我国《网络安全法》第三十五条进行了进一步细化，明确规定关键信息基础设施的运营者采购网络产品和服务，可能影响国家安全的，应当通过国家网信部门会同国务院有关部门组织的国家安全审查。

这一制度旨在解决网络产品和服务进入本国关键信息基础设施的安全性问题。基于全球市场的网络产品和服务提供具有越来越复杂的供应链结构，这导致不安全的网络产品和服务拥有更为便利的渗透渠道，这些不安全的网络产品和服务正在成为针对国家实施网络间谍和网络破坏活动的主要媒介。

2021年12月，《网络安全审查办法》颁布，它对2017年《网络产品和服务安全审查办法（试行）》的内容进行了重大调整，使审查主体、审查范围、审查内容和审查程序等制度要素更为科学合理，进一步增强了制度的可实施性。商用密码领域的国家安全审查工作应当满足该规定的基本要求，主要需要把握以下几点内容。

一、审查对象

商用密码领域的国家安全审查适用于"关键信息基础设施运营者采购涉及商用密码的网络产品和服务"的活动，即其审查对象应当限于"关键信息基础设施"领域，一般网络运营者的采购活动应当不能触发国家安全审查。根据《关键信息基础设施安全保护条例》的规定，所谓关键信息基础设施，是指公共通信和信息服务、能源、交通、水利、金融、公共服务、电子政务、国防科技工业等重要行业和领域的，以及其他一旦遭到破坏、丧失功能或者数据泄露，可能严重危害国家安全、国计民生、公共利益的重要网络设施、信息系统等。

二、审查主体

审查主体是指在网络安全审查过程中，承担审查职能，行使审查权力的组织、部门或机构。根据《网络安全审查办法》的规定，我国目前采取以"网络安全审查工作机制"为核心的审查主体结构。其中，网络安全审查办公室负责制定网络安全审查相关制度规范，并组织网络安全审查，是审查结论的决策和最终作出者；网络安全审查工作机制成员单位①和关键信息基础设施保护工作部门②是审查结论的建议和辅助决策者，其意见可以影响审查结论；中央网络安全和信息化委员会是特别审查程序中的审查结论决策者，当网络安全审查工作机制对是否存在"国家安全风险"不能形成一致性意见时，审查结论需由中央网络安全和信息化委员会最终批准。此外，需要注意的是，《网络安全审查办法》在国家统一审查机构的基础上，要求关键信息基础设施的运营者承担"预审查"的职责。关键信息基础设施运营者需要预判所采购的网络产品和服务投入使用后是否可能产生国家安全风险，其认为影响或者可能影响国家安全的，再向网络安全审查办公室申报网络安全审查。这种制度设计将大部分审查体量分散到关键信息基础设施运营者身上，使国家审查机构可以集中力量解决重大疑难的审查案件，充分解决了单层审查模式审查能力不足的问题。而且，关键信息基础设施运营者作为网络产品和服务的直接使用者，往往更了解自身所需的安全环境，至少在技术和管理层面，对网络安全风险的识别和判断将更具有针对性，能够有效提升网络安全审查的效率。

---

① 根据2021年通过的《网络安全审查办法》，在中央网络安全和信息化委员会领导下，国家互联网信息办公室会同中华人民共和国国家发展和改革委员会、中华人民共和国工业和信息化部、中华人民共和国公安部、中华人民共和国国家安全部、中华人民共和国财政部、中华人民共和国商务部、中国人民银行、国家市场监督管理总局、国家广播电视总局、中国证券监督管理委员会、国家保密局、国家密码管理局建立国家网络安全审查工作机制。如前所述，国家安全风险的认定是一项异常复杂的工作，对于同一事项，不同部门的侧重和关注点可能有所不同，也就可能导致不同的审查结论。我国建立多部门组成的联合审查机制，有助于更为广泛、周延、公正和理性地识别和认定国家安全风险，既有助于最大程度地维护和保障国家安全，又有助于防止"国家安全滥用"，维护和保障审查相对人的合法权益。

② 根据我国《关键信息基础设施安全保护条例》第八条的规定，涉及公共通信和信息服务、能源、交通、水利、金融、公共服务、电子政务、国防科技工业等重要行业和领域的主管部门、监督管理部门是负责关键信息基础设施安全保护工作的部门。

三、审查内容

审查内容是指审查机构针对审查范围内的"何种安全情况或安全担忧"进行审查，客观体现了国家在相关问题上的核心关注点，构成了实质意义上的"国家安全考量"。我国在 2021 年颁布的《网络安全审查办法》中新引入了"数据处理活动"和"赴国外上市"两项审查事项，具体的审查内容也相应作出了调整，涵盖了对于"核心数据"和"个人信息"安全的考量。根据该办法第十条，目前我国网络安全审查的审查内容包括如下国家安全风险因素：（一）产品和服务使用后带来的关键信息基础设施被非法控制、遭受干扰或者破坏的风险；（二）产品和服务供应中断对关键信息基础设施业务连续性的危害；（三）产品和服务的安全性、开放性、透明性、来源的多样性，供应渠道的可靠性以及因为政治、外交、贸易等因素导致供应中断的风险；（四）产品和服务提供者遵守中国法律、行政法规、部门规章情况；（五）核心数据、重要数据或者大量个人信息被窃取、泄露、毁损以及非法利用、非法出境的风险；（六）上市存在关键信息基础设施、核心数据、重要数据或者大量个人信息被外国政府影响、控制、恶意利用的风险，以及网络信息安全风险；（七）其他可能危害关键信息基础设施安全、网络安全和数据安全的因素。

四、审查程序

审查程序是指开展网络安全审查活动所遵循的顺序或步骤。根据《网络安全审查办法》的规定，网络安全审查程序分为一般审查程序和特别审查程序。

（一）一般审查程序

根据 2021 年颁布后的《网络安全审查办法》，关键信息基础设施运营者采购网络产品和服务的，应当预判该产品和服务投入使用后可能带来的国家安全风险。影响或者可能影响国家安全的，应当向网络安全审查办公室申报网络安全审查。也就是说，"采购网络产品和服务"采取"申报制"，审查对象申报网络安全审查，需要提交相关的审查申报材料①。网络安全审查办公室应当自收到审查申报材料起 10 个工作日内，确定是否需要审查并书面通知审查对象。如果网络安全审查办公室认为需要开展网络安全审查的，应当自向审查对象发出书面通知之日起 30 个工作日内完成初步审查，包括形成审查结论建议和将审查结论建议发送网络安全审查工作机制成员单位、相关部门征求意见；情况复杂的，可以延长 15 个工作日。网络安全审查工作机制成员单位和相关部门应当自收到审查结论建议之日起 15 个工作日内书面回复意见。网络安全审查工作机制成员单位、相关部门意见一致的，网络安全审查办公室以书面形式将审查结论通知审查对象。但如果网络安全审查工作机制成员单位、相关部门意见不一致的，则需要启动特别审查程序，并通知审查对象。

（二）特别审查程序

按照特别审查程序处理的，网络安全审查办公室应当听取相关单位和部门意见，进行深入分析评估，再次形成审查结论建议，并征求网络安全审查工作机制成员单位和相关部门意见，按程序报中央网络安全和信息化委员会批准后，形成审查结论并书面通知审查对象。特别审查程序一般应当在 90 个工作日内完成，情况复杂的可以延长。

除上述"依申请"的审查启动方式外，为了避免审查对象恶意逃避网络安全审查，不履行审查申报义务，或自行开展相关活动，进而产生不可逆的国家安全风险，我国《网络安全审查办法》同时

① 根据 2021 年颁布的《网络安全审查办法》第八条的规定，审查申报材料包括：（一）申报书；（二）关于影响或者可能影响国家安全的分析报告；（三）采购文件、协议、拟签订的合同或者拟提交的首次公开募股（IPO）等上市申请文件；（四）网络安全审查工作需要的其他材料。

明确网络安全审查可以"依职权"启动，网络安全审查工作机制成员单位认为影响或者可能影响国家安全的网络产品和服务以及数据处理活动，由网络安全审查办公室按程序报中央网络安全和信息化委员会批准后，依照本办法的规定进行审查。

第四十一条 【网络安全等级保护商用密码使用要求】

网络运营者应当按照国家网络安全等级保护制度要求，使用商用密码保护网络安全。国家密码管理部门根据网络的安全保护等级，确定商用密码的使用、管理和应用安全性评估要求，制定网络安全等级保护密码标准规范。

本条主旨

本条是有关网络运营者使用商用密码要求的规定。

核心概念

国家网络安全等级保护制度，使用商用密码。

条文详解

一、国家网络安全等级保护制度中网络运营者使用密码的要求

该条是《条例》正式发布版本新增加规定，《密码法》和《条例》的修订草案征求意见稿中均无该内容。该条有效衔接《网络安全法》《数据安全法》《个人信息保护法》等相关法律、行政法规有

关要求，进一步夯实商用密码保护网络和数据安全的基石地位。除了法律、行政法规层面的规定，在部门规章和规范性文件层面参考《网络数据安全管理条例》以及正在制定中的《网络安全等级保护条例》，也贯穿了商用密码的使用要求。

网络安全等级保护制度是我国国民经济和社会信息化发展过程中，提高信息安全保障能力和水平，维护国家安全、社会稳定和公共利益，保障和促进信息化建设健康发展的一项基本制度，自 1994年以行政法规形式确立，至今已达 30 年时间，已经形成较为完善的制度体系和执法依据。我国多部有关等级保护或者安全保护的法律规范中都对商用密码使用提出要求。

《网络安全法》《数据安全法》《个人信息保护法》《网络数据安全管理条例》等法律法规均对密码使用提出了法律要求。《网络安全法》第二十一条规定，"国家实行网络安全等级保护制度。网络运营者应当按照网络安全等级保护制度的要求，履行下列安全保护义务，保障网络免受干扰、破坏或者未经授权的访问，防止网络数据泄露或者被窃取、篡改：……（四）采取数据分类、重要数据备份和加密等措施"，明确提出加密措施的要求。《数据安全法》第二十七条明确，"开展数据处理活动应当依照法律、法规的规定，建立健全全流程数据安全管理制度，组织开展数据安全教育培训，采取相应的技术措施和其他必要措施，保障数据安全。利用互联网等信息网络开展数据处理活动，应当在网络安全等级保护制度的基础上，履行上述数据安全保护义务"。此处的"应当在网络安全等级保护制度的基础上，履行上述数据安全保护义务"也包含了使用密码的要求。《个人信息保护法》第五十一条规定，个人信息处理者应当采取相应的加密、去标识化等安全技术措施确保个人信息处理活动符合法律、行政法规的规定，并防止未经授权的访问以及个人信息泄露、篡改、丢失，明确将加密作为个人信息保护的安全技术措施之一。《网络数据安全管理条例》第九条规定，"网络数据处理者应当依照法律、行政法规的规定和国家标准的强制性要求，在网络安全等级保护的基础上，加强网络数据安全防护，建立健全网络数据安全管理制度，采取加密、备份、访问控制、安全认证等技术措施和其他必要措施，保护网络数据免遭篡改、破坏、泄露或者非法获取、非法利用，处置网络数据安全事件，防范针对和利用网络数据实施的违法犯罪活动，并对所处理网络数据的安全承担主体责任。"

《国家政务信息化项目建设管理办法》提出，对于不符合密码应用和网络安全要求，或者存在重大安全隐患的政务信息系统，不安排运行维护经费，项目建设单位不得新建、改建、扩建政务信息系统。此后，重庆、四川、江西、江苏、广西、海南、青海等地方均通过市级或省级政务信息化项目建设管理办法，作出类似规定。《网络安全等级保护条例（征求意见稿）》明确规定，"第三级以上网络应当采用密码保护，并使用国家密码管理部门认可的密码技术、产品和服务。第三级以上网络运营者应在网络规划、建设和运行阶段，按照密码应用安全性评估管理办法和相关标准，委托密码应用安全性测评机构开展密码应用安全性评估"。《商用密码应用安全性评估管理办法》进一步细化该条规定，将"法律、行政法规和国家有关规定要求使用商用密码进行保护的网络与信息系统"简称为"重要网络与信息系统"，对这些系统密码的使用和密评进行全流程规定。

近 6 年来，在行业和地方性规章层面，对于密码的使用要求也持续增强。行业层面，2022 年《医疗卫生机构网络安全管理办法》第十五条规定各医疗卫生机构的"三同步"密码保护措施，要求使用符合相关要求的密码产品和服务。教育部《2020 年教育信息化和网络安全工作要点》，工信部《关于加强车联网网络安全和数据安全工作的通知》，证监会《证券期货业网络和信息安全管理办法》，国家能源局《电力行业网络安全等级保护管理办法》《电力行业网络安全管理办法》等也均提出密码使用或者密评要求。地方层面，大多地方政府层面出台的网络与数据安全领域的政策和规章，都强调密码使用和密评的重要性，典型如，《福建省数字政府改革和建设总体方案》强调定期进行密评，《广东省数字政府改革建设2023 年工作要点》提出密码要求，《深圳市卫生健康数据管理办法》要求采用国密算法，江苏省《关于促进车联网和智能网联汽车发展的决定》强调采取加密措施保障网络安全，《广州市关于进一步深化数字政府建设的实施方案》强调重要政务信息系统的国产密码的替换与应用。

毋庸置疑，随着《条例》的出台，基础信息网络、涉及国计民生和基础信息资源的重要信息系统、重要工业控制系统、面向社会服务的政务信息系统，以及关键信息基础设施、网络安全等级保护第三级及以上信息系统的商用密码使用、管理和应用安全性评估工作将进入新阶段。

二、我国有关使用商用密码的标准和指南

本条将"确定商用密码的使用、管理和应用安全性评估要求，制定网络安全等级保护密码标准规范"的权力赋予国家密码管理部门，且前提条件是"按照国家网络安全等级保护制度"，有利于等级保护制度与密评制度的衔接协调。

等级保护 2.0 阶段的国家标准已经全部发布实施，其中，《信息安全技术　网络安全等级保护基本要求》（GB/T 22239—2019）对不同等级规定了使用密码技术的相应测评条款。主要的密评标准《信息安全技术　信息系统密码应用基本要求》（GB/T 39786—2021）进一步补充 GB/T 22239 未细致规定的相关商用密码应用内容，使用主体可结合这两个标准要求针对性地部署使用商用密码。

中国密码学会密评联委会根据法律规定，组织编制《政务信息系统密码应用与安全性评估工作指南》，用于引导非涉密国家政务信息系统建设单位和使用单位规范开展商用密码应用与安全性评估工作。2023 年 10 月，中国密码学会密评联委会发布《商用密码应用安全性评估 FAQ（第三版）》，对商用密码应用安全性评估工作及标准中的相关问题进行解答。

三、使用密码保护网络安全已经成为各国法律和标准要求

随着世界不断向数据爆炸式的数字经济时代迈进，对数据和信

息的加密保护需要愈加普遍，各国对网络运营者、服务提供商等企业或组织规定了强制性的加密义务。例如，早在 2007 年，美国国防部就发布了主题为"移动计算设备和可移动存储介质上非密级别静态敏感信息"加密军事部门秘书备忘录，不仅要求对 PII（个人验证信息）记录进行加密，而且要求对移动计算设备和可移动存储媒体上包含的所有非公开发布的非密级信息进行加密。

美国 2014 年《联邦网络安全加强法》规定，联邦政府应以加密或等同方式，以及采取必要的多因素身份认证等措施保护信息系统中的敏感和重要数据。2015 年，美国白宫管理和预算办公室（OMB）发布《对联邦网站和 Web 服务安全连接的政策要求》的备忘录，指出目前可用于公共 Web 连接的最强大的隐私和完整性保护方式是 HTTPS。2017 年，美国国土安全部（DHS）发布新的《约束性操作指令》（BOD 18-01），强制要求所有联邦机构实施增强电子邮件加密功能的 STARTTLS 项目，以提高电子邮件和网站安全。

越南 2011 年《密码法》规定，"通信或电信设备传输的国家秘密信息必须用加密代码加密。存储在电子设备、计算机和电信网络中的国家秘密信息必须用加密代码加密"。

为了强化密码合法、合规、有效使用，各国不仅重视密码政策法律的制定，也持续发布更加细化的准则指导、规范相关组织使用密码的行为。NIST 分别于 2016 年和 2020 年发布《联邦政府使用密码标准指南：政令、法律和政策》《联邦政府使用密码标准指南：加密机制》，为联邦机构确定密码标准的使用提供指导。2022 年 7 月，英国安全保卫总办公室发布密码使用安全标准（SS-007），为供应商、技术架构师、软件工程师、开发人员和安全人员等人员提供一系列的控制措施，确保加密技术的实施能够达到管理局批准的标准和所必需的安全级别。澳大利亚信号局（ASD）下属的澳大利亚网络安全中心（ACSC）每年编制《信息安全手册》（ISM），旨在概述网络安全框架，为组织保护其系统和数据提供网络安全建议。ISM 面向首席信息安全官、首席信息官、网络安全专业人员和信息技术经理。2023 年 3 月，ACSC 发布《信息安全手册——密码指南》，以密码原理为基础，介绍了 ASD 批准的密码算法和密码协议相关要求，明确了 TLS、SSH、S/MIME、IPsec 等具有代表性的密码协议的使用和配置条件。

第四十二条 【有关评估、测评应当加强衔接】

商用密码应用安全性评估、关键信息基础设施安全检测评估、网络安全等级测评应当加强衔接，避免重复评估、测评。

▌本条主旨

本条是有关密评和关键信息基础设施评估、等保测评衔接要求的规定。

▌核心概念

商用密码应用安全性评估，关键信息基础设施安全检测评估，网络安全等级测评。

▌条文详解

一、相关概念解析

根据《商用密码应用安全性评估管理办法》第二条规定，商用密码应用安全性评估，是指按照有关法律法规和标准规范，对网络与信息系统使用商用密码技术、产品和服务的合规性、正确性、有效性进行检测分析和评估验证的活动。《条例》第三十八条和第四十一条分别规定了关键信息基础设施运营者和网络运营者的商用密码应用安全性评估要求。《商用密码应用安全性评估管理办法》对密评的流程和要求进一步细化。关键信息基础设施运营者是设施运行后每年至少开展一次评估，法律、行政法规和国家有关规定要求使用商用密码进行保护的网络与信息系统运营者是定期开展评估，方式均为自行或者委托商用密码检测机构检测评估。《信息安全技术 信息系统密码应用基本要求》（GB/T 39786—2021）有关于商用密码使用的要求。

关键信息基础设施安全检测评估是关键信息基础设施运营者的重要义务，是为校验安全防护措施的有效性，发现网络安全风险隐患开展的安全检测与风险隐患评估活动。《网络安全法》第三十八条和《关键信息基础设施安全保护条例》均对该义务进行规定，频次为每年至少一次，方式为自行或者委托网络安全服务机构检测评估。《信息安全技术 关键信息基础设施安全保护要求》（GB/T 39204—2022）中有关于检测评估的要求。

网络安全等级测评，也称网络安全等级测评与检测评估，是测评机构依据国家网络安全等级保护制度规定，按照有关管理规范和技术标准，对非涉及国家秘密的网络安全等级保护状况进行检测评估的活动。等保测评是网络安全等级保护制度的规定动作和重要环节，有着丰富的实践经验。《信息安全技术 网络安全等级保护测评要求》（GB/T 28448—2019）针对第一级至第四级的网络分别给出测评要求，且进一步明确了云计算、移动互联、物联网、工业控制系统安全测评的扩展要求。

二、避免重复评估、测评

本条延续了《密码法》第二十七条第一款的内容，要求"避免重复评估、测评"，旨在降低运营者经济成本，节约评估和测评资源。商用密码应用安全性评估与关键信息基础设施网络安全检测评估、网络安全等级测评在内容上有所区分，在实施中统筹考虑、协调开展，相互衔接，避免重复评估、测评。① 在行业相关的网络安全管理规定中，也强调避免三个活动的重复，例如《公路水路关键信息基础设施安全保护管理办法》《铁路关键信息基础设施安全保护管理办法》《电力行业网络安全等级保护管理办法》。

就目前国家推荐性标准内容来看，密评标准与等保测评标准形成衔接。从评估机构和测评机构来看，国家密码管理部门已经推动密评机构与等保机构的衔接，根据国家密码管理局 2024 年发布的密评机构资质申请材料审查的机构名单，共有 174 家密评机构通过商用密码检测机构资质申请材料审查，其中同时具备等保测评的已达116 家。

境内立法参照

《密码法》第二十七条第一款、《公路水路关键信息基础设施安全保护管理办法》第十八条第二款、《铁路关键信息基础设施安全保护管理办法》第十七条第二款、《电力行业网络安全等级保护管理办法》第十三条第二款。

---

① 国家密码管理局，密码政策问答（八十三），https://www.oscca.gov.cn/sca/xxgk/2020-03/29/content_1060690.shtml［2020-03-29］［2024-01-25］。

第七章　监督管理

第四十三条 【密码管理部门监督管理职责】

密码管理部门依法组织对商用密码活动进行监督检查，对国家机关和涉及商用密码工作的单位的商用密码相关工作进行指导和监督。

本条主旨

本条是关于密码管理部门监督管理的规定。

核心概念

商用密码活动，监督检查，指导。

条文详解

本条主要是对密码管理部门监督管理权限作出的原则性规定。根据行政监管的一般法理原则，"法无授权即无行政"，即只有在法律法规明确规定行政机关可以实施特定行政行为时，行政机关才能具有相应职权和权限，亦称"依法行政原则"或"法律保留原则"。

为适应社会发展需要，并结合管理工作实际，我国《密码法》彻底改变 1999 年《商用密码管理条例》确立的"专控"管理思路，取消大量商用密码的前置性审批和许可要求，注重事中和事后监管，最大限度便利商用密码技术利用，促进数字经济发展。

根据《密码法》第三十一条的规定，密码管理部门应当主要采用日常监管和随机抽查相结合的方式实施事中事后监管，并推进事中事后监管与社会信用体系相衔接。本条将上述监管权限细化为两个层面：

第一，对于商用密码活动进行监督检查。在这里，密码管理部门行使监督检察权的相对人没有特殊限定，即所有从事商用密码科研、生产、销售、服务、检测、认证、进出口、应用等活动的个人和组织，均应依法接受并配合密码管理部门的监督检查。在原则上，密码管理部门行使监督检查权，包括日常监管和随机抽查，都应当符合"双随机、一公开"的要求。

第二，对国家机关和涉及商用密码工作的单位的商用密码相关工作进行监督指导。这里有两点需要特别注意，一是不应将商用密码相关工作等同于商用密码活动，通常，商用密码相关工作应当被理解为"基于国家和社会职能而实施的商用密码管理和促进工作"，而非简单的商用密码利用活动。二是针对国家机关和涉及商用密码工作的单位的商用密码相关工作，密码管理部门仅享有监督指导权，应当严格区分其与上述监督检查权的边界。所谓行政指导，是指行政机关在职权范围内，为实现一定行政管理目标而实施的指引、劝告和建议等行为。而行政检查则是指行政机关依法了解行政相对人遵守法律法规或履行法定义务情况的行为。二者最大的区别在于相关行为是否具有法律意义上的强制力。

第四十四条 【商用密码监督管理协作机制】

密码管理部门和有关部门建立商用密码监督管理协作机制，加强商用密码监督、检查、指导等工作的协调配合。

┃ 本条主旨

本条是关于密码管理部门和有关部门协调配合的规定。

┃ 核心概念

商用密码监督管理，协作机制，协调配合。

┃ 条文详解

本条明确了密码管理部门和有关部门在实施商用密码监督管理过程中应当建立协作机制，这对于提升行政效能，消弭安全风险，减轻行政相对人负担，保护行政相对人合法权益均具有重要意义。鉴于既定的行政监督管理职权结构和商用密码监督管理的复杂性，根据《密码法》的相关规定，网信办、商务部、海关、市场监督管理部门都可能参与到商用密码监督管理工作中，在很多场景下，还会出现密码管理部门同国家安全、公安、保密等其他有关部门进行联合执法（会同）的情况。

一方面，如果各监督管理部门各自为政、各行其是，甚至互相扯皮、互相制约，那么商用密码监督管理工作无疑很难有效开展，不仅无法实现风险防范的行政目标，而且可能导致整个商用密码市场无序和混乱，削弱国家的核心竞争力。另一方面，多主体参与商用密码监督管理，如果彼此之间缺乏协作和配合，不能互通有无，就会出现多头监管、重复检查等问题，给行政相对人造成明显负担，既不利于行政相对人合法权益的保障，又会削弱商用密码产业的创新。为此，密码管理部门应当同其他相关部门，在商用密码监督管理方面按照法律法规的授权规定，在正确、充分履行各自职责的基础上，相互支持、相互配合，探索建立监管会商、问题线索移送、信息共享、联合执法等协调配合举措，有效发挥自身的监督管理职能。

第四十五条 【密码管理部门和有关部门的监督检查职权】

密码管理部门和有关部门依法开展商用密码监督检查，可以行使下列职权：

（一）进入商用密码活动场所实施现场检查；

（二）向当事人的法定代表人、主要负责人和其他有关人员调查、了解有关情况；

（三）查阅、复制有关合同、票据、账簿以及其他有关资料。

▍本条主旨

本条是关于商用密码监督检查职权的规定。

▍核心概念

监督检查，进入场所，调查情况，查阅复制。

▍条文详解

本条规定是对《条例》第四十三条的细化，限定了商用密码监督检查职权的权限范围。如前所述，监督检查权是行政机关了解行政相对人遵守法律法规或履行法定义务情况的行为，其权限范围通常相当宽泛。但是从第四十三条的原则性规定中，并不能明确得出密码管理部门和其他有关部门可以或禁止实施何种行为达到监督管理目的。一方面，这很容易导致监督管理部门超越合理限度，甚至滥用职权实施监管活动，对行政相对人产生显著的"侵益性"；另一方面，这也很容易在行政法治改革的大背景下，导致监督管理部门陷于"法无明确授权"的窘境，产生"越权无效"的不利行政后果。

为了提升行政执法规范化，很多法律规范已经开始非常重视对行政职权的明确和限定，典型如我国《个人信息保护法》第六十三条规定，"履行个人信息保护职责的部门履行个人信息保护职责，可以采取下列措施：（一）询问有关当事人，调查与个人信息处理活动有关的情况；（二）查阅、复制当事人与个人信息处理活动有关的合同、记录、账簿以及其他有关资料；（三）实施现场检查，对涉嫌违法的个人信息处理活动进行调查；（四）检查与个人信息处理活动有关的设备、物品；对有证据证明是用于违法个人信息处理活动的设备、物品，向本部门主要负责人书面报告并经批准，可以查封或者扣押。"

本条将《条例》第四十三条规定的监督检查权细化和限定为三项权限：一是进入权，即明确密码管理部门和有关部门可以进入商用密码活动场所实施现场检查；二是调查权，即明确密码管理部门和有关部门可以通过询问、讯问当事人和其他有关人员的方式，充分了解商用密码活动的有关情况；三是查阅复制权，即明确密码管理部门和有关部门可以查阅复制有关资料，达到取证、固证的目的，为后续行政处罚提供支撑。鉴于行政行为的"优益性"特征，密码管理部门和有关部门实施上述行为具有"单方意志性"和"强制性"，行政相对人必须无条件服从并提供配合，拒绝配合或恶意阻挠应当承担相应的法律责任。同时，密码管理部门和有关部门在行使上述职权时，必须符合有关执法人员资格、人数和程序的相关规定，赋予行政相对人陈述、辩解等"防御性权利"。

值得注意的是，本条规定的商用密码行政执法职权不含查封、扣押等行政强制措施。《行政强制法》第十一条规定："法律对行政强制措施的对象、条件、种类作了规定的，行政法规、地方性法规不得作出扩大规定。法律中未设定行政强制措施的，行政法规、地方性法规不得设定行政强制措施。但是，法律规定特定事项由行政法规规定具体管理措施的，行政法规可以设定除本法第九条第一项、第四项和应当由法律规定的行政强制措施以外的其他行政强制措施。"因《密码法》中未设定行政强制措施，所以《条例》就不能设定行政强制措施。在执行商用密码行政处罚时，若被处罚的行政相对人拒不执行，密码管理部门可以向人民法院申请查封、扣押等措施进行强制执行。《个人信息保护法》第六十三条规定了履行个人信息保护职责的部门可以采取措施包括"检查与个人信息处理活动有关的设备、物品；对有证据证明是用于违法个人信息处理活动的设备、物品，向本部门主要负责人书面报告并经批准，可以查封或者扣押"，此处即通过法律赋予了履行个人信息保护职责部门行政强制权。

第四十六条 【商用密码信用监管机制】

密码管理部门和有关部门推进商用密码监督管理与社会信用体系相衔接，依法建立推行商用密码经营主体信用记录、信用分级分类监管、失信惩戒以及信用修复等机制。

┃— 本条主旨

本条是关于商用密码经营主体实施商用密码监管和社会信息评价相结合的事中事后管理体系的规定。

┃— 核心概念

社会信用体系，商用密码经营主体，信用记录，信用分级分类监管，失信惩戒，信用修复。

┃— 条文详解

本条是监管"软法"治理思路的具体体现。对于商用密码从业单位等经营主体的监管而言，国家密码管理局等监管、主管部门、机构在实施有效的事前、事中和事后监管机制时，需要将对经营主体的必要监督检查结论、处罚惩戒措施通过社会化的方式进行评价和适当披露，使得交易相对人、社会公众等可以了解经营主体的诚信经营、违法失规情况，从而保障交易信息的相对透明，降低交易风险。

从《网络安全法》开始，网络、数据安全领域与社会信用机制相衔接已经成为一项基本的责任承担方式。例如《网络安全法》第六十三条规定，"违反本法第二十七条（任何个人和组织不得从事非法侵入他人网络、干扰他人网络正常功能、窃取网络数据等危害网络安全的活动；不得提供专门用于从事侵入网络、干扰网络正常功能及防护措施、窃取网络数据等危害网络安全活动的程序、工具；明知他人从事危害网络安全的活动的，不得为其提供技术支持、广告推广、支付结算等帮助）规定，受到治安管理处罚的人员，五年内不得从事网络安全管理和网络运营关键岗位的工作；受到刑事处罚的人员，终身不得从事网络安全管理和网络运营关键岗位的工作。"

通常提及监管与社会信用体系的衔接，主要指的是由于行为人的违法犯罪、违规失约等行为破坏了社会正当秩序、信任机制。监管与社会信用体系是除承担民事赔偿、行政处罚或刑事责任外，附加的惩戒措施。常见的失信惩戒措施如下：（1）由公共管理机构依法依规实施的减损信用主体权益或增加其义务的措施，包括限制市场或行业准入、限制任职、限制消费、限制出境、限制升学复学等。例如按照《电子签名法》，不遵守认证业务规则、未妥善保存与认证相关的信息，或者有其他违法行为，逾期未改正的电子认证服务提供者的直接负责的主管人员和其他直接责任人员，在一定期限内依法禁止从事电子认证服务；（2）由公共管理机构根据履职需要实施的相关管理措施，不涉及减损信用主体权益或增加其义务，包括限制申请财政性资金项目、限制参加评先评优、限制享受优惠政策和便利措施、纳入重点监管范围等；（3）由公共管理机构以外的组织自主实施的措施，包括纳入市场化征信或评级报告、从严审慎授信等。

自 2016 年国务院《关于建立完善守信联合激励和失信联合惩戒制度加快推进社会诚信建设的指导意见》发布以来，中共中央、国务院印发了《关于加快推进社会信用体系建设构建以信用为基础的新型监管机制的指导意见》、《扩大内需战略规划纲要（2022—2035年）》、《关于推进社会信用体系建设高质量发展促进形成新发展格局的意见》等社会信用体系建设类政策文件，充实了《征信业管理条例》《征信业务管理办法》《市场监督管理严重违法失信名单管理办法》《市场监督管理行政处罚信息公示规定》《市场监督管理信用修复管理办法》等信用法律法规、规章制度体系，推动了各类征信信息的公开、提供、利用、修复等完整体系化的社会服务，并涌现出"信用中国"网站、国家企业信用信息公示系统、事业单位登记管理网站、社会组织信用信息公示平台等一批信用基础设施。

《密码法》和《条例》规定了密码监管与社会信用体系衔接机制，是商用密码事中事后监管的重要组成部分，是通过国家各级密码管理局的监管、检查、惩戒等执法活动，整体提升商用密码监管效能的重要手段。实务中信用机制如下：（1）建立统一社会信用代码标识，形成可检索的商用密码经营主体信息身份；（2）推动建立商用密码经营主体的信用承诺制度，例如违反自我声明公开标准的情况，将诚信经营、履行商事合同情况等事项纳入信用记录；（3）整合包括信用中国、国家企业信用信息公示系统、最高人民法院中国执行信息公开网失信被执行人名单信息、中国人民银行征信中心等信用发布平台的商用密码经营主体信用信息，作为其资质申请、行业准入、申请信贷、招投标等方面行为的评价依据；（4）基于信用分类分级监管要求，基于商用密码经营主体的整体信用情况，在监管方式、检查比例、频次等方面采取差异化措施，等等。同时，也相应完善商用密码经营主体对信用存疑、异议的救济、修复、问责等机制，形成激励和失信联合惩戒协同并举的机制。

第四十七条 【保密义务】

商用密码检测、认证机构和电子政务电子认证服务机构及其工作人员，应当对其在商用密码活动中所知悉的国家秘密和商业秘密承担保密义务。

密码管理部门和有关部门及其工作人员不得要求商用密码科研、生产、销售、服务、进出口等单位和商用密码检测、认证机构向其披露源代码等密码相关专有信息，并对其在履行职责中知悉的商业秘密和个人隐私严格保密，不得泄露或者非法向他人提供。

┠ 本条主旨

本条是关于保密义务的规定。

┠ 核心概念

国家秘密、商业秘密、个人隐私、源代码等密码相关专有信息。

┠ 条文详解

本条分层规定了商用密码检测、认证机构，电子政务电子认证服务机构，以及密码管理部门和有关部门对商用密码涉及的国家秘密、商业秘密和个人隐私等相关信息的保密义务。

按照《保守国家秘密法》，国家秘密是关系国家安全和利益，依照法定程序确定，在一定时间内只限一定范围的人员知悉的事项。《反不正当竞争法》规定，商业秘密，是指不为公众所知悉、具有商业价值并经权利人采取相应保密措施的技术信息、经营信息等商业信息。《个人信息保护法》明确：个人信息是以电子或者其他方式记录的与已识别或者可识别的自然人有关的各种信息，不包括匿名化处理后的信息。本条和《条例》第七条共同确立了我国对商用密码不同主体的等同保护制度，要求对商用密码实施检测认证、提供电子认证等服务或履行监管职责的机构，应承担相对应的保密义务，避免因可能涉及的国家秘密、商业秘密、个人隐私、源代码等密码相关专有信息被泄露、使用，导致对国家安全、商用密码从业单位、使用单位或个人等权利主体的危害。

一、检测认证机构、电子政务电子认证服务机构等的保密义务

按照《商用密码产品认证规则》以及配套的《商用密码产品认证目录》下的不同产品检测规范，如《安全隔离与信息交换产品密码检测准则》《时间戳服务器密码检测规范》《区块链密码检测规范》《密码卡检测规范》《随机性检测规范》《密码模块安全检测要求》等，基本明确了对商用密码产品认证的"型式试验"加"初始工厂检查"的认证模式。在该认证模式下，需要商用密码产品、服务的提供者提交产品技术文档，生产能力、质量保障能力、安全保障能力等资料和说明文件及样品等，并对提供者的生产能力、质量保障能力、安全保障能力和产品一致性控制能力等进行检查。基于以上这些，以及该产品、服务可能未正式投入规模生产、销售的情形考虑，检测、认证机构有可能在检测认证过程中知悉或者获取提供者的商业秘密和其他非公开信息，甚至符合《保守国家秘密法》所规定的国家秘密类信息。电子政务电子认证服务机构基于《电子政务电子认证服务业务规则规范》和配套标准向电子政务用户提供证书申请、证书签发、证书更新和证书撤销等服务时，也要求用户（申请人）提供，或生成、处理数字证书生命周期管理所需的主体资料等信息，为此还专章规定了"电子政务电子认证服务中的法律责任相关要求"。这些信息对提供者而言具有重要商业价值，如涉及国家秘密的则具有重要的国家安全价值，因此本条明确了法定保密义务（《条例》第五十五条进一

步规定了相应法律责任），并可通过签订保密协议、保护措施等约定方式进行更细粒度的保护。

二、密码管理部门和有关部门工作中的保密义务

本条设定的对国家秘密、商业秘密和个人隐私等相关信息的保密义务实际上是在两个层面展开：一是如上所述，商用密码检测、认证机构，电子政务电子认证服务机构所获取、收集的密码相关信息，应在检测、认证、电子政务电子认证服务等范围内使用，并承担保密义务；二是密码管理部门和有关部门及其工作人员不得要求商用密码检测、认证机构，电子政务电子认证服务机构，以及更广泛的商用密码从业单位、使用单位向其提供特别是源代码等密码相关专有信息；如因履行监管职责必须提供、获取的，应在履职范围内使用，并承担保密义务。

设定双重保密义务，旨在消除商用密码从业单位、使用单位在《条例》修订过程中，对是否有获取、提供源代码等法律法规要求所产生的顾虑，例如在《密码模块安全检测要求》等中均有类似明确："6.5 软件/固件安全，密码模块的软件和固件部件应只包含可运行形式的代码，例如，不包括源代码、目标代码或实时编译的代码"。因此本条规定是《条例》所确认的等同保护原则、密码知识产权保护规则的郑重体现。

第四十八条 【配合商用密码监督管理】

密码管理部门和有关部门依法开展商用密码监督管理，相关单位和人员应当予以配合，任何单位和个人不得非法干预和阻挠。

┃ 本条主旨

本条是关于配合密码管理部门和有关部门依法开展商用密码监督管理的义务要求。

核心概念

配合，非法干预和阻挠。

条文详解

依法开展监督管理活动本质上是一种行政执法活动，配合行政机关的执法活动是任何单位和个人应尽的义务。在专门的行政法中也体现了对执法活动的配合义务，《行政许可法》第六十二条第一款规定，行政机关可以对被许可人的生产经营场所依法进行实地检查，行政机关可以依法查阅或者要求被许可人报送有关材料；被许可人应当如实提供有关情况和材料。《行政处罚法》第五十五条第二款要求执法人员在调查或者进行检查时，当事人或者有关人员应当如实回答询问，并协助调查或者检查，不得拒绝或者阻挠。询问或者检查应当制作笔录。《行政复议法》第四十五条规定，行政复议机关有权向有关单位和个人调查取证，查阅、复制、调取有关文件和资料，向有关人员进行询问。

《条例》第四十三条、第四十四条、第四十五条规定了密码管理部门依法开展商用密码监督检查的职权，具体包括实施现场检查、向有关人员调查和了解情况、查阅和复制有关资料。依法开展商用密码监督管理活动的主体不仅包括密码管理部门，还可能包括公安机关、网信部门及行业主管、监管部门等，这些部门依法开展监督管理时，有关单位和人员应当接受并配合，为执法活动提供便利，不得非法干预和阻扰。配合义务包括但不限于如实说明情况、提供相关资料和信息等。本条对开展商用密码监督管理限定了前提条件，即"依法"，意味着行政机关的监督管理活动必须依照法定程序开展，不得超出职权范围；对干预和阻挠限定了前提条件，即"非法"，这意味着可能存在合法的正当理由。

境内立法参照

对于行政机关的监督检查或者其他执法活动予以配合，是单位和个人的法定义务，且在我国多部法律、行政法规中均有体现，例如《国家安全法》第七十五条、《网络安全法》第四十九条第二款、《数据安全法》第三十五条、《个人信息保护法》第六十三条第二款、《反间谍法》第二十六条、《行政许可法》第六十二条第一款、《行政处罚法》第五十五条第二款、《对外贸易法》第三十八条、《反电信网络诈骗法》第二十条、《行政复议法》第四十五条、《关键信息基础设施安全保护条例》第二十八条、《进出口商品检验法实施条例》第十五条。

第四十九条 【投诉举报】

任何单位或者个人有权向密码管理部门和有关部门举报违反本条例的行为。密码管理部门和有关部门接到举报，应当及时核实、处理，并为举报人保密。

本条主旨

本条是有关违法行为举报，对举报所涉行为核实处理并为举报人保密的具体规定。

核心概念

违法行为举报，举报人保密。

条文详解

　　本条规定的投诉、举报和检举等权利是公民检举权、控告权在密码领域的延伸，是监管机构获取违法线索、查处违法行为的重要来源。投诉举报的对象可以是商用密码从业单位、使用单位或其个人（如负责人），也可能是商用密码行政机关的执法等有关人员。投诉举报的行为可以是《条例》第八章"法律责任"所涉及的任何涉嫌违法、犯罪的活动，也可以是关于商用密码产品、服务购买、使用的投诉、争议等（属于市场交易等活动的，应进一步结合适用《市场监督管理投诉举报处理暂行办法》等细化规定，并由国家密码管理局会同市场监督管理部门处理）。当然一般认为，以投诉举报形式进行咨询、政府信息公开申请、行政复议申请、信访、纪检监察检举控告等活动的不适用本条。

　　2024 年 4 月 12 日，国家密码管理局印发《关于印发〈商用密码领域违法线索投诉举报处理办法（试行）〉的通知》，对投诉举报的定义、主管部门、处理原则、管辖部门、审查流程、保密义务、适用例外等进行明确规定。此外，国家密码管理局专门设置了邮箱、网页等多种举报受理渠道，同时对其他机关、部门、单位转送的属于涉嫌商用密码领域违法行为受理范围的举报，也应当按规定予以接收。除不得发表违反中华人民共和国宪法和法律、违背四项基本原则的言论；不得发表造谣、诽谤他人的言论；不得发表未经证实的消息和内容外，不对举报进行限制；且应为举报人的个人信息保密，不得将举报人个人信息、举报办理情况等泄露给被举报人或者与办理举报工作无关的人员。并应根据对举报事项核实、处理的需要，向举报人了解情况、进行反馈回复等。

第八章 法律责任

第五十条 【未取得资质擅自开展商用密码许可活动的法律责任】

违反本条例规定，未经认定向社会开展商用密码检测活动，或者未经认定从事电子政务电子认证服务的，由密码管理部门责令改正或者停止违法行为，给予警告，没收违法产品和违法所得；违法所得 30 万元以上的，可以并处违法所得 1 倍以上 3 倍以下罚款；没有违法所得或者违法所得不足 30 万元的，可以并处 10 万元以上 30 万元以下罚款。

违反本条例规定，未经批准从事商用密码认证活动的，由市场监督管理部门会同密码管理部门依照前款规定予以处罚。

├─本条主旨

本条是关于未取得商用密码检测机构资质、未取得商用密码认证机构资质、未取得电子政务电子认证服务机构资质等开展相关活动法律责任的规定。

├─ 核心概念

未经认定向社会开展商用密码检测活动，未经认定从事电子政务电子认证服务，未经批准从事商用密码认证活动。

├─ 条文详解

本条是对三类违法行为的法律责任规定。《条例》第十三条、第十四条和第十五条规定了从事商用密码产品检测、网络与信息系统商用密码应用安全性评估等商用密码检测活动，应当经国家密码管理部门认定，依法取得商用密码检测机构资质，并明确了相应的取得条件和程序。第十八条规定了从事商用密码认证活动的机构，申请商用密码认证机构资质，应当向国务院市场监督管理部门提出书面申请，并经市场监督管理部门征求国家密码管理局意见后批准，取得商用密码认证机构资质。第二十四条、第二十五条和第二十六条规定了采用商用密码技术从事电子政务电子认证服务的机构，应当经国家密码管理部门认定，依法取得电子政务电子认证服务机构资质，并明确了相应的取得条件和程序。

从上述规定中可以看出，取得商用密码检测、认证和电子政务电子认证服务机构资质的行政许可审批部门不完全相同。由于获得资质许可的审批主体不同，基于《行政处罚法》等"谁审批、谁监管、谁处罚"原则，实施行政处罚的执法主体，一般也与之对应。因此本条规定，未经认定向社会开展商用密码检测活动，或者未经认定从事电子政务电子认证服务的，由密码管理部门予以处罚；未经批准从事商用密码认证活动的，由市场监督管理部门会同密码管理部门予以处罚。

针对未经认定向社会开展商用密码检测活动、未经认定从事电子政务电子认证服务和未经批准从事商用密码认证活动，本条基于其违法行为、危害后果等考虑，规定了六种法律责任：（1）责令改正，指执法主体要求违法行为人纠正违法行为，以恢复原状，维持法定的秩序或者状态。（2）责令停止违法行为，指依法要求违法行为人停止其实施的违法行为。结合本条，责令改正或者停止违法行为，即要求违法行为人不得以商用密码检测、认证机构，或电子政务电子认证服务机构的主体身份从事相关活动。（3）警告，指执法主体对违法行为人提出警示和告诫，使其认识到行为的违法性。结合本条，警告即是通过警示和告诫，要求违法行为人认识到，并不得再从事以未经认定的商用密码检测、认证机构，或电子政务电子认证服务活动。由于责令改正不属于《行政处罚法》规定的单独一类行政处罚，实务中通常将"责令改正或者停止违法行为，并给予警告"作为一项整体性的行政处罚措施，以《责令改正通知书》和《行政处罚决定书》的形式作出决定。（4）没收违法产品，指没收违法销售、提供的产品或服务中使用的产品，也包括未销售、提供和未使用的产品，以防止这些产品继续造成财产、人身损失，危害国家安全、社会公共利益和组织、个人的正当权益。（5）没收违法所得，指将实施违法行为所取得的款项（除依法退赔等情形外）收归国有。结合本条，即将在未经认定取得商用密码检测、认证机构，或电子政务电子认证服务资质而从事相关活动中所制造、销售、提供的产品予以没收，并将活动所产生的收益、获利等金额予以没收。（6）罚款，指执法主体要求违法行为人向国家缴纳一定金额的处罚措施。结合国务院 2022 年《关于进一步规范行政裁量权基准制定和管理工作的意见》，本条规定的罚款金额与违法所得金额之间进行了基准设定和分段量化，违法所得 30 万元以上的，可以并处违法所得 1 倍以上 3 倍以下罚款；没有违法所得或者违法所得不足 30 万元的，可以并处 10 万元以上 30 万元以下罚款，以确保体现和符合《行政处罚法》"过罚相当、宽严相济"等原则。

此外，还需要区分的是，对于已经取得商用密码检测、认证或电子政务电子认证服务机构资质的主体的违法行为和处罚，则在第五十一条、第五十二条和第五十五条等中进行规定。

第五十一条 【商用密码检测机构违法的法律责任】

商用密码检测机构开展商用密码检测，有下列情形之一的，由密码管理部门责令改正或者停止违法行为，给予警告，没收违法所得；违法所得30万元以上的，可以并处违法所得1倍以上3倍以下罚款；没有违法所得或者违法所得不足30万元的，可以并处10万元以上30万元以下罚款；情节严重的，依法吊销商用密码检测机构资质：

（一）超出批准范围；

（二）存在影响检测独立、公正、诚信的行为；

（三）出具的检测数据、结果虚假或者失实；

（四）拒不报送或者不如实报送实施情况；

（五）未履行保密义务；

（六）其他违反法律、行政法规和商用密码检测技术规范、规则开展商用密码检测的情形。

本条主旨

本条是有关商用密码检测机构违法开展商用密码检测活动的法律责任规定。

核心概念

超出批准范围，虚假或者失实，保密义务，拒不报送或者不如实报送。

条文详解

一、违法行为

本条规定了商用密码检测机构开展检测活动中涉及的六项违法行为，其中第六项为兜底规定。第五种情形违反《条例》第四十七条第一款规定的保密义务，其他几种情形违反《条例》第十六条规定的从业规范。

结合《商用密码检测机构管理办法》第二十五条细化本条责任的规定，商用密码检测机构的违法行为主要包括：（一）超出批准范围开展商用密码检测，例如国家密码管理局只批准了8类商用密码产品检测范围，但检测机构对8类之外的其他类商用密码产品也进行检测；（二）转让、出租、出借、伪造、变造、冒用、租借商用密码检测机构资质证书；（三）本机构及关联方从事商用密码产品生产、销售（检测工具除外），信息系统或者商用密码保障系统集成、运营，电子认证服务，电子政务电子认证服务，或者其他可能影响商用密码检测公平公正性的活动；（四）同时聘用正在其他商用密码检测机构从业的人员或者存在其他恶意竞争、扰乱市场秩序情形；（五）以单独出租设备设施或者委派人员等方式承担业务，或者分包、转包所承担业务；（六）推荐或者限定被检测单位购买使用特定主体生产或者提供的商用密码产品或者服务；（七）违反法律、行政法规和商用密码检测技术规范、规则要求开展检测活动或者存在其他影响检测独立、公正、科学、诚信的行为；（八）出具的检测数据、结果、报告虚假或者失实。例如未经检测直接出具检测数据、结果、报告；篡改、编造原始数据、记录出具检测数据、结果、报告；伪造检测报告和原始记录签名，或者非授权签字人签发检测报告；漏检关键项目、干扰检测过程或者改动关键项目的检测方法，造成检测数据、结果、报告失实等等；（九）未按照要求如实报送年度工作报告以及相关统计数据。例如，未于每年1月15日前通过所在地省、自治区、直辖市密码管理部门向国家密码管理局报送上一年度工作报告，或者报送的相关统计数据不完整等；（十）泄露在工作中知悉的商业秘密、个人隐私。

二、处罚措施

本条的处罚措施与《密码法》第三十五条保持一致，处罚阶次分为两档，一是责令改正或者停止违法行为，给予警告，没收违法所得。若违法所得 30 万元以上的，可以并处违法所得 1 倍以上 3 倍以下罚款；没有违法所得或者违法所得不足 30 万元的，可以并处 10 万元以上 30 万元以下罚款。二是情节严重的，依法吊销商用密码检测机构资质。

三、处罚主体

本条违法行为的行政处罚主体是密码管理部门。

▌境内立法参照

《密码法》第三十五条、《商用密码检测机构管理办法》第二十五条、第二十六条。

第五十二条 【商用密码认证机构违法的法律责任】

商用密码认证机构开展商用密码认证，有下列情形之一的，由市场监督管理部门会同密码管理部门责令改正或者停止违法行为，给予警告，没收违法所得；违法所得 30 万元以上的，可以并处违法所得 1 倍以上 3 倍以下罚款；没有违法所得或者违法所得不足 30 万元的，可以并处 10 万元以上 30 万元以下罚款；情节严重的，依法吊销商用密码认证机构资质：

（一）超出批准范围；

（二）存在影响认证独立、公正、诚信的行为；

（三）出具的认证结论虚假或者失实；

（四）未对其认证的商用密码产品、服务、管理体系实施有效的跟踪调查；

（五）未履行保密义务；

（六）其他违反法律、行政法规和商用密码认证技术规范、规则开展商用密码认证的情形。

┝ 本条主旨

本条是商用密码认证机构违法开展商用密码认证活动的法律责任规定。

┝ 核心概念

超出批准范围，影响认证独立、公正、诚信的行为，虚假或者失实，保密义务。

┝ 条文详解

一、违法行为

本条规定了商用密码认证机构开展认证活动中涉及的违法行为，与商用密码检测机构的违法行为类似，也包括六项，其中第六项为兜底规定。

其他违反行政法规的情形，主要包括违反《认证认可条例》的情形。该条例明确的违法行为还包括增加、减少、遗漏认证基本规范、认证规则规定的程序；发现其认证的产品、服务、管理体系不能持续符合认证要求，不及时暂停其使用或者撤销认证证书并予公布；聘用未经认可机构注册的人员从事认证活动；未公开认证基本规范、认证规则、收费标准等信息；未对认证过程作出完整记录，归档留存等。

二、处罚措施

本条的处罚规定与《密码法》第三十五条保持一致，分为两档，一是责令改正或者停止违法行为，给予警告，没收违法所得。若违法所得 30 万元以上的，可以并处违法所得 1 倍以上 3 倍以下罚款；没有违法所得或者违法所得不足 30 万元的，可以并处 10 万元以上 30 万元以下罚款。二是情节严重的，依法吊销商用密码认证机构资质。

此外，《认证认可条例》针对认证机构的违法行为也规定了相应的处罚，且具有更为细化的处罚阶次。

三、处罚主体

本条的执法主体是市场监督管理部门和密码管理部门。

├─ 境内立法参照

《密码法》第三十五条、《认证认可条例》第六章。

第五十三条 【违反商用密码强制检测认证要求的法律责任】

违反本条例第二十条、第二十一条规定，销售或者提供未经检测认证或者检测认证不合格的商用密码产品，或者提供未经认证或者认证不合格的商用密码服务的，由市场监督管理部门会同密码管理部门责令改正或者停止违法行为，给予警告，没收违法产品和违法所得；违法所得 10 万元以上的，可以并处违法所得 1 倍以上 3 倍以下罚款；没有违法所得或者违法所得不足 10 万元的，可以并处 3 万元以上 10 万元以下罚款。

本条主旨

　　本条是有关销售或者提供未经检测认证或者检测认证不符合要求的商用密码产品或者服务的法律责任规定。

核心概念

　　销售或者提供未经检测认证、检测认证不合格的商用密码产品，提供未经认证或者认证不合格的商用密码服务。

条文详解

一、违法行为

　　《密码法》第二十六条规定了涉及国家安全、国计民生、社会公共利益的商用密码产品的市场准入管理制度，并在第三十六条规定了违反准入制度的法律责任。《条例》第二十条、第二十一条依据《密码法》规定对涉及国家安全、国计民生、社会公共利益的商用密码产品列入网络关键设备和网络安全专用产品目录，施行清单管理，并要求销售者、提供者通过提交具备资格的商用密码检测、认证机构的检测或认证后进行销售或提供。

　　本条涉及两种违法行为，包括销售或者提供未经检测认证或者检测认证不合格的商用密码产品，或者提供未经认证或者认证不合格的商用密码服务。

二、处罚措施

本条的处罚措施与《密码法》第三十六条保持一致，包括责令改正或者停止违法行为，给予警告、没收违法产品和违法所得、罚款。

三、处罚主体

本条违法行为的执法主体是市场监督管理部门会同密码管理部门。

┃ 境内立法参照

《密码法》第三十六条。

第五十四条 【电子认证服务密码使用违法的法律责任】

电子认证服务机构违反法律、行政法规和电子认证服务密码使用技术规范、规则使用密码的，由密码管理部门责令改正或者停止违法行为，给予警告，没收违法所得；违法所得 30 万元以上的，可以并处违法所得 1 倍以上 3 倍以下罚款；没有违法所得或者违法所得不足 30 万元的，可以并处 10 万元以上 30 万元以下罚款；情节严重的，依法吊销电子认证服务使用密码的证明文件。

┃ 本条主旨

本条是有关电子认证服务机构违法使用密码的法律责任规定。

┠ 核心概念

电子认证服务机构，违法违规使用密码。

┠ 条文详解

《中华人民共和国电子签名法》（以下简称《电子签名法》）第十七条规定提供电子认证服务应当具有国家密码管理机构同意使用密码的证明文件。"电子认证服务使用密码许可"也是《法律、行政法规、国务院决定设定的行政许可事项清单（2023 年版）》中明确的行政许可事项。国家密码管理局依据《条例》第二十二条、第二十三条，对电子认证服务机构申请取得国家密码管理部门同意使用密码的证明文件和密码使用技术规范、规则履行审批和监管职责，因此相应地对电子认证服务机构违反法律、行政法规和电子认证服务密码使用技术规范、规则使用密码的情形实施行政处罚。

违反本条使用密码要求的情形通常如下：（1）电子认证服务系统由不具有商用密码产品生产和密码服务能力的单位承建、运维；（2）无法通过安全性审查和互联互通测试等维持电子认证服务使用密码许可证有效性的能力条件；（3）电子认证服务系统的运行不符合《证书认证系统密码及其相关安全技术规范》；（4）电子认证服务系统使用非由国家密码管理局和省、自治区、直辖市密码管理机构规划的密钥管理系统提供的密钥开展业务；（5）对电子认证服务系统进行技术改造或者进行系统搬迁未履行报告等义务，或虽经报告，但无法通过国家密码管理局的同意或安全性审查和互联互通测试；（6）其他违反网络安全（密码相关）保护义务的情形等。

针对电子认证服务机构的上述违法行为，本条规定的国家密码管理局可实施的处罚视情节和后果轻重有六种形式：（1）责令改正。

（2）责令停止违法行为。（3）警告。（4）没收违法所得。（5）罚款。同时以 30 万元为裁量基准，违法所得 30 万元以上的，可以并处违法所得 1 倍以上 3 倍以下罚款；没有违法所得或者违法所得不足 30 万元的，可以并处 10 万元以上 30 万元以下罚款。（6）吊销电子认证服务使用密码的证明文件（电子认证服务使用密码许可证）。由于目前商用密码已经是主流的电子认证服务机构业务运行的基础技术和安全支撑，吊销电子认证服务使用密码许可证将可能导致电子认证服务机构基本业务难以开展，甚至影响主体存续，因此属于非常严厉的行政处罚。

第五十五条 【电子政务电子认证服务机构违法的法律责任】

电子政务电子认证服务机构开展电子政务电子认证服务，有下列情形之一的，由密码管理部门责令改正或者停止违法行为，给予警告，没收违法所得；违法所得 30 万元以上的，可以并处违法所得 1 倍以上 3 倍以下罚款；没有违法所得或者违法所得不足 30 万元的，可以并处 10 万元以上 30 万元以下罚款；情节严重的，责令停业整顿，直至吊销电子政务电子认证服务机构资质：

（一）超出批准范围；

（二）拒不报送或者不如实报送实施情况；

（三）未履行保密义务；

（四）其他违反法律、行政法规和电子政务电子认证服务技术规范、规则提供电子政务电子认证服务的情形。

┃ 本条主旨

本条是有关电子政务电子认证服务机构违法的法律责任规定。

核心概念

电子政务电子认证服务机构，吊销电子政务电子认证服务机构资质。

条文详解

《电子签名法》第三十五条规定，国务院或者国务院规定的部门可以依据本法制定政务活动和其他社会活动中使用电子签名、数据电文的具体办法。《密码法》第二十九条规定采用商用密码技术从事电子政务电子认证服务的机构应当经国家密码管理部门认定，第三十九条规定了未经认定从事电子政务电子认证服务的法律责任。电子政务电子认证服务资质认定，是《法律、行政法规、国务院决定设定的行政许可事项清单（2023年版）》中明确的行政许可事项之一。《条例》第二十四条、第二十五条和第二十六条规定了采用商用密码技术从事电子政务电子认证服务的机构，应当经国家密码管理部门认定，依法取得电子政务电子认证服务机构资质，并明确了相应的取得条件和程序。第二十八条规定了电子政务电子认证服务机构应当按照法律、行政法规和电子政务电子认证服务技术规范、规则，在批准范围内提供电子政务电子认证服务，并定期向主要办事机构所在地省、自治区、直辖市密码管理部门报送服务实施情况。此外，第四十七条还规定了电子政务电子认证服务机构及其工作人员，应当对其在商用密码活动中所知悉的国家秘密和商业秘密承担保密义务。本条根据上述规定分别制定了对应的行政处罚等法律责任：（1）超出批准范围开展电子政务电子认证服务或其他业务；（2）拒不报送或者不如实报送年度报告、重大事项报告、服务合规性评估等实施情况；（3）未履行保密义务；（4）未按照法律、行政法规电子政务电子认证服务技术规范、规则提供电子政务电子认证服务的其他情形。

按照《电子政务电子认证服务管理办法》第十八条，电子政务电子认证服务机构应当保证提供下列服务：（1）电子签名认证证书注册、签发、更新、撤销等全生命周期管理服务；（2）电子签名认证证书信息查询服务；（3）电子签名认证证书状态查询服务；（4）电子签名认证证书使用支持服务；（5）其他与电子签名认证相关的服务。据此电子政务电子认证服务业务要求的服务类型包括数字证书服务、应用集成支持服务、信息服务、使用支持服务和安全保障服务等电子政务电子认证服务机构应当按照经审批许可的经营范围进行经营活动，制定、维护和落实相应的管理制度和操作规范，并依法公布本机构的电子政务电子认证服务业务规则和电子签名认证证书策略，向住所地省、自治区、直辖市密码管理部门备案。因此《条例》对电子政务电子认证服务的强制性要求，及经公布和备案的制度文件都对机构产生法律约束力。

针对电子政务电子认证服务机构的上述违法行为，本条规定国家密码管理局可实施的处罚视情节和后果轻重有七种形式，（1）责令改正。（2）责令停止违法行为。（3）警告。（4）没收违法所得。（5）罚款。以30万元为裁量基准，违法所得30万元以上的，可以并处违法所得1倍以上3倍以下罚款；没有违法所得或者违法所得不足30万元的，可以并处10万元以上30万元以下罚款。（6）责令停业整顿，指执法主体依法限制违法行为人在一定期限内从事相关生产经营活动的权力。（7）吊销电子政务电子认证服务机构资质。责令停业整顿的，如果违法行为人未在规定期限内纠正违法行为，或吊销电子政务电子认证服务机构资质的，都将不能恢复生产经营，最终导致电子政务电子认证服务机构丧失业务开展的主体资格和能力，属于非常严厉的行政处罚。

第五十六条 【电子政务电子认证服务机构 举证责任】

电子签名人或者电子签名依赖方因依据电子政务电子认证服务机构提供的电子签名认证服务在政务活动中遭受损失，电子政务电子认证服务机构不能证明自己无过错的，承担赔偿责任。

├ 本条主旨

本条是有关电子政务电子认证服务机构举证责任和民事法律责任的规定。

├ 核心概念

电子签名人，电子签名依赖方，电子政务电子认证服务机构，无过错原则，赔偿责任。

├ 条文详解

电子签名人，是指持有电子签名制作数据并以本人身份或者以其所代表的人的名义实施电子签名的人；电子签名依赖方，是指基于对电子签名认证证书或者电子签名的信赖从事有关活动的人，可为电子签名人的一方、对方或第三方。电子签名人通常与电子政务电子认证服务机构基于服务协议约定双方权利义务。

《电子签名法》第二十八条规定，电子签名人或者电子签名依赖方因依据电子认证服务提供者提供的电子签名认证服务从事民事活动遭受损失，电子认证服务提供者不能证明自己无过错的，承担赔偿责任。该条确立了电子签名适用于民事法律的归责原则和举证责任分配机制。同时《电子签名法》第三十五条确认了国务院或者国务院规定的部门可以依据该法制定政务活动和其他社会活动中使用电子签名、数据电文的具体办法。《条例》基于《电子签名法》上述规定，确立了电子签名人或者电子签名依赖方作为一方主体，因基于对电子政务电子认证服务机构的合理信赖而导致损失的，可基于无过错原则向电子政务电子认证服务机构主张民事赔偿，符合《电子签名法》的立法精神。

按照《民事诉讼法》和《民法典》的民事法律原则，民事诉讼中一般适用"谁主张、谁举证"的举证原则，但由于电子政务电子认证中数字签名等技术活动的专业性，以及电子政务电子认证服务机构因其法定专业资质而在提供电子政务电子认证服务中具有技术的优势地位，即使在电子政务电子认证服务机构与电子签名人或者电子签名依赖方的服务协议中也难以进行完全对等的条款约定，由电子政务电子认证服务机构承担举证责任，不仅成本更低，技术上也更可行，也更有利于保护电子签名人或者电子签名依赖方作为劣势一方的合法权益，因此《条例》规定由电子政务电子认证服务机构基于无过错原则承担举证责任。如电子政务电子认证服务机构能够证明自身不存在过错的，当然可以不承担赔偿责任，如电子签名人或者电子签名依赖方自身存在一定过错的，也相应减轻或降低电子政务电子认证服务机构的赔偿责任。

第五十七条 【政务活动中电子签名、电子印章、电子证照等涉及的电子认证服务违法的法律责任】

政务活动中电子签名、电子印章、电子证照等涉及的电子认证服务，违反本条例第三十条规定，未由依法设立的电子政务电子认证服务机构提供的，由密码管理部门责令改正，给予警告；拒不改正或者有其他严重情节的，由密码管理部门建议有关国家机关、单位对直接负责的主管人员和其他直接责任人员依法给予处分或者处理。有关国家机关、单位应当将处分或者处理情况书面告知密码管理部门。

┃ 本条主旨

本条是有关政务活动中因使用未由依法设立的电子政务电子认证服务机构提供的电子认证服务法律责任的规定。

┃ 核心概念

电子签名，电子印章，电子证照，处分，处理。

┃ 条文详解

《条例》第三十条第二款规定"政务活动中电子签名、电子印章、电子证照等涉及的电子认证服务，应当由依法设立的电子政务电子认证服务机构提供。"明确了政务活动中使用电子认证服务的，必须由取得资质的电子政务电子认证服务机构提供。本条规定了违反前述要求应承担的相应责任。

以电子印章为例，按照 2019 年《国务院关于在线政务服务的若干规定》规定，国家建立权威、规范、可信的统一电子印章系统。国务院有关部门、地方人民政府及其有关部门使用国家统一电子印章系统制发的电子印章，并建立了"全国电子印章管理与服务平台"，以支持电子印章的推广使用。此外，目前各主要省级政务服务和数据管理局已经或正在按照国家、省有关标准规范，统筹推进本省国家行政机关及有关事业单位电子印章系统的规划建设。实务中，目前省级以下各级行政机关原则上不再新建电子印章系统。各省国家行政机关及有关事业单位电子印章系统应当选择具有电子政务电子认证服务资质的机构提供电子认证服务。提供电子认证服务的数字证书认证系统应当接入国家政务服务平台的数字证书互信互认平台，实现数字证书的互信互认。因此，有关国家机关、单位是选择和使用具有电子政务电子认证服务资质机构的电子认证服务的义务主体。密码管理部门是行政处罚的实施主体。

本条规定的法律责任包括四种形式。（1）责令改正。（2）警告。并在经责令改正和警告之后，仍拒不改正或有其他严重情节的，增加设定了处分、处理两种责任形式。（3）处分。这里的处分主要指行政处分，指国家机关对所属的工作人员的违法、失职行为，依照《公务员法》《公职人员政务处分法》等法律法规的规定作出的惩戒，具体包括警告、记过、记大过、降级、撤职、开除六种方式。（4）处理。指对实施了违法行为，但不适用于处分的人员，例如国家机关工作的不具有编制的聘任人员、事业单位聘任人员等，由有关部门、机构依照有关规定作出的惩戒，具体包括警告、降薪、降职、辞退等方式。

由于本条规定的违法行为，实际中是由直接负责的主管人员和其他直接责任人员作出，其中直接负责的主管人员，可能是本机关、单位分管领域工作的负责人或管理人员，其他直接责任人员可能是具体实施违法行为的部门管理或工作人员，因此对拒不改正或有其他严重情节的，国家密码管理部门确有必要提请建议对所涉人员进行处分或者处理，由有关国家机关、单位作为实施主体，对其进行处分、处理。同时为确保处分、处理达到本条规定的安全保障目的，还要求将处分、处理结果告知密码管理部门。

第五十八条 【商用密码进出口违法的法律责任】

违反本条例规定进出口商用密码的，由国务院商务主管部门或者海关依法予以处罚。

├─ 本条主旨

本条是关于商用密码进出口违法的法律责任的规定。

├─ 核心概念

违法进出口商用密码。

├─ 条文详解

一、违法行为

《条例》第三十一条明确了对涉及国家安全、社会公共利益且具有加密保护功能的商用密码，列入商用密码进口许可清单，实施进口许可。涉及国家安全、社会公共利益或者中国承担国际义务的商用密码，列入商用密码出口管制清单，实施出口管制。商用密码进口许可清单和商用密码出口管制清单由国务院商务主管部门会同国家密码管理部门和海关总署制定并公布。违反第三十一条的主要情形如下：（1）未取得进口许可证而进口涉及国家安全、社会公共利益且具有加密保护功能的商用密码。需要注意的是，如果不具有加密保护功能而仅具有安全认证功能的商用密码（如仅具有电子签名功能），则不适用本条处罚；（2）未按照许可证类型进口商用密码；（3）进口商用密码的最终用户和最终用途不符合许可证规定；（4）进口商用密码危害或者可能危害国家安全、社会公共利益；（5）未取得出口许可证而出口涉及国家安全、社会公共利益或者中国承担国际义务的商用密码；（6）未按照许可证类型出口商用密码；（7）出口商用密码的最终用户和最终用途不符合许可证规定；（8）出口商用密码危害或者可能危害国家安全、社会公共利益，或者违反中国承担的国际义务；（9）危害或者可能危害国家安全、社会公共利益的其他情形。

二、处罚主体

《两用物项和技术进出口许可证管理办法》第三条也明确规定，"商务部是全国两用物项和技术进出口许可证的归口管理部门……监督、检查两用物项和技术进出口许可证管理办法的执行情况，处罚违规行为"。因此，对于违反本条规定的主体，国务院商务主管部门或者海关作为执法主体（行政处罚实施主体），将依据《对外贸易法》《出口管制法》《技术进出口管理条例》等法律法规的规定予以处罚。

立法参照

一、境内立法参照

《密码法》第三十八条，《对外贸易法》第六十条，《出口管制法》第三十四条、第三十九条和第四十条，《技术进出口管理条例》第四十三条和第四十四条，《两用物项和技术进出口许可证管理办法》第三条。

二、境外立法参照

针对包括商用密码在内的密码进出口实施监管并制定违反监管规定的法律责任是各国的通行做法。以前述美国商务部制定的《出口管理条例》（EAR）为例，其第764执法与保护措施部分对违反EAR的民事责任、行政责任和刑事责任均进行了规定。在764.2中，规定11类禁止行为：（1）实施《出口管理条例》规定的禁止行为；（2）协助、帮助或教唆违法行为；（3）寻求或尝试的违法行为；（4）预谋行为；（5）故意违反行为；（6）试图实施非法出口行为；（7）虚假陈述和隐瞒事实；（8）规避行为；（9）未遵守报告，保存记录要求的行为；（10）更改许可证；（11）违反禁令行为等。

针对上述违法行为，《出口管理条例》规定了相应的行政和刑事责任。其中就行政处罚规定如下：（1）对于任一次违法行为，商务部可处以不超过《出口管理法》上限金额的罚款；（2）可以在不超过一年期限内实施上述处罚，并以此作为给予、恢复或维持许可证的条件；（3）可以标准禁令或非标准禁令的形式限制特定主体或特定人员从事出口和再出口所涉物项的交易。

对刑事责任的规定如下：（1）对故意、合谋或企图违反《出口管理法》《出口管理条例》的行为，且出口至受控国家或受限于外交政策的国家，可基于其许可证下的物项处以 5 倍以下或不超过1000000 美元（取较高者）的罚金，对自然人可处以不超过 250000美元的罚金，单处或并处 10 年以下监禁；（2）对其他故意、合谋或企图违反《出口管理法》《出口管理条例》的行为，可基于其许可证下物项处以 5 倍以下或不超过 50000 美元（取较大者）的罚金，单处或并处 5 年以下监禁；（3）对取得向受控国家出口许可证的实体，如其未履行向国防部报告该受控国家将物项用于军事、情报等用途的，可基于其许可证下物项处以 5 倍以下或不超过 1000000 美元（取较高者）的罚金，对自然人可处以不超过 250000 美元的罚金，单处或并处 5 年以下监禁等。

第五十九条 【利用商用密码从事违法活动的法律责任】

窃取他人加密保护的信息，非法侵入他人的商用密码保障系统，或者利用商用密码从事危害国家安全、社会公共利益、他人合法权益等违法活动的，由有关部门依照《中华人民共和国网络安全法》和其他有关法律、行政法规的规定追究法律责任。

┣ 本条主旨

本条是有关从事商用密码违法活动的法律责任规定。

┣ 核心概念

窃取他人加密保护的信息，非法侵入他人的商用密码保障系统，利用商用密码从事危害国家安全、社会公共利益、他人合法权益等违法活动。

┣ 条文详解

一、违法行为

本条是《条例》第三十五条第二款的法律责任，承接《密码法》第三十二条规定，违法行为一共包含三个：（1）窃取他人加密保护的信息，即未经允许获取信息的行为；（2）非法侵入他人的商用密码保障系统，即未经授权进入系统的行为；（3）利用商用密码从事危害国家安全、社会公共利益、他人合法权益等违法活动，典型如勒索攻击活动。

二、处罚措施

本条是指向性规定，衔接到《网络安全法》和其他有关法律、行政法规，至少应当包括以下内容。

一是《网络安全法》第六十三条，该条由从事危害网络安全活动，提供危害网络安全活动专门程序、工具，为危害网络安全活动提供帮助三类违法行为构成，处罚措施包括没收违法所得、拘留、罚款、限制从业。

二是《治安管理处罚法》第二十九条，该条由非法侵入计算机信息系统造成危害、非法改变计算机信息系统功能造成计算机信息系统不能运行、非法改变计算机信息系统数据和应用程序、故意制作、传播计算机破坏性程序影响运行四类违法行为构成，处罚措施为拘留。

三是《关键信息基础设施安全保护条例》第四十三条规定的从事危害关键信息基础设施网络安全活动，处罚措施与《网络安全法》第六十三条保持一致。

四是《计算机信息网络国际联网安全保护管理办法》第六条、第二十条，包含擅自进入计算机信息网络、擅自使用计算机信息网络资源、擅自改变计算机信息网络功能、擅自改变计算机信息网络数据、应用程序、故意制作、传播计算机破坏性程序等违法行为，处罚措施包括警告，没收违法所得，罚款，给予六个月以内停止联网、停机整顿，必要时可以建议原发证、审批机构吊销经营许可证或者取消联网资格。

鉴于以上法律、行政法规都可规范本条的三类违法行为，在适用时如存在冲突，根据"上位法优于下位法""新法优于旧法"原则，实践中适用《网络安全法》的较多。此外，对于《网络安全法》第六十三条的限制从业，限制的是"网络安全管理和网络运营关键岗位"，且前提条件是"受到治安管理处罚"或者"受到刑事处罚"的人员，执法实践中如何做好衔接、如何认定关键岗位等问题还需解决。

三、处罚主体

《网络安全法》第六十三条明确规定了此类违法行为的处罚主体为公安机关。依据《治安管理处罚法》规定，执法主体为"县级以上地方各级人民政府公安机关"，《计算机信息网络国际联网安全保护管理办法》明确"公安机关计算机管理监察机构应当保护计算机信息网络国际联网的公共安全"。

《密码法》第三十二条、《网络安全法》第六十三条、《治安管理处罚法》第二十九条、《关键信息基础设施安全保护条例》第四十三条、《计算机信息网络国际联网安全保护管理办法》第六条、第二十条。

第六十条　【关键信息基础设施运营者违反商用密码使用要求的法律责任】

关键信息基础设施的运营者违反本条例第三十八条、第三十九条规定，未按照要求使用商用密码，或者未按照要求开展商用密码应用安全性评估的，由密码管理部门责令改正，给予警告；拒不改正或者有其他严重情节的，处 10 万元以上 100 万元以下罚款，对直接负责的主管人员处 1 万元以上 10 万元以下罚款。

本条主旨

本条是有关关键信息基础设施运营者未按照要求使用商用密码以及未按照要求开展商用密码应用安全性评估的法律责任规定。

核心概念

未按照要求使用商用密码，未按照要求开展商用密码应用安全性评估，直接负责的主管人员。

├─ 条文详解

一、违法行为

本条的违法行为包括两个：一是关键信息基础设施的运营者未按照要求使用商用密码，二是关键信息基础设施的运营者未按照要求开展商用密码应用安全性评估。对于前者，《条例》第三十八条明确了密码使用要求，即制定商用密码应用方案，配备必要的资金和专业人员，同步规划、同步建设、同步运行商用密码保障系统。对于后者，《商用密码应用安全性评估管理办法》第十七条衔接本条规定，对该种情形进行列举，包括以下八种情况：（一）重要网络与信息系统规划阶段，未对商用密码应用方案进行商用密码应用安全性评估的；（二）重要网络与信息系统建设阶段，未按照通过商用密码应用安全性评估的商用密码应用方案建设商用密码保障系统的；（三）重要网络与信息系统运行前，未开展商用密码应用安全性评估的；（四）重要网络与信息系统运行前，未通过商用密码应用安全性评估且未进行改造的；（五）重要网络与信息系统建成运行后，未定期开展商用密码应用安全性评估的；（六）重要网络与信息系统建成运行后，未通过定期开展的商用密码应用安全性评估且未进行改造的；（七）违反法律法规、标准规范要求开展商用密码应用安全性评估的；（八）不符合相关要求自行开展商用密码应用安全性评估的。

二、处罚措施

本条规定了两个阶次的法律责任，对于一般情节，责令改正，给予警告。未按照密码管理部门要求进行改正的情形，包括未在规定期限内完成改正、无正当理由不改正或者改正不到位等。有其他严重情节的为兜底规定，包括但不限于未使用密码造成大量数据泄露、被攻击导致系统瘫痪等。相比一般运营者，对于关键信息基础设施运营者的处罚更为严重，且也采用双罚制，既罚单位又罚直接负责的主管人员。直接负责的主管人员是指关键信息基础设施运营者的违法行为的决策人、事后对违法行为予以认可和支持的领导人员、由于疏忽管理或放任而对单位违法行为负有不可推卸责任的领导人员。[①]

关于有其他严重情节的规定，可以参考《网络安全法》第五十九条第二款的裁量基准。有地方公安机关制定区域性的裁量基准，对该条款进行阶梯型分解，以限制自由裁量权，典型如依据《长三角区域公安机关网络安全管理行政处罚裁量基准一体化的意见》新修订的《浙江省公安机关行政处罚裁量基准》第三百六十条规定，结合密码管理部门职权，有其他严重情节可能包括但不限于导致危害网络安全等后果的；对国家安全、社会秩序和公共利益造成较严重影响后果，影响人民群众工作、生活，或者造成较大或者重大经济损失的；因不履行网络安全保护义务被罚款后一年内再次被查获的；致使网络系统被攻击篡改，导致被张贴违法有害信息，造成不良社会影响的。

三、处罚主体

本条对应的义务条款为《条例》第三十八条、第三十九条，处罚主体为密码管理部门。

┠ 境内立法参照

《网络安全法》第五十九条第二款、《关键信息基础设施安全保护条例》第三十九条、《商用密码应用安全性评估管理办法》第十七条。

---

① 刘东方、张耀明：《商用密码管理条例释义》，法律出版社 2023 年版，第 115 页。

第六十一条 【关键信息基础设施运营者违反商用密码国家安全审查要求的法律责任】

关键信息基础设施的运营者违反本条例第四十条规定，使用未经安全审查或者安全审查未通过的涉及商用密码的网络产品或者服务的，由有关主管部门责令停止使用，处采购金额1倍以上10倍以下罚款；对直接负责的主管人员和其他直接责任人员处1万元以上10万元以下罚款。

├ 本条主旨

本条是关于违反国家安全审查要求的法律责任规定。

├ 核心概念

未经安全审查，安全审查未通过，责令停止使用，罚款。

├ 条文详解

一、违法行为

《网络安全法》第三十五条规定，关键信息基础设施的运营者采购网络产品和服务，可能影响国家安全的，应当通过国家网信部门会同国务院有关部门组织的国家安全审查。《密码法》第二十七条第二款规定，"关键信息基础设施的运营者采购涉及商用密码的网络产品和服务，可能影响国家安全的，应当按照《中华人民共和国网络安全法》的规定，通过国家网信部门会同国家密码管理部门等有关部门组织的国家安全审查"。《条例》第四十条规定，关键信息基础设施的运营者采购涉及商用密码的网络产品和服务，可能影响国家安全的，应当依法通过国家网信部门会同国家密码管理部门等有关部门组织的国家安全审查。

本条涉及的违法行为包括两种情形：一是关键信息基础设施运营者使用未经安全审查的涉及商用密码的网络产品或者服务，这包括关键信息基础设施运营者按照《网络安全审查办法》规定，应当申报安全审查而未申报，或网络安全审查机构依职权启动安全审查，但关键信息基础设施运营者拒不配合，或在审查结论作出之前擅自使用，二是关键信息基础设施运营者使用安全审查未通过的涉及商用密码的网络产品或者服务。

二、处罚措施

本条的处罚措施与《密码法》第三十七条第二款的规定保持一致，包括责令停止使用，处采购金额一倍以上十倍以下罚款；对直接负责的主管人员和其他直接责任人员处一万元以上十万元以下罚款。其中，有三点需要注意：一是"责令停止使用"并不属于《行政处罚法》中规定的法定行政处罚种类，较为适合按照"责令改正"的内涵加以理解和适用；二是对于关键信息基础设施运营者的罚款，采取"非固定金额"的方式，以采购金额为标准；三是采取了"双罚制"原则，即既罚单位，又罚个人。

三、处罚主体

本条违法行为的处罚主体是有关主管部门。《关键信息基础设施安全保护条例》第四十一条规定，运营者采购可能影响国家安全的网络产品和服务，未按照国家网络安全规定进行安全审查的，由国家网信部门等有关主管部门依据职责责令改正，处采购金额 1 倍以上 10 倍以下罚款，对直接负责的主管人员和其他直接责任人员处 1 万元以上 10 万元以下罚款。

第六十二条 【网络运营者违反网络安全等级保护商用密码要求的法律责任】

网络运营者违反本条例第四十一条规定，未按照国家网络安全等级保护制度要求使用商用密码保护网络安全的，由密码管理部门责令改正，给予警告；拒不改正或者导致危害网络安全等后果的，处 1 万元以上 10 万元以下罚款，对直接负责的主管人员处 5000 元以上 5 万元以下罚款。

├ 本条主旨

本条是有关未按照国家网络安全等级保护制度要求使用商用密码保护网络安全的法律责任规定。

├ 核心概念

拒不改正，导致危害网络安全等后果，直接负责的主管人员。

├ 条文详解

一、违法行为

本条的违法行为为未按照国家网络安全等级保护制度要求使用商用密码保护网络安全。

二、处罚措施

本条设置了两个阶次的处罚措施：一是责令改正，给予警告；二是有"拒不改正"或者"导致危害网络安全等后果"情节，给予罚款，且是双罚制，对单位和直接负责的主管人员均处以罚款。直接负责的主管人员指违法行为的决策人、事后对违法行为予以认可和支持的领导人员、由于疏忽管理或放任而对单位违法行为负有不可推卸责任的领导人员。[①] "拒不改正"意味着行政机关已经就"未按照国家网络安全等级保护制度要求使用商用密码保护网络安全"的违法行为责令违法行为人改正，而违法行为人存在未在规定期限内改正、改正不到位或者无客观原因不改正等情况。"导致危害网络安全等后果"目前尚无统一界定和国家层面相关裁量基准，从《网络安全法》第五十九条第一款的执法实践观察，常见情形有因不履行加密义务导致数据泄露、系统遭到 APT 攻击或者勒索攻击，致使网页被篡改为包含涉黄涉政的信息等。

三、处罚主体

本条与《网络安全法》第五十九条第一款规定的"网络运营者不履行网络安全保护义务"行为的责任承担保持一致。《网络安全法》明确的行政处罚主体为"有关主管部门"，实践中常见案例的执法主体为公安机关，散见网信部门的执法案例[②]。本条将处罚权力赋予密码管理部门。

四、相关执法案例

公安案例中，目前尚未出现密码管理部门依据此条进行行政处罚的案件。但公安机关已经依据《网络安全法》第五十九条第一款

[①] 杨合庆：《中华人民共和国网络安全法释义》，中国民主法制出版社 2017 年版，第 129 页。

[②] 长沙市雨花区网信办开出全市网络运行安全首张罚单，https：//mp. weixin. qq. com/s/76zhudAt0nYTtYe-4Fv66g；南昌市网信办依法对某医疗机构作出行政处罚，https：//mp. weixin. qq. com/s/OA2iQNXjCD5Tqw _ -extgBA。

开展大量执法活动，其中不乏因为违法行为人未采取加密措施进行处罚的案例。

2020年，台儿庄区某行政事业单位网站存在网站弱口令隐患，该系统使用的TLS1.0和TLS1.1协议属于弱加密算法和系统，且未采取防范计算机病毒和网络侵入等危害网络安全的技术措施。台儿庄警方根据《网络安全法》第五十九条第一款，对该单位处以警告并责令限期改正。[①] 2021年，广安某单位所使用的智慧政务一体化平台被黑客攻击植入木马病毒，导致系统文件被加密勒索，广安公安机关以破坏计算机信息系统立案侦查。通过"一案双查"发现，该单位未制定内部安全管理制度和操作规程，未采取防范计算机病毒的技术措施，未对重要数据备份和加密。广安公安机关根据《中华人民共和国网络安全法》第五十九条第一款，对该单位罚款一万元、对具体责任人赵某罚款五千元。[②]

此外，《数据安全法》第二十七条、《个人信息保护法》第五十一条、《网络数据安全管理条例》第九条也包含加密义务的要求。执法实践中也有因不使用密码按照这几部法律进行处罚的案例，且这几部法律设置了更为严苛的违法责任。仅对单位而言，前者可高达二百万元罚款，后者可高达五千万元或上一年度营业额5%的罚款，并可以责令暂停相关业务、停业整顿、吊销相关业务许可证或者吊销营业执照。

《数据安全法》第二十七条明确规定"应当在网络安全等级保护制度的基础上，履行上述数据安全保护义务"，鉴于此，实践中"未按照国家网络安全等级保护制度要求使用商用密码保护网络安全的"，结合数据安全保护义务的规定，不排除直接适用《数据安全法》规定。例如，2023年9月，某公司研发的"数据分析系统"内存有用户姓名、基因数据等数据信息。该系统内数据信息未采用加

---

① 十起网络安全行政执法典型案例.https：//www.163.com/dy/article/FUCLDTIJ05259V6O.html［2020-12-21］［2024-01-22］

② 2021等保处罚十大经典案例 https：//www.sohu.com/a/518760686 _ 120992898［2022-01-24］［2024-01-22］。

密措施，系统服务器未采取任何网络防护和技术防护措施，造成19.1GB公民隐私数据暴露在互联网。北京市公安局昌平分局根据《数据安全法》第二十七条、第四十五条第一款之规定，给予该企业警告，并处罚款五万元人民币，责令限期改正。[①] 该案是由于未制定数据安全管理制度、未充分落实网络安全管理等级保护制度被处罚的典型案例。

├── 境内立法参照

《网络安全法》第五十九条第一款、《数据安全法》第四十五条、《个人信息保护法》第六十六条。

第六十三条 【拒不配合监督管理的法律责任】

无正当理由拒不接受、不配合或者干预、阻挠密码管理部门、有关部门的商用密码监督管理的，由密码管理部门、有关部门责令改正，给予警告；拒不改正或者有其他严重情节的，处 5 万元以上 50 万元以下罚款，对直接负责的主管人员和其他直接责任人员处 1 万元以上 10 万元以下罚款；情节特别严重的，责令停业整顿，直至吊销商用密码许可证件。

├── 本条主旨

本条是关于拒不接受、不配合或者干预、阻挠监督管理工作的法律责任。

---

① 公安部网安局. 北京网安部门适用《数据安全法》处罚违法单位 [EB/OL]. (2023-09-16). https：//mp. weixin. qq. com/s/N6JQD-2DgOEA 1sQMPLMVcg。

核心概念

拒不接受，不配合，干预、阻挠。

条文详解

一、违法行为

《条例》第四十五条规定了密码管理部门和有关部门依法开展监督检查的明确职权，包括：（一）进入商用密码活动场所实施现场检查；（二）向当事人的法定代表人、主要负责人和其他有关人员调查、了解有关情况；（三）查阅、复制有关合同、票据、账簿以及其他有关资料。《条例》第四十八条规定了密码管理部门和有关部门依法开展商用密码监督管理，相关单位和人员的配合义务。本条规定了违反这一义务，拒不配合监督管理的法律责任。

本条涉及的违反行为包括拒不接受、不配合或者干预、阻挠密码管理部门和有关部门的商用密码监督管理活动。依据上述规定，在实践中包括拒绝或阻止密码管理部门和有关部门进入商用密码活动场所；拒绝、逃避密码管理部门和有关部门进行的询问、讯问，或作出虚假陈述；藏匿或协助藏匿有关责任人员；拒绝或阻止密码管理部门和有关部门查阅复制相关资料，或提供虚假资料；对密码管理部门和有关部门监督管理人员实施辱骂、威胁或人身攻击等行为。

二、处罚措施

本条的处罚措施分为三档，一是在一般违法行为下，责令改正，给予警告；二是在拒不改正或者有其他严重情节情形下，处5万元以上50万元以下罚款，对直接负责的主管人员和其他直接责任人员处1万元以上10万元以下罚款；三是在情节特别严重情形下，责令停业整顿，直至吊销商用密码许可证件。

三、处罚主体

本条违法行为的执法主体是密码管理部门和有关部门，根据《条例》规定，有关部门应当包括网信、商务、海关、市场监督管理等。

第六十四条 【国家机关违法的法律责任】

国家机关有本《条例》第六十条、第六十一条、第六十二条、第六十三条所列违法情形的，由密码管理部门、有关部门责令改正，给予警告；拒不改正或者有其他严重情节的，由密码管理部门、有关部门建议有关国家机关对直接负责的主管人员和其他直接责任人员依法给予处分或者处理。有关国家机关应当将处分或者处理情况书面告知密码管理部门、有关部门。

├ 本条主旨

本条是关于国家机关违反相关规定的法律责任。

├ 核心概念

国家机关，处分或者处理。

├ 条文详解

一、违法行为

本条涉及的违法行为如下：（一）关键信息基础设施运营者未按照要求使用商用密码；（二）关键信息基础设施运营者未按照要求开

展商用密码应用安全性评估；（三）关键信息基础设施运营者使用未经安全审查或者安全审查未通过的涉及商用密码的网络产品或者服务；（四）网络运营者未按照国家网络安全等级保护制度要求使用商用密码保护网络安全；（五）无正当理由拒不接受、不配合或者干预、阻挠密码管理部门、有关部门的商用密码监督管理。

二、处罚对象

本条的处罚对象是国家机关。国家机关作为网络运营者或者关键信息基础设施运营者，理应遵从本《条例》规定的相关义务。对于国家机关的定义，《宪法》专门设置第三章"国家机构"，包括全国人民代表大会、中华人民共和国主席、国务院、中央军事委员会、地方各级人民代表大会和地方各级人民政府、民族自治地方的自治机关、监察委员会、人民法院和人民检察院。

三、处罚措施

本条对国家机关违法行为的处罚措施是责令改正，给予警告。拒不改正或者有其他严重情节的，对其直接负责的主管人员和其他直接责任人员依法给予处分或者处理。

《网络安全法》《数据安全法》《个人信息保护法》都对国家机关的违法行为进行专门规定，且均不得予以行政处罚只能责令改正或者对相关人员进行处分。《条例》对于国家机关违法行为的法律责任设置与上述三法思路一致，但有所差异，本条对国家机关不仅设置了责令改正，还有"警告"这一类的行政处罚（见表 8-1）。

表 8-1　处罚措施

法律名称	法条	违法责任	性质
《网络安全法》	第七十二条	责令改正、处分	行政处置、处分
《数据安全法》	第四十九条	处分	处分
《个人信息保护法》	第六十八条第一款	责令改正、处分	行政处置、处分

法律名称	法条	违法责任	性质
《条例》	第六十四条	1. 责令改正，警告 2. 处分或处理	行政处置/ 处罚、处分

本条的处分包括政务处分和党纪处分。《公职人员政务处分法》规定，政务处分包括警告、记过、记大过、降级、撤职、开除，期间为：（1）警告，六个月；（2）记过，十二个月；（3）记大过，十八个月；（4）降级、撤职，二十四个月。《中国共产党纪律处分条例》第八条明确，对党员的纪律处分有五种，即警告、严重警告、撤销党内职务、留党察看、开除党籍。

《网络安全法》规定，作出处分的机关为"其上级机关或者有关机关"，本条明确"由密码管理部门、有关部门建议有关国家机关对直接负责的主管人员和其他直接责任人员依法给予处分或者处理"，即最终对人员作出处分的是国家机关，密码管理部门和纪委监委、国家机关上级机关等有关部门可以向国家机关提出建议。有关国家机关处分或者处理后，应当将情况书面告知密码管理部门、有关部门，有助于形成执法闭环。

四、处罚主体

本条的执法主体为密码管理部门、有关部门。密码管理部门为县级以上密码管理部门，有关部门包括公安机关、网信部门等，详见第六十二条释义。

┃ 境内立法参照

《网络安全法》第七十二条、《数据安全法》第四十九条、《个人信息保护法》第六十八条第一款、《关键信息基础设施安全保护条例》第四十八条。

第六十五条 【密码管理部门和有关部门工作人员违法的法律责任】

密码管理部门和有关部门的工作人员在商用密码工作中滥用职权、玩忽职守、徇私舞弊，或者泄露、非法向他人提供在履行职责中知悉的商业秘密、个人隐私、举报人信息的，依法给予处分。

▌本条主旨

本条是有关密码管理部门和有关部门的工作人员违法行为的法律责任。

▌核心概念

滥用职权，玩忽职守，徇私舞弊，泄露、非法向他人提供在履行职责中知悉的商业秘密、个人隐私、举报人信息。

▌条文详解

一、违法行为

本条是对《密码法》第四十条规定的再次强化，对应的义务条款包括《条例》第四十七条第二款和第四十九条。2018 年修订的《公务员法》第五十九条规定，"公务员应当遵纪守法，不得有下列行为：……（四）不担当，不作为，玩忽职守，贻误工作……（八）贪污贿赂，利用职务之便为自己或者他人谋取私利……（十）滥用职权，侵害公民、法人或者其他组织的合法权益；（十一）泄露国家秘密或者工作秘密……（十八）违纪违法的其他行为。"同时，该法第一百零八条规定，公务员主管部门的工作人员，违反本法规定，滥用职权、玩忽职守、徇私舞弊，构成犯罪的，依法追究刑事责任；尚不构成犯罪的，给予处分或者由监察机关依法给予政务处分。

本条的违法行为包括两大类：一是滥用职权、玩忽职守、徇私舞弊。根据2006年《最高人民检察院关于渎职侵权犯罪案件立案标准的规定》，滥用职权罪，是指国家机关工作人员超越职权，违法决定、处理其无权决定、处理的事项，或者违反规定处理公务，致使公共财产、国家和人民利益遭受重大损失的行为。玩忽职守罪，是指国家机关工作人员严重不负责任，不履行或者不认真履行职责，致使公共财产、国家和人民利益遭受重大损失的行为。徇私舞弊，一是指国家机关工作人员为徇私情、私利，故意违背事实和法律，伪造材料，隐瞒情况，弄虚作假的行为。二是泄露、非法向他人提供在履行职责中知悉的商业秘密、个人隐私、举报人信息，这是我国个人信息保护法等法律法规要求的义务。

需要强调的是，本条适用主体不仅包括国家密码管理部门的工作人员，也包括有关部门的工作人员。

二、处分

通过本条明确密码管理部门和有关部门的工作人员在密码工作中滥用职权，玩忽职守，徇私舞弊，泄露、非法向他人提供在履行职责中知悉的商业秘密、个人隐私、举报人信息等违法行为的法律责任，有利于强化密码工作人员的责任意识，加强外部监管与自我约束。

本条的处分包括政务处分和党纪处分。《公职人员政务处分法》规定，政务处分包括警告、记过、记大过、降级、撤职、开除，期间为：（1）警告，六个月；（2）记过，十二个月；（3）记大过，十八个月；（4）降级、撤职，二十四个月。《中国共产党纪律处分条例》第八条明确，对党员的纪律处分有五种，即警告、严重警告、撤销党内职务、留党察看、开除党籍。

三、实施主体

由其任免机关或者监察机关按照管理权限，根据违法的性质、情节及危害程度作出相应处分。

▌ 境内立法参照

本条是国家机关工作人员利用职权违法的法律责任。关于渎职的处罚规定，在我国众多立法中皆有体现，例如《密码法》第四十条、《保守国家秘密法》第六十一条、《国家安全法》第十三条第一款、《产品质量法》第六十八条、《电力法》第七十三条、《劳动法》第一百零三条规定等。此外，在《反恐怖主义法》《监察法》《旅游法》《节约能源法》《不正当竞争法》《标准化法》等我国 100 余部法律（这里不包括法规）中均有公务人员渎职处罚的规定。

关于泄露、非法向他人提供在履行职责中知悉的商业秘密、个人隐私、举报人信息等违法行为的规定，也是我国多部法律的重要关注，例如，《密码法》第四十条、《检察官法》第四十七条第（三）项、《法官法》第四十六条第（三）项、《证券期货行政执法当事人承诺制度实施办法》第二十条等。商用密码领域，2023 年国家密码管理局新发布的两部部门规章《商用密码检测机构管理办法》《商用密码应用安全性评估管理办法》也均依据《密码法》《条例》作了相关规定。

第六十六条 【刑事民事责任】

违反本条例规定，构成犯罪的，依法追究刑事责任；给他人造成损害的，依法承担民事责任。

本条主旨

本条是有关违反本法行为的刑事责任和民事责任的原则规定。

核心概念

刑事责任，民事责任。

条文详解

在我国法律体系中，法律责任分为民事责任、行政责任和刑事责任三类，同一违法行为可能同时承担这三类责任。本条规定的责任衔接是我国的立法惯例，在《网络安全法》《密码法》《电子签名法》《数据安全法》《个人信息保护法》《关键信息基础设施安全保护条例》等法律、行政法规中均有体现。本条规定了商用密码领域违法行为的行政责任承担和刑事责任、民事责任的衔接。

一、刑事责任

《条例》违法行为如有数额较大、后果严重的情形，达到犯罪案件立案标准，则应按照《刑法》有关规定追究刑事责任。对违反本法规定的行为，可能构成的犯罪行为主要如下。

1. 窃取他人加密保护的信息，非法侵入他人的商用密码保障系统，或者利用商用密码从事危害国家安全、社会公共利益、他人合法权益等违法活动，情节严重的可能构成《刑法》规定的：

（1）非法侵入计算机信息系统罪。《刑法》第二百八十五条第一款规定，违反国家规定，侵入国家事务、国防建设、尖端科学技术领域的计算机信息系统的，处三年以下有期徒刑或者拘役。这里"侵入"即为犯罪，关于三大类计算机信息系统的认定，由省级公安机关网安部门认定。

（2）非法获取计算机信息系统数据、非法控制计算机信息系统罪。《刑法》第二百八十五条第二款规定，"违反国家规定，侵入前款规定以外的计算机信息系统或者采用其他技术手段，获取该计算机信息系统中存储、处理或者传输的数据，或者对该计算机信息系统实施非法控制，情节严重的，处三年以下有期徒刑或者拘役，并处或者单处罚金；情节特别严重的，处三年以上七年以下有期徒刑，并处罚金"。

（3）提供侵入、非法控制计算机信息系统程序、工具罪。《刑法》第二百八十五条第三款规定，"提供专门用于侵入、非法控制计算机信息系统的程序、工具，或者明知他人实施侵入、非法控制计算机信息系统的违法犯罪行为而为其提供程序、工具，情节严重的，依照前款的规定处罚。"第二百八十五条还对单位犯罪进行了规定，"单位犯前三款罪的，对单位判处罚金，并对其直接负责的主管人员和其他直接责任人员，依照各该款的规定处罚"。

（4）破坏计算机信息系统罪。《刑法》第二百八十六条规定，"违反国家规定，对计算机信息系统功能进行删除、修改、增加、干扰，造成计算机信息系统不能正常运行，后果严重的，处五年以下有期徒刑或者拘役；后果特别严重的，处五年以上有期徒刑。违反国家规定，对计算机信息系统中存储、处理或者传输的数据和应用程序进行删除、修改、增加的操作，后果严重的，依照前款的规定处罚。故意制作、传播计算机病毒等破坏性程序，影响计算机系统正常运行，后果严重的，依照第一款的规定处罚。单位犯前三款罪的，对单位判处罚金，并对其直接负责的主管人员和其他直接责任人员，依照第一款的规定处罚"。

（5）帮助信息网络犯罪活动罪。《刑法》第二百八十七条之二规定，"明知他人利用信息网络实施犯罪，为其犯罪提供互联网接入、服务器托管、网络存储、通讯传输等技术支持，或者提供广告推广、支付结算等帮助，情节严重的，处三年以下有期徒刑或者拘役，并处或者单处罚金。单位犯前款罪的，对单位判处罚金，并对其直接负责的主管人员和其他直接责任人员，依照第一款的规定处罚。有前两款行为，同时构成其他犯罪的，依照处罚较重的规定定罪处罚"。

2. 对违反规定进出口商用密码的，可能构成：

（1）走私普通货物、物品罪。《刑法》第一百五十三条规定，走私本法第一百五十一条、第一百五十二条、第三百四十七条规定以外的货物、物品的，根据情节轻重，分别依照下列规定处罚："（一）走私货物、物品偷逃应缴税额较大或者一年内曾因走私被给予二次行政处罚后又走私的，处三年以下有期徒刑或者拘役，并处偷逃应缴税额一倍以上五倍以下罚金。（二）走私货物、物品偷逃应缴税额巨大或者有其他严重情节的，处三年以上十年以下有期徒刑，并处偷逃应缴税额一倍以上五倍以下罚金。（三）走私货物、物品偷逃应缴税额特别巨大或者有其他特别严重情节的，处十年以上有期徒刑或者无期徒刑，并处偷逃应缴税额一倍以上五倍以下罚金或者没收财产。单位犯前款罪的，对单位判处罚金，并对其直接负责的主管人员和其他直接责任人员，处三年以下有期徒刑或者拘役；情节严重的，处三年以上十年以下有期徒刑；情节特别严重的，处十年以上有期徒刑。对多次走私未经处理的，按照累计走私货物、物品的偷逃应缴税额处罚。"

（2）非法经营罪。《刑法》第二百二十五条规定，"违反国家规定，有下列非法经营行为之一，扰乱市场秩序，情节严重的，处五年以下有期徒刑或者拘役，并处或者单处违法所得一倍以上五倍以下罚金；情节特别严重的，处五年以上有期徒刑，并处违法所得一倍以上五倍以下罚金或者没收财产：（一）未经许可经营法律、行政法规规定的专营、专卖物品或者其他限制买卖的物品的；（二）买卖进出口许可证、进出口原产地证明以及其他法律、行政法规规定的经营许可证或者批准文件的；（三）未经国家有关主管部门批准非法经营证券、期货、保险业务的，或者非法从事资金支付结算业务的；（四）其他严重扰乱市场秩序的非法经营行为"。

3. 对网络运营者、关键信息基础设施运营者不按照规定使用密码的行为，拒绝、可能构成拒不履行信息网络安全管理义务罪。《刑法》第二百八十六条之一规定，"网络服务提供者不履行法律、行政法规规定的信息网络安全管理义务，经监管部门责令采取改正措施而拒不改正，有下列情形之一的，处三年以下有期徒刑、拘役或者管制，并处或者单处罚金：（一）致使违法信息大量传播的；（二）致使用户信息泄露，造成严重后果的；（三）致使刑事案件证据灭失，情节严重的；（四）有其他严重情节的。单位犯前款罪的，对单位判处罚金，并对其直接负责的主管人员和其他直接责任人员，依照前款的规定处罚。有前两款行为，同时构成其他犯罪的，依照处罚较重的规定定罪处罚"。

4. 对于密码管理部门和有关部门的工作人员在商用密码管理工作中滥用职权、玩忽职守、徇私舞弊，或者泄露、非法向他人提供在履行职责中知悉的商业秘密、个人隐私、举报人信息的，可能构成《刑法》第二百一十九条规定的侵犯商业秘密罪，第二百五十三条之一规定的侵犯公民个人信息罪以及第九章渎职类犯罪中的滥用职权罪、玩忽职守罪、故意泄露国家秘密罪、过失泄露国家秘密罪、放纵走私罪等。

以上罪行，《最高人民法院 最高人民检察院关于办理非法利用信息网络、帮助信息网络犯罪活动等刑事案件适用法律若干问题的解释》《最高人民法院 最高人民检察院关于办理走私刑事案件适用法律若干问题的解释》《最高人民法院 最高人民检察院关于办理侵犯公民个人信息刑事案件适用法律若干问题的解释》《最高人民法院、最高人民检察院关于办理渎职刑事案件适用法律若干问题的解释（一）》等司法解释中对上述相关犯罪的行为方式、定罪量刑标准、处理规则等方面进行说明。

二、民事责任

民事主体依照法律规定或者按照当事人约定，履行民事义务，承担民事责任。与行政责任和刑事责任不同，民事责任发生在平等主体之间，既是违反民事义务应当承担不利后果，又是保护民事权利的重要手段。《民法典》第一百七十九条规定，承担民事责任的方式主要有：（一）停止侵害；（二）排除妨碍；（三）消除危险；（四）返还财产；（五）恢复原状；（六）修理、重作、更换；（七）继续履行；（八）赔偿损失；（九）支付违约金；（十）消除影响、恢复名誉；（十一）赔礼道歉。法律规定惩罚性赔偿的，依照其规定。本条规定的承担民事责任的方式，可以单独适用，也可以合并适用。

例如，关键信息基础设施运营者在进行商用密码应用安全性评估过程中，与商用密码应用安全性评估机构签订的合同就属于民事合同，如果一方发生违约行为，则另一方可以追究民事责任。

▌—境内立法参照

行政责任与刑事责任、民事责任的衔接是我国立法惯例，在我国大部分法律、行政法规中均有体现，如《网络安全法》第七十四条、《数据安全法》第五十二条、《电子签名法》第三十二条和第三十三条、《密码法》第四十一条、《个人信息保护法》第七十一条、《关键信息基础设施安全保护条例》第四十九条等。

第九章　附　则

第六十七条　【施行日期】

本条例自 2023 年 7 月 1 日起施行。

├─ 本条主旨

本条是有关《条例》施行时间的规定。

├─ 核心概念

施行。

├─ 条文详解

法律、行政法规的施行时间就是法律生效的时间，是遵守和适用法律、行政法规不可缺少的条件。不管是境外立法还是境内立法，都会有施行时间或者生效时间的规定。《立法法》第六十一条规定，"法律应当明确规定施行日期"。《行政法规制定程序条例》第二十九条规定，"行政法规应当自公布之日起 30 日后施行；但是，涉及国家安全、外汇汇率、货币政策的确定以及公布后不立即施行将有碍行政法规施行的，可以自公布之日起施行"。因此，我国法律、行政法规均有施行时间。

通常法律、行政法规施行时间有三种方式：一是条文中明确规定，从其公布之日起施行；二是公布后并不立即生效施行，经过一定时期后才开始施行，其目的是给予法律、行政法规实施一定准备时间；三是公布后先予试行或暂行，而后由立法部门加以补充完善，再通过为正式法律，公布施行。鉴于大部分行政法规立即施行的紧迫性、必要性不明显，因此，大多数行政法规的施行时间都采用第二种方式，例如《关键信息基础设施安全保护条例》《认证认可条例》等，《商用密码管理条例》亦采用第二种方式。《商用密码管理条例》于 2023 年 4 月 27 日公布，7 月 1 日起施行。

第二编

我国境内密码法律汇编

第十章 法　　律

中华人民共和国密码法

（2019 年 10 月 26 日第十三届全国人民代表大会常务委员会第十四次会议通过，自 2020 年 1 月 1 日起施行）

第一章　总　则

第一条　为了规范密码应用和管理，促进密码事业发展，保障网络与信息安全，维护国家安全和社会公共利益，保护公民、法人和其他组织的合法权益，制定本法。

第二条　本法所称密码，是指采用特定变换的方法对信息等进行加密保护、安全认证的技术、产品和服务。

第三条　密码工作坚持总体国家安全观，遵循统一领导、分级负责，创新发展、服务大局，依法管理、保障安全的原则。

第四条　坚持中国共产党对密码工作的领导。中央密码工作领导机构对全国密码工作实行统一领导，制定国家密码工作重大方针政策，统筹协调国家密码重大事项和重要工作，推进国家密码法治建设。

第五条　国家密码管理部门负责管理全国的密码工作。县级以上地方各级密码管理部门负责管理本行政区域的密码工作。

国家机关和涉及密码工作的单位在其职责范围内负责本机关、本单位或者本系统的密码工作。

第六条　国家对密码实行分类管理。

密码分为核心密码、普通密码和商用密码。

第七条　核心密码、普通密码用于保护国家秘密信息，核心密码保护信息的最高密级为绝密级，普通密码保护信息的最高密级为机密级。

核心密码、普通密码属于国家秘密。密码管理部门依照本法和有关法律、行政法规、国家有关规定对核心密码、普通密码实行严格统一管理。

第八条　商用密码用于保护不属于国家秘密的信息。

公民、法人和其他组织可以依法使用商用密码保护网络与信息安全。

第九条　国家鼓励和支持密码科学技术研究和应用，依法保护密码领域的知识产权，促进密码科学技术进步和创新。

国家加强密码人才培养和队伍建设，对在密码工作中作出突出贡献的组织和个人，按照国家有关规定给予表彰和奖励。

第十条　国家采取多种形式加强密码安全教育，将密码安全教育纳入国民教育体系和公务员教育培训体系，增强公民、法人和其他组织的密码安全意识。

第十一条　县级以上人民政府应当将密码工作纳入本级国民经济和社会发展规划，所需经费列入本级财政预算。

第十二条　任何组织或者个人不得窃取他人加密保护的信息或者非法侵入他人的密码保障系统。

任何组织或者个人不得利用密码从事危害国家安全、社会公共利益、他人合法权益等违法犯罪活动。

第二章　核心密码、普通密码

第十三条　国家加强核心密码、普通密码的科学规划、管理和使用，加强制度建设，完善管理措施，增强密码安全保障能力。

第十四条　在有线、无线通信中传递的国家秘密信息，以及存储、处理国家秘密信息的信息系统，应当依照法律、行政法规和国家有关规定使用核心密码、普通密码进行加密保护、安全认证。

第十五条　从事核心密码、普通密码科研、生产、服务、检测、装备、使用和销毁等工作的机构（以下统称密码工作机构）应当按照法律、行政法规、国家有关规定以及核心密码、普通密码标准的要求，建立健全安全管理制度，采取严格的保密措施和保密责任制，确保核心密码、普通密码的安全。

第十六条　密码管理部门依法对密码工作机构的核心密码、普通密码工作进行指导、监督和检查，密码工作机构应当配合。

第十七条　密码管理部门根据工作需要会同有关部门建立核心密码、普通密码的安全监测预警、安全风险评估、信息通报、重大事项会商和应急处置等协作机制，确保核心密码、普通密码安全管理的协同联动和有序高效。

密码工作机构发现核心密码、普通密码泄密或者影响核心密码、普通密码安全的重大问题、风险隐患的，应当立即采取应对措施，并及时向保密行政管理部门、密码管理部门报告，由保密行政管理部门、密码管理部门会同有关部门组织开展调查、处置，并指导有关密码工作机构及时消除安全隐患。

第十八条　国家加强密码工作机构建设，保障其履行工作职责。

国家建立适应核心密码、普通密码工作需要的人员录用、选调、保密、考核、培训、待遇、奖惩、交流、退出等管理制度。

第十九条　密码管理部门因工作需要，按照国家有关规定，可以提请公安、交通运输、海关等部门对核心密码、普通密码有关物品和人员提供免检等便利，有关部门应当予以协助。

第二十条　密码管理部门和密码工作机构应当建立健全严格的监督和安全审查制度，对其工作人员遵守法律和纪律等情况进行监督，并依法采取必要措施，定期或者不定期组织开展安全审查。

第三章 商用密码

第二十一条 国家鼓励商用密码技术的研究开发、学术交流、成果转化和推广应用，健全统一、开放、竞争、有序的商用密码市场体系，鼓励和促进商用密码产业发展。

各级人民政府及其有关部门应当遵循非歧视原则，依法平等对待包括外商投资企业在内的商用密码科研、生产、销售、服务、进出口等单位（以下统称商用密码从业单位）。国家鼓励在外商投资过程中基于自愿原则和商业规则开展商用密码技术合作。行政机关及其工作人员不得利用行政手段强制转让商用密码技术。

商用密码的科研、生产、销售、服务和进出口，不得损害国家安全、社会公共利益或者他人合法权益。

第二十二条 国家建立和完善商用密码标准体系。

国务院标准化行政主管部门和国家密码管理部门依据各自职责，组织制定商用密码国家标准、行业标准。

国家支持社会团体、企业利用自主创新技术制定高于国家标准、行业标准相关技术要求的商用密码团体标准、企业标准。

第二十三条 国家推动参与商用密码国际标准化活动，参与制定商用密码国际标准，推进商用密码中国标准与国外标准之间的转化运用。

国家鼓励企业、社会团体和教育、科研机构等参与商用密码国际标准化活动。

第二十四条 商用密码从业单位开展商用密码活动，应当符合有关法律、行政法规、商用密码强制性国家标准以及该从业单位公开标准的技术要求。

国家鼓励商用密码从业单位采用商用密码推荐性国家标准、行业标准，提升商用密码的防护能力，维护用户的合法权益。

第二十五条 国家推进商用密码检测认证体系建设，制定商用密码检测认证技术规范、规则，鼓励商用密码从业单位自愿接受商用密码检测认证，提升市场竞争力。

商用密码检测、认证机构应当依法取得相关资质，并依照法律、行政法规的规定和商用密码检测认证技术规范、规则开展商用密码检测认证。

商用密码检测、认证机构应当对其在商用密码检测认证中所知悉的国家秘密和商业秘密承担保密义务。

第二十六条　涉及国家安全、国计民生、社会公共利益的商用密码产品，应当依法列入网络关键设备和网络安全专用产品目录，由具备资格的机构检测认证合格后，方可销售或者提供。商用密码产品检测认证适用《中华人民共和国网络安全法》的有关规定，避免重复检测认证。

商用密码服务使用网络关键设备和网络安全专用产品的，应当经商用密码认证机构对该商用密码服务认证合格。

第二十七条　法律、行政法规和国家有关规定要求使用商用密码进行保护的关键信息基础设施，其运营者应当使用商用密码进行保护，自行或者委托商用密码检测机构开展商用密码应用安全性评估。商用密码应用安全性评估应当与关键信息基础设施安全检测评估、网络安全等级测评制度相衔接，避免重复评估、测评。

关键信息基础设施的运营者采购涉及商用密码的网络产品和服务，可能影响国家安全的，应当按照《中华人民共和国网络安全法》的规定，通过国家网信部门会同国家密码管理部门等有关部门组织的国家安全审查。

第二十八条　国务院商务主管部门、国家密码管理部门依法对涉及国家安全、社会公共利益且具有加密保护功能的商用密码实施进口许可，对涉及国家安全、社会公共利益或者中国承担国际义务的商用密码实施出口管制。商用密码进口许可清单和出口管制清单由国务院商务主管部门会同国家密码管理部门和海关总署制定并公布。

大众消费类产品所采用的商用密码不实行进口许可和出口管制制度。

第二十九条　国家密码管理部门对采用商用密码技术从事电子

政务电子认证服务的机构进行认定，会同有关部门负责政务活动中使用电子签名、数据电文的管理。

第三十条　商用密码领域的行业协会等组织依照法律、行政法规及其章程的规定，为商用密码从业单位提供信息、技术、培训等服务，引导和督促商用密码从业单位依法开展商用密码活动，加强行业自律，推动行业诚信建设，促进行业健康发展。

第三十一条　密码管理部门和有关部门建立日常监管和随机抽查相结合的商用密码事中事后监管制度，建立统一的商用密码监督管理信息平台，推进事中事后监管与社会信用体系相衔接，强化商用密码从业单位自律和社会监督。

密码管理部门和有关部门及其工作人员不得要求商用密码从业单位和商用密码检测、认证机构向其披露源代码等密码相关专有信息，并对其在履行职责中知悉的商业秘密和个人隐私严格保密，不得泄露或者非法向他人提供。

第四章　法律责任

第三十二条　违反本法第十二条规定，窃取他人加密保护的信息，非法侵入他人的密码保障系统，或者利用密码从事危害国家安全、社会公共利益、他人合法权益等违法活动的，由有关部门依照《中华人民共和国网络安全法》和其他有关法律、行政法规的规定追究法律责任。

第三十三条　违反本法第十四条规定，未按照要求使用核心密码、普通密码的，由密码管理部门责令改正或者停止违法行为，给予警告；情节严重的，由密码管理部门建议有关国家机关、单位对直接负责的主管人员和其他直接责任人员依法给予处分或者处理。

第三十四条　违反本法规定，发生核心密码、普通密码泄密案件的，由保密行政管理部门、密码管理部门建议有关国家机关、单位对直接负责的主管人员和其他直接责任人员依法给予处分或者处理。

违反本法第十七条第二款规定，发现核心密码、普通密码泄密或者影响核心密码、普通密码安全的重大问题、风险隐患，未立即采取应对措施，或者未及时报告的，由保密行政管理部门、密码管理部门建议有关国家机关、单位对直接负责的主管人员和其他直接责任人员依法给予处分或者处理。

第三十五条　商用密码检测、认证机构违反本法第二十五条第二款、第三款规定开展商用密码检测认证的，由市场监督管理部门会同密码管理部门责令改正或者停止违法行为，给予警告，没收违法所得；违法所得三十万元以上的，可以并处违法所得一倍以上三倍以下罚款；没有违法所得或者违法所得不足三十万元的，可以并处十万元以上三十万元以下罚款；情节严重的，依法吊销相关资质。

第三十六条　违反本法第二十六条规定，销售或者提供未经检测认证或者检测认证不合格的商用密码产品，或者提供未经认证或者认证不合格的商用密码服务的，由市场监督管理部门会同密码管理部门责令改正或者停止违法行为，给予警告，没收违法产品和违法所得；违法所得十万元以上的，可以并处违法所得一倍以上三倍以下罚款；没有违法所得或者违法所得不足十万元的，可以并处三万元以上十万元以下罚款。

第三十七条　关键信息基础设施的运营者违反本法第二十七条第一款规定，未按照要求使用商用密码，或者未按照要求开展商用密码应用安全性评估的，由密码管理部门责令改正，给予警告；拒不改正或者导致危害网络安全等后果的，处十万元以上一百万元以下罚款，对直接负责的主管人员处一万元以上十万元以下罚款。

关键信息基础设施的运营者违反本法第二十七条第二款规定，使用未经安全审查或者安全审查未通过的产品或者服务的，由有关主管部门责令停止使用，处采购金额一倍以上十倍以下罚款；对直接负责的主管人员和其他直接责任人员处一万元以上十万元以下罚款。

第三十八条　违反本法第二十八条实施进口许可、出口管制的规定，进出口商用密码的，由国务院商务主管部门或者海关依法予以处罚。

第三十九条　违反本法第二十九条规定，未经认定从事电子政务电子认证服务的，由密码管理部门责令改正或者停止违法行为，给予警告，没收违法产品和违法所得；违法所得三十万元以上的，可以并处违法所得一倍以上三倍以下罚款；没有违法所得或者违法所得不足三十万元的，可以并处十万元以上三十万元以下罚款。

第四十条　密码管理部门和有关部门、单位的工作人员在密码工作中滥用职权、玩忽职守、徇私舞弊，或者泄露、非法向他人提供在履行职责中知悉的商业秘密和个人隐私的，依法给予处分。

第四十一条　违反本法规定，构成犯罪的，依法追究刑事责任；给他人造成损害的，依法承担民事责任。

第五章　附则

第四十二条　国家密码管理部门依照法律、行政法规的规定，制定密码管理规章。

第四十三条　中国人民解放军和中国人民武装警察部队的密码工作管理办法，由中央军事委员会根据本法制定。

第四十四条　本法自 2020 年 1 月 1 日起施行。

中华人民共和国反恐怖主义法

（2015 年 12 月 27 日第十二届全国人民代表大会常务委员会第十八次会议通过　根据 2018 年 4 月 27 日第十三届全国人民代表大会常务委员会第二次会议《关于修改〈中华人民共和国国境卫生检疫法〉等六部法律的决定》修正）

第一章　总则

第一条　为了防范和惩治恐怖活动，加强反恐怖主义工作，维护国家安全、公共安全和人民生命财产安全，根据宪法，制定本法。

第二条　国家反对一切形式的恐怖主义，依法取缔恐怖活动组织，对任何组织、策划、准备实施、实施恐怖活动，宣扬恐怖主义，煽动实施恐怖活动，组织、领导、参加恐怖活动组织，为恐怖活动提供帮助的，依法追究法律责任。

国家不向任何恐怖活动组织和人员作出妥协，不向任何恐怖活动人员提供庇护或者给予难民地位。

第三条　本法所称恐怖主义，是指通过暴力、破坏、恐吓等手段，制造社会恐慌、危害公共安全、侵犯人身财产，或者胁迫国家机关、国际组织，以实现其政治、意识形态等目的的主张和行为。

本法所称恐怖活动，是指恐怖主义性质的下列行为：

（一）组织、策划、准备实施、实施造成或者意图造成人员伤亡、重大财产损失、公共设施损坏、社会秩序混乱等严重社会危害的活动的；

（二）宣扬恐怖主义，煽动实施恐怖活动，或者非法持有宣扬恐怖主义的物品，强制他人在公共场所穿戴宣扬恐怖主义的服饰、标志的；

（三）组织、领导、参加恐怖活动组织的；

（四）为恐怖活动组织、恐怖活动人员、实施恐怖活动或者恐怖活动培训提供信息、资金、物资、劳务、技术、场所等支持、协助、便利的；

（五）其他恐怖活动。

本法所称恐怖活动组织，是指三人以上为实施恐怖活动而组成的犯罪组织。

本法所称恐怖活动人员，是指实施恐怖活动的人和恐怖活动组织的成员。

本法所称恐怖事件，是指正在发生或者已经发生的造成或者可能造成重大社会危害的恐怖活动。

第四条　国家将反恐怖主义纳入国家安全战略，综合施策，标本兼治，加强反恐怖主义的能力建设，运用政治、经济、法律、文化、教育、外交、军事等手段，开展反恐怖主义工作。

国家反对一切形式的以歪曲宗教教义或者其他方法煽动仇恨、煽动歧视、鼓吹暴力等极端主义，消除恐怖主义的思想基础。

第五条　反恐怖主义工作坚持专门工作与群众路线相结合，防范为主、惩防结合和先发制敌、保持主动的原则。

第六条　反恐怖主义工作应当依法进行，尊重和保障人权，维护公民和组织的合法权益。

在反恐怖主义工作中，应当尊重公民的宗教信仰自由和民族风俗习惯，禁止任何基于地域、民族、宗教等理由的歧视性做法。

第七条　国家设立反恐怖主义工作领导机构，统一领导和指挥全国反恐怖主义工作。

设区的市级以上地方人民政府设立反恐怖主义工作领导机构，县级人民政府根据需要设立反恐怖主义工作领导机构，在上级反恐怖主义工作领导机构的领导和指挥下，负责本地区反恐怖主义工作。

第八条　公安机关、国家安全机关和人民检察院、人民法院、司法行政机关以及其他有关国家机关，应当根据分工，实行工作责任制，依法做好反恐怖主义工作。

中国人民解放军、中国人民武装警察部队和民兵组织依照本法和其他有关法律、行政法规、军事法规以及国务院、中央军事委员会的命令，并根据反恐怖主义工作领导机构的部署，防范和处置恐怖活动。

有关部门应当建立联动配合机制，依靠、动员村民委员会、居民委员会、企业事业单位、社会组织，共同开展反恐怖主义工作。

第九条　任何单位和个人都有协助、配合有关部门开展反恐怖主义工作的义务，发现恐怖活动嫌疑或者恐怖活动嫌疑人员的，应当及时向公安机关或者有关部门报告。

第十条　对举报恐怖活动或者协助防范、制止恐怖活动有突出贡献的单位和个人，以及在反恐怖主义工作中作出其他突出贡献的单位和个人，按照国家有关规定给予表彰、奖励。

第十一条　对在中华人民共和国领域外对中华人民共和国国家、公民或者机构实施的恐怖活动犯罪，或者实施的中华人民共和国缔结、参加的国际条约所规定的恐怖活动犯罪，中华人民共和国行使刑事管辖权，依法追究刑事责任。

第二章　恐怖活动组织和人员的认定

第十二条　国家反恐怖主义工作领导机构根据本法第三条的规定，认定恐怖活动组织和人员，由国家反恐怖主义工作领导机构的办事机构予以公告。

第十三条　国务院公安部门、国家安全部门、外交部门和省级反恐怖主义工作领导机构对于需要认定恐怖活动组织和人员的，应当向国家反恐怖主义工作领导机构提出申请。

第十四条　金融机构和特定非金融机构对国家反恐怖主义工作领导机构的办事机构公告的恐怖活动组织和人员的资金或者其他资产，应当立即予以冻结，并按照规定及时向国务院公安部门、国家安全部门和反洗钱行政主管部门报告。

第十五条　被认定的恐怖活动组织和人员对认定不服的，可以通过国家反恐怖主义工作领导机构的办事机构申请复核。国家反恐怖主义工作领导机构应当及时进行复核，作出维持或者撤销认定的决定。复核决定为最终决定。

国家反恐怖主义工作领导机构作出撤销认定的决定的，由国家反恐怖主义工作领导机构的办事机构予以公告；资金、资产已被冻结的，应当解除冻结。

第十六条　根据刑事诉讼法的规定，有管辖权的中级以上人民法院在审判刑事案件的过程中，可以依法认定恐怖活动组织和人员。对于在判决生效后需要由国家反恐怖主义工作领导机构的办事机构予以公告的，适用本章的有关规定。

第三章　安全防范

第十七条　各级人民政府和有关部门应当组织开展反恐怖主义宣传教育，提高公民的反恐怖主义意识。

教育、人力资源行政主管部门和学校、有关职业培训机构应当将恐怖活动预防、应急知识纳入教育、教学、培训的内容。

新闻、广播、电视、文化、宗教、互联网等有关单位，应当有针对性地面向社会进行反恐怖主义宣传教育。

村民委员会、居民委员会应当协助人民政府以及有关部门，加强反恐怖主义宣传教育。

第十八条　电信业务经营者、互联网服务提供者应当为公安机关、国家安全机关依法进行防范、调查恐怖活动提供技术接口和解密等技术支持和协助。

第十九条　电信业务经营者、互联网服务提供者应当依照法律、行政法规规定，落实网络安全、信息内容监督制度和安全技术防范措施，防止含有恐怖主义、极端主义内容的信息传播；发现含有恐怖主义、极端主义内容的信息的，应当立即停止传输，保存相关记录，删除相关信息，并向公安机关或者有关部门报告。

网信、电信、公安、国家安全等主管部门对含有恐怖主义、极端主义内容的信息，应当按照职责分工，及时责令有关单位停止传输、删除相关信息，或者关闭相关网站、关停相关服务。有关单位应当立即执行，并保存相关记录，协助进行调查。对互联网上跨境传输的含有恐怖主义、极端主义内容的信息，电信主管部门应当采取技术措施，阻断传播。

第二十条　铁路、公路、水上、航空的货运和邮政、快递等物流运营单位应当实行安全查验制度，对客户身份进行查验，依照规定对运输、寄递物品进行安全检查或者开封验视。对禁止运输、寄递，存在重大安全隐患，或者客户拒绝安全查验的物品，不得运输、寄递。

前款规定的物流运营单位，应当实行运输、寄递客户身份、物品信息登记制度。

第二十一条　电信、互联网、金融、住宿、长途客运、机动车租赁等业务经营者、服务提供者，应当对客户身份进行查验。对身份不明或者拒绝身份查验的，不得提供服务。

第二十二条　生产和进口单位应当依照规定对枪支等武器、弹药、管制器具、危险化学品、民用爆炸物品、核与放射物品作出电子追踪标识，对民用爆炸物品添加安检示踪标识物。

运输单位应当依照规定对运营中的危险化学品、民用爆炸物品、核与放射物品的运输工具通过定位系统实行监控。

有关单位应当依照规定对传染病病原体等物质实行严格的监督管理，严密防范传染病病原体等物质扩散或者流入非法渠道。

对管制器具、危险化学品、民用爆炸物品，国务院有关主管部门或者省级人民政府根据需要，在特定区域、特定时间，可以决定对生产、进出口、运输、销售、使用、报废实施管制，可以禁止使用现金、实物进行交易或者对交易活动作出其他限制。

第二十三条　发生枪支等武器、弹药、危险化学品、民用爆炸物品、核与放射物品、传染病病原体等物质被盗、被抢、丢失或者其他流失的情形，案发单位应当立即采取必要的控制措施，并立即向公安机关报告，同时依照规定向有关主管部门报告。公安机关接到报告后，应当及时开展调查。有关主管部门应当配合公安机关开展工作。

任何单位和个人不得非法制作、生产、储存、运输、进出口、销售、提供、购买、使用、持有、报废、销毁前款规定的物品。公安机关发现的，应当予以扣押；其他主管部门发现的，应当予以扣押，并立即通报公安机关；其他单位、个人发现的，应当立即向公安机关报告。

第二十四条　国务院反洗钱行政主管部门、国务院有关部门、机构依法对金融机构和特定非金融机构履行反恐怖主义融资义务的情况进行监督管理。

国务院反洗钱行政主管部门发现涉嫌恐怖主义融资的，可以依法进行调查，采取临时冻结措施。

第二十五条　审计、财政、税务等部门在依照法律、行政法规的规定对有关单位实施监督检查的过程中，发现资金流入流出涉嫌恐怖主义融资的，应当及时通报公安机关。

第二十六条　海关在对进出境人员携带现金和无记名有价证券实施监管的过程中，发现涉嫌恐怖主义融资的，应当立即通报国务院反洗钱行政主管部门和有管辖权的公安机关。

第二十七条　地方各级人民政府制定、组织实施城乡规划，应当符合反恐怖主义工作的需要。

地方各级人民政府应当根据需要，组织、督促有关建设单位在主要道路、交通枢纽、城市公共区域的重点部位，配备、安装公共安全视频图像信息系统等防范恐怖袭击的技防、物防设备、设施。

第二十八条　公安机关和有关部门对宣扬极端主义，利用极端主义危害公共安全、扰乱公共秩序、侵犯人身财产、妨害社会管理的，应当及时予以制止，依法追究法律责任。

公安机关发现极端主义活动的，应当责令立即停止，将有关人员强行带离现场并登记身份信息，对有关物品、资料予以收缴，对非法活动场所予以查封。

任何单位和个人发现宣扬极端主义的物品、资料、信息的，应当立即向公安机关报告。

第二十九条　对被教唆、胁迫、引诱参与恐怖活动、极端主义活动，或者参与恐怖活动、极端主义活动情节轻微，尚不构成犯罪的人员，公安机关应当组织有关部门、村民委员会、居民委员会、所在单位、就读学校、家庭和监护人对其进行帮教。

监狱、看守所、社区矫正机构应当加强对服刑的恐怖活动罪犯和极端主义罪犯的管理、教育、矫正等工作。监狱、看守所对恐怖活动罪犯和极端主义罪犯，根据教育改造和维护监管秩序的需要，可以与普通刑事罪犯混合关押，也可以个别关押。

第三十条　对恐怖活动罪犯和极端主义罪犯被判处徒刑以上刑罚的，监狱、看守所应当在刑满释放前根据其犯罪性质、情节和社会危害程度，服刑期间的表现，释放后对所居住社区的影响等进行社会危险性评估。进行社会危险性评估，应当听取有关基层组织和原办案机关的意见。经评估具有社会危险性的，监狱、看守所应当向罪犯服刑地的中级人民法院提出安置教育建议，并将建议书副本抄送同级人民检察院。

罪犯服刑地的中级人民法院对于确有社会危险性的，应当在罪犯刑满释放前作出责令其在刑满释放后接受安置教育的决定。决定书副本应当抄送同级人民检察院。被决定安置教育的人员对决定不服的，可以向上一级人民法院申请复议。

安置教育由省级人民政府组织实施。安置教育机构应当每年对被安置教育人员进行评估，对于确有悔改表现，不致再危害社会的，应当及时提出解除安置教育的意见，报决定安置教育的中级人民法院作出决定。被安置教育人员有权申请解除安置教育。

人民检察院对安置教育的决定和执行实行监督。

第三十一条　公安机关应当会同有关部门，将遭受恐怖袭击的可能性较大以及遭受恐怖袭击可能造成重大的人身伤亡、财产损失或者社会影响的单位、场所、活动、设施等确定为防范恐怖袭击的重点目标，报本级反恐怖主义工作领导机构备案。

第三十二条　重点目标的管理单位应当履行下列职责：

（一）制定防范和应对处置恐怖活动的预案、措施，定期进行培训和演练；

（二）建立反恐怖主义工作专项经费保障制度，配备、更新防范和处置设备、设施；

（三）指定相关机构或者落实责任人员，明确岗位职责；

（四）实行风险评估，实时监测安全威胁，完善内部安全管理；

（五）定期向公安机关和有关部门报告防范措施落实情况。

重点目标的管理单位应当根据城乡规划、相关标准和实际需要，对重点目标同步设计、同步建设、同步运行符合本法第二十七条规定的技防、物防设备、设施。

重点目标的管理单位应当建立公共安全视频图像信息系统值班监看、信息保存使用、运行维护等管理制度，保障相关系统正常运行。采集的视频图像信息保存期限不得少于九十日。

对重点目标以外的涉及公共安全的其他单位、场所、活动、设施，其主管部门和管理单位应当依照法律、行政法规规定，建立健全安全管理制度，落实安全责任。

第三十三条　重点目标的管理单位应当对重要岗位人员进行安全背景审查。对有不适合情形的人员，应当调整工作岗位，并将有关情况通报公安机关。

第三十四条　大型活动承办单位以及重点目标的管理单位应当依照规定，对进入大型活动场所、机场、火车站、码头、城市轨道交通站、公路长途客运站、口岸等重点目标的人员、物品和交通工具进行安全检查。发现违禁品和管制物品，应当予以扣留并立即向公安机关报告；发现涉嫌违法犯罪人员，应当立即向公安机关报告。

第三十五条　对航空器、列车、船舶、城市轨道车辆、公共电汽车等公共交通运输工具，营运单位应当依照规定配备安保人员和相应设备、设施，加强安全检查和保卫工作。

第三十六条　公安机关和有关部门应当掌握重点目标的基础信息和重要动态，指导、监督重点目标的管理单位履行防范恐怖袭击的各项职责。

公安机关、中国人民武装警察部队应当依照有关规定对重点目标进行警戒、巡逻、检查。

第三十七条　飞行管制、民用航空、公安等主管部门应当按照职责分工，加强空域、航空器和飞行活动管理，严密防范针对航空器或者利用飞行活动实施的恐怖活动。

第三十八条　各级人民政府和军事机关应当在重点国（边）境地段和口岸设置拦阻隔离网、视频图像采集和防越境报警设施。

公安机关和中国人民解放军应当严密组织国（边）境巡逻，依照规定对抵离国（边）境前沿、进出国（边）境管理区和国（边）境通道、口岸的人员、交通运输工具、物品，以及沿海沿边地区的船舶进行查验。

第三十九条　出入境证件签发机关、出入境边防检查机关对恐怖活动人员和恐怖活动嫌疑人员，有权决定不准其出境入境、不予签发出境入境证件或者宣布其出境入境证件作废。

第四十条　海关、出入境边防检查机关发现恐怖活动嫌疑人员或者涉嫌恐怖活动物品的，应当依法扣留，并立即移送公安机关或者国家安全机关。

第四十一条　国务院外交、公安、国家安全、发展改革、工业和信息化、商务、旅游等主管部门应当建立境外投资合作、旅游等安全风险评估制度，对中国在境外的公民以及驻外机构、设施、财产加强安全保护，防范和应对恐怖袭击。

第四十二条　驻外机构应当建立健全安全防范制度和应对处置预案，加强对有关人员、设施、财产的安全保护。

第四章　情报信息

第四十三条　国家反恐怖主义工作领导机构建立国家反恐怖主义情报中心，实行跨部门、跨地区情报信息工作机制，统筹反恐怖主义情报信息工作。

有关部门应当加强反恐怖主义情报信息搜集工作，对搜集的有关线索、人员、行动类情报信息，应当依照规定及时统一归口报送国家反恐怖主义情报中心。

地方反恐怖主义工作领导机构应当建立跨部门情报信息工作机制，组织开展反恐怖主义情报信息工作，对重要的情报信息，应当及时向上级反恐怖主义工作领导机构报告，对涉及其他地方的紧急情报信息，应当及时通报相关地方。

第四十四条　公安机关、国家安全机关和有关部门应当依靠群众，加强基层基础工作，建立基层情报信息工作力量，提高反恐怖主义情报信息工作能力。

第四十五条　公安机关、国家安全机关、军事机关在其职责范围内，因反恐怖主义情报信息工作的需要，根据国家有关规定，经过严格的批准手续，可以采取技术侦察措施。

依照前款规定获取的材料，只能用于反恐怖主义应对处置和对恐怖活动犯罪、极端主义犯罪的侦查、起诉和审判，不得用于其他用途。

第四十六条 有关部门对于在本法第三章规定的安全防范工作中获取的信息，应当根据国家反恐怖主义情报中心的要求，及时提供。

第四十七条 国家反恐怖主义情报中心、地方反恐怖主义工作领导机构以及公安机关等有关部门应当对有关情报信息进行筛查、研判、核查、监控，认为有发生恐怖事件危险，需要采取相应的安全防范、应对处置措施的，应当及时通报有关部门和单位，并可以根据情况发出预警。有关部门和单位应当根据通报做好安全防范、应对处置工作。

第四十八条 反恐怖主义工作领导机构、有关部门和单位、个人应当对履行反恐怖主义工作职责、义务过程中知悉的国家秘密、商业秘密和个人隐私予以保密。

违反规定泄露国家秘密、商业秘密和个人隐私的，依法追究法律责任。

第五章 调查

第四十九条 公安机关接到恐怖活动嫌疑的报告或者发现恐怖活动嫌疑，需要调查核实的，应当迅速进行调查。

第五十条 公安机关调查恐怖活动嫌疑，可以依照有关法律规定对嫌疑人员进行盘问、检查、传唤，可以提取或者采集肖像、指纹、虹膜图像等人体生物识别信息和血液、尿液、脱落细胞等生物样本，并留存其签名。

公安机关调查恐怖活动嫌疑，可以通知了解有关情况的人员到公安机关或者其他地点接受询问。

第五十一条 公安机关调查恐怖活动嫌疑，有权向有关单位和个人收集、调取相关信息和材料。有关单位和个人应当如实提供。

第五十二条 公安机关调查恐怖活动嫌疑，经县级以上公安机关负责人批准，可以查询嫌疑人员的存款、汇款、债券、股票、基金份额等财产，可以采取查封、扣押、冻结措施。查封、扣押、冻结的期限不得超过二个月，情况复杂的，可以经上一级公安机关负责人批准延长一个月。

第五十三条　公安机关调查恐怖活动嫌疑，经县级以上公安机关负责人批准，可以根据其危险程度，责令恐怖活动嫌疑人员遵守下列一项或者多项约束措施：

（一）未经公安机关批准不得离开所居住的市、县或者指定的处所；

（二）不得参加大型群众性活动或者从事特定的活动；

（三）未经公安机关批准不得乘坐公共交通工具或者进入特定的场所；

（四）不得与特定的人员会见或者通信；

（五）定期向公安机关报告活动情况；

（六）将护照等出入境证件、身份证件、驾驶证件交公安机关保存。

公安机关可以采取电子监控、不定期检查等方式对其遵守约束措施的情况进行监督。

采取前两款规定的约束措施的期限不得超过三个月。对不需要继续采取约束措施的，应当及时解除。

第五十四条　公安机关经调查，发现犯罪事实或者犯罪嫌疑人的，应当依照刑事诉讼法的规定立案侦查。本章规定的有关期限届满，公安机关未立案侦查的，应当解除有关措施。

第六章　应对处置

第五十五条　国家建立健全恐怖事件应对处置预案体系。

国家反恐怖主义工作领导机构应当针对恐怖事件的规律、特点和可能造成的社会危害，分级、分类制定国家应对处置预案，具体规定恐怖事件应对处置的组织指挥体系和恐怖事件安全防范、应对处置程序以及事后社会秩序恢复等内容。

有关部门、地方反恐怖主义工作领导机构应当制定相应的应对处置预案。

第五十六条　应对处置恐怖事件，各级反恐怖主义工作领导机构应当成立由有关部门参加的指挥机构，实行指挥长负责制。反恐怖主义工作领导机构负责人可以担任指挥长，也可以确定公安机关负责人或者反恐怖主义工作领导机构的其他成员单位负责人担任指挥长。

跨省、自治区、直辖市发生的恐怖事件或者特别重大恐怖事件的应对处置，由国家反恐怖主义工作领导机构负责指挥；在省、自治区、直辖市范围内发生的涉及多个行政区域的恐怖事件或者重大恐怖事件的应对处置，由省级反恐怖主义工作领导机构负责指挥。

第五十七条　恐怖事件发生后，发生地反恐怖主义工作领导机构应当立即启动恐怖事件应对处置预案，确定指挥长。有关部门和中国人民解放军、中国人民武装警察部队、民兵组织，按照反恐怖主义工作领导机构和指挥长的统一领导、指挥，协同开展打击、控制、救援、救护等现场应对处置工作。

上级反恐怖主义工作领导机构可以对应对处置工作进行指导，必要时调动有关反恐怖主义力量进行支援。

需要进入紧急状态的，由全国人民代表大会常务委员会或者国务院依照宪法和其他有关法律规定的权限和程序决定。

第五十八条　发现恐怖事件或者疑似恐怖事件后，公安机关应当立即进行处置，并向反恐怖主义工作领导机构报告；中国人民解放军、中国人民武装警察部队发现正在实施恐怖活动的，应当立即予以控制并将案件及时移交公安机关。

反恐怖主义工作领导机构尚未确定指挥长的，由在场处置的公安机关职级最高的人员担任现场指挥员。公安机关未能到达现场的，由在场处置的中国人民解放军或者中国人民武装警察部队职级最高的人员担任现场指挥员。现场应对处置人员无论是否属于同一单位、系统，均应当服从现场指挥员的指挥。

指挥长确定后，现场指挥员应当向其请示、报告工作或者有关情况。

第五十九条　中华人民共和国在境外的机构、人员、重要设施遭受或者可能遭受恐怖袭击的，国务院外交、公安、国家安全、商务、金融、国有资产监督管理、旅游、交通运输等主管部门应当及时启动应对处置预案。国务院外交部门应当协调有关国家采取相应措施。

中华人民共和国在境外的机构、人员、重要设施遭受严重恐怖袭击后，经与有关国家协商同意，国家反恐怖主义工作领导机构可以组织外交、公安、国家安全等部门派出工作人员赴境外开展应对处置工作。

第六十条　应对处置恐怖事件，应当优先保护直接受到恐怖活动危害、威胁人员的人身安全。

第六十一条　恐怖事件发生后，负责应对处置的反恐怖主义工作领导机构可以决定由有关部门和单位采取下列一项或者多项应对处置措施：

（一）组织营救和救治受害人员，疏散、撤离并妥善安置受到威胁的人员以及采取其他救助措施；

（二）封锁现场和周边道路，查验现场人员的身份证件，在有关场所附近设置临时警戒线；

（三）在特定区域内实施空域、海（水）域管制，对特定区域内的交通运输工具进行检查；

（四）在特定区域内实施互联网、无线电、通讯管制；

（五）在特定区域内或者针对特定人员实施出境入境管制；

（六）禁止或者限制使用有关设备、设施，关闭或者限制使用有关场所，中止人员密集的活动或者可能导致危害扩大的生产经营活动；

（七）抢修被损坏的交通、电信、互联网、广播电视、供水、排水、供电、供气、供热等公共设施；

（八）组织志愿人员参加反恐怖主义救援工作，要求具有特定专长的人员提供服务；

（九）其他必要的应对处置措施。

采取前款第三项至第五项规定的应对处置措施，由省级以上反恐怖主义工作领导机构决定或者批准；采取前款第六项规定的应对处置措施，由设区的市级以上反恐怖主义工作领导机构决定。应对处置措施应当明确适用的时间和空间范围，并向社会公布。

第六十二条　人民警察、人民武装警察以及其他依法配备、携带武器的应对处置人员，对在现场持枪支、刀具等凶器或者使用其他危险方法，正在或者准备实施暴力行为的人员，经警告无效的，可以使用武器；紧急情况下或者警告后可能导致更为严重危害后果的，可以直接使用武器。

第六十三条　恐怖事件发生、发展和应对处置信息，由恐怖事件发生地的省级反恐怖主义工作领导机构统一发布；跨省、自治区、直辖市发生的恐怖事件，由指定的省级反恐怖主义工作领导机构统一发布。

任何单位和个人不得编造、传播虚假恐怖事件信息；不得报道、传播可能引起模仿的恐怖活动的实施细节；不得发布恐怖事件中残忍、不人道的场景；在恐怖事件的应对处置过程中，除新闻媒体经负责发布信息的反恐怖主义工作领导机构批准外，不得报道、传播现场应对处置的工作人员、人质身份信息和应对处置行动情况。

第六十四条　恐怖事件应对处置结束后，各级人民政府应当组织有关部门帮助受影响的单位和个人尽快恢复生活、生产，稳定受影响地区的社会秩序和公众情绪。

第六十五条　当地人民政府应当及时给予恐怖事件受害人员及其近亲属适当的救助，并向失去基本生活条件的受害人员及其近亲属及时提供基本生活保障。卫生、民政等主管部门应当为恐怖事件受害人员及其近亲属提供心理、医疗等方面的援助。

第六十六条　公安机关应当及时对恐怖事件立案侦查，查明事件发生的原因、经过和结果，依法追究恐怖活动组织、人员的刑事责任。

第六十七条　反恐怖主义工作领导机构应当对恐怖事件的发生

和应对处置工作进行全面分析、总结评估，提出防范和应对处置改进措施，向上一级反恐怖主义工作领导机构报告。

第七章　国际合作

第六十八条　中华人民共和国根据缔结或者参加的国际条约，或者按照平等互惠原则，与其他国家、地区、国际组织开展反恐怖主义合作。

第六十九条　国务院有关部门根据国务院授权，代表中国政府与外国政府和有关国际组织开展反恐怖主义政策对话、情报信息交流、执法合作和国际资金监管合作。

在不违背我国法律的前提下，边境地区的县级以上地方人民政府及其主管部门，经国务院或者中央有关部门批准，可以与相邻国家或者地区开展反恐怖主义情报信息交流、执法合作和国际资金监管合作。

第七十条　涉及恐怖活动犯罪的刑事司法协助、引渡和被判刑人移管，依照有关法律规定执行。

第七十一条　经与有关国家达成协议，并报国务院批准，国务院公安部门、国家安全部门可以派员出境执行反恐怖主义任务。

中国人民解放军、中国人民武装警察部队派员出境执行反恐怖主义任务，由中央军事委员会批准。

第七十二条　通过反恐怖主义国际合作取得的材料可以在行政处罚、刑事诉讼中作为证据使用，但我方承诺不作为证据使用的除外。

第八章　保障措施

第七十三条　国务院和县级以上地方各级人民政府应当按照事权划分，将反恐怖主义工作经费分别列入同级财政预算。

国家对反恐怖主义重点地区给予必要的经费支持，对应对处置大规模恐怖事件给予经费保障。

第七十四条　公安机关、国家安全机关和有关部门，以及中国人民解放军、中国人民武装警察部队，应当依照法律规定的职责，建立反恐怖主义专业力量，加强专业训练，配备必要的反恐怖主义专业设备、设施。

县级、乡级人民政府根据需要，指导有关单位、村民委员会、居民委员会建立反恐怖主义工作力量、志愿者队伍，协助、配合有关部门开展反恐怖主义工作。

第七十五条　对因履行反恐怖主义工作职责或者协助、配合有关部门开展反恐怖主义工作导致伤残或者死亡的人员，按照国家有关规定给予相应的待遇。

第七十六条　因报告和制止恐怖活动，在恐怖活动犯罪案件中作证，或者从事反恐怖主义工作，本人或者其近亲属的人身安全面临危险的，经本人或者其近亲属提出申请，公安机关、有关部门应当采取下列一项或者多项保护措施：

（一）不公开真实姓名、住址和工作单位等个人信息；

（二）禁止特定的人接触被保护人员；

（三）对人身和住宅采取专门性保护措施；

（四）变更被保护人员的姓名，重新安排住所和工作单位；

（五）其他必要的保护措施。

公安机关、有关部门应当依照前款规定，采取不公开被保护单位的真实名称、地址，禁止特定的人接近被保护单位，对被保护单位办公、经营场所采取专门性保护措施，以及其他必要的保护措施。

第七十七条　国家鼓励、支持反恐怖主义科学研究和技术创新，开发和推广使用先进的反恐怖主义技术、设备。

第七十八条　公安机关、国家安全机关、中国人民解放军、中国人民武装警察部队因履行反恐怖主义职责的紧急需要，根据国家有关规定，可以征用单位和个人的财产。任务完成后应当及时归还或者恢复原状，并依照规定支付相应费用；造成损失的，应当补偿。

因开展反恐怖主义工作对有关单位和个人的合法权益造成损害的，应当依法给予赔偿、补偿。有关单位和个人有权依法请求赔偿、补偿。

第九章　法律责任

第七十九条　组织、策划、准备实施、实施恐怖活动，宣扬恐怖主义，煽动实施恐怖活动，非法持有宣扬恐怖主义的物品，强制他人在公共场所穿戴宣扬恐怖主义的服饰、标志，组织、领导、参加恐怖活动组织，为恐怖活动组织、恐怖活动人员、实施恐怖活动或者恐怖活动培训提供帮助的，依法追究刑事责任。

第八十条　参与下列活动之一，情节轻微，尚不构成犯罪的，由公安机关处十日以上十五日以下拘留，可以并处一万元以下罚款：

（一）宣扬恐怖主义、极端主义或者煽动实施恐怖活动、极端主义活动的；

（二）制作、传播、非法持有宣扬恐怖主义、极端主义的物品的；

（三）强制他人在公共场所穿戴宣扬恐怖主义、极端主义的服饰、标志的；

（四）为宣扬恐怖主义、极端主义或者实施恐怖主义、极端主义活动提供信息、资金、物资、劳务、技术、场所等支持、协助、便利的。

第八十一条　利用极端主义，实施下列行为之一，情节轻微，尚不构成犯罪的，由公安机关处五日以上十五日以下拘留，可以并处一万元以下罚款：

（一）强迫他人参加宗教活动，或者强迫他人向宗教活动场所、宗教教职人员提供财物或者劳务的；

（二）以恐吓、骚扰等方式驱赶其他民族或者有其他信仰的人员离开居住地的；

（三）以恐吓、骚扰等方式干涉他人与其他民族或者有其他信仰的人员交往、共同生活的；

（四）以恐吓、骚扰等方式干涉他人生活习俗、方式和生产经营的；

（五）阻碍国家机关工作人员依法执行职务的；

（六）歪曲、诋毁国家政策、法律、行政法规，煽动、教唆抵制人民政府依法管理的；

（七）煽动、胁迫群众损毁或者故意损毁居民身份证、户口簿等国家法定证件以及人民币的；

（八）煽动、胁迫他人以宗教仪式取代结婚、离婚登记的；

（九）煽动、胁迫未成年人不接受义务教育的；

（十）其他利用极端主义破坏国家法律制度实施的。

第八十二条　明知他人有恐怖活动犯罪、极端主义犯罪行为，窝藏、包庇，情节轻微，尚不构成犯罪的，或者在司法机关向其调查有关情况、收集有关证据时，拒绝提供的，由公安机关处十日以上十五日以下拘留，可以并处一万元以下罚款。

第八十三条　金融机构和特定非金融机构对国家反恐怖主义工作领导机构的办事机构公告的恐怖活动组织及恐怖活动人员的资金或者其他资产，未立即予以冻结的，由公安机关处二十万元以上五十万元以下罚款，并对直接负责的董事、高级管理人员和其他直接责任人员处十万元以下罚款；情节严重的，处五十万元以上罚款，并对直接负责的董事、高级管理人员和其他直接责任人员，处十万元以上五十万元以下罚款，可以并处五日以上十五日以下拘留。

第八十四条　电信业务经营者、互联网服务提供者有下列情形之一的，由主管部门处二十万元以上五十万元以下罚款，并对其直接负责的主管人员和其他直接责任人员处十万元以下罚款；情节严重的，处五十万元以上罚款，并对其直接负责的主管人员和其他直接责任人员，处十万元以上五十万元以下罚款，可以由公安机关对其直接负责的主管人员和其他直接责任人员，处五日以上十五日以下拘留：

（一）未依照规定为公安机关、国家安全机关依法进行防范、调查恐怖活动提供技术接口和解密等技术支持和协助的；

（二）未按照主管部门的要求，停止传输、删除含有恐怖主义、极端主义内容的信息，保存相关记录，关闭相关网站或者关停相关服务的；

（三）未落实网络安全、信息内容监督制度和安全技术防范措施，造成含有恐怖主义、极端主义内容的信息传播，情节严重的。

第八十五条　铁路、公路、水上、航空的货运和邮政、快递等物流运营单位有下列情形之一的，由主管部门处十万元以上五十万元以下罚款，并对其直接负责的主管人员和其他直接责任人员处十万元以下罚款：

（一）未实行安全查验制度，对客户身份进行查验，或者未依照规定对运输、寄递物品进行安全检查或者开封验视的；

（二）对禁止运输、寄递，存在重大安全隐患，或者客户拒绝安全查验的物品予以运输、寄递的；

（三）未实行运输、寄递客户身份、物品信息登记制度的。

第八十六条　电信、互联网、金融业务经营者、服务提供者未按规定对客户身份进行查验，或者对身份不明、拒绝身份查验的客户提供服务的，主管部门应当责令改正；拒不改正的，处二十万元以上五十万元以下罚款，并对其直接负责的主管人员和其他直接责任人员处十万元以下罚款；情节严重的，处五十万元以上罚款，并对其直接负责的主管人员和其他直接责任人员，处十万元以上五十万元以下罚款。

住宿、长途客运、机动车租赁等业务经营者、服务提供者有前款规定情形的，由主管部门处十万元以上五十万元以下罚款，并对其直接负责的主管人员和其他直接责任人员处十万元以下罚款。

第八十七条　违反本法规定，有下列情形之一的，由主管部门给予警告，并责令改正；拒不改正的，处十万元以下罚款，并对其直接负责的主管人员和其他直接责任人员处一万元以下罚款：

（一）未依照规定对枪支等武器、弹药、管制器具、危险化学品、民用爆炸物品、核与放射物品作出电子追踪标识，对民用爆炸物品添加安检示踪标识物的；

（二）未依照规定对运营中的危险化学品、民用爆炸物品、核与放射物品的运输工具通过定位系统实行监控的；

（三）未依照规定对传染病病原体等物质实行严格的监督管理，情节严重的；

（四）违反国务院有关主管部门或者省级人民政府对管制器具、危险化学品、民用爆炸物品决定的管制或者限制交易措施的。

第八十八条　防范恐怖袭击重点目标的管理、营运单位违反本法规定，有下列情形之一的，由公安机关给予警告，并责令改正；拒不改正的，处十万元以下罚款，并对其直接负责的主管人员和其他直接责任人员处一万元以下罚款：

（一）未制定防范和应对处置恐怖活动的预案、措施的；

（二）未建立反恐怖主义工作专项经费保障制度，或者未配备防范和处置设备、设施的；

（三）未落实工作机构或者责任人员的；

（四）未对重要岗位人员进行安全背景审查，或者未将有不适合情形的人员调整工作岗位的；

（五）对公共交通运输工具未依照规定配备安保人员和相应设备、设施的；

（六）未建立公共安全视频图像信息系统值班监看、信息保存使用、运行维护等管理制度的。

大型活动承办单位以及重点目标的管理单位未依照规定对进入大型活动场所、机场、火车站、码头、城市轨道交通站、公路长途客运站、口岸等重点目标的人员、物品和交通工具进行安全检查的，公安机关应当责令改正；拒不改正的，处十万元以下罚款，并对其直接负责的主管人员和其他直接责任人员处一万元以下罚款。

第八十九条　恐怖活动嫌疑人员违反公安机关责令其遵守的约束措施的，由公安机关给予警告，并责令改正；拒不改正的，处五日以上十五日以下拘留。

第九十条　新闻媒体等单位编造、传播虚假恐怖事件信息，报道、传播可能引起模仿的恐怖活动的实施细节，发布恐怖事件中残忍、不人道的场景，或者未经批准，报道、传播现场应对处置的工作人员、人质身份信息和应对处置行动情况的，由公安机关处二十万元以下罚款，并对其直接负责的主管人员和其他直接责任人员，处五日以上十五日以下拘留，可以并处五万元以下罚款。

个人有前款规定行为的，由公安机关处五日以上十五日以下拘留，可以并处一万元以下罚款。

第九十一条　拒不配合有关部门开展反恐怖主义安全防范、情报信息、调查、应对处置工作的，由主管部门处二千元以下罚款；造成严重后果的，处五日以上十五日以下拘留，可以并处一万元以下罚款。

单位有前款规定行为的，由主管部门处五万元以下罚款；造成严重后果的，处十万元以下罚款；并对其直接负责的主管人员和其他直接责任人员依照前款规定处罚。

第九十二条　阻碍有关部门开展反恐怖主义工作的，由公安机关处五日以上十五日以下拘留，可以并处五万元以下罚款。

单位有前款规定行为的，由公安机关处二十万元以下罚款，并对其直接负责的主管人员和其他直接责任人员依照前款规定处罚。

阻碍人民警察、人民解放军、人民武装警察依法执行职务的，从重处罚。

第九十三条　单位违反本法规定，情节严重的，由主管部门责令停止从事相关业务、提供相关服务或者责令停产停业；造成严重后果的，吊销有关证照或者撤销登记。

第九十四条　反恐怖主义工作领导机构、有关部门的工作人员在反恐怖主义工作中滥用职权、玩忽职守、徇私舞弊，或者有违反规定泄露国家秘密、商业秘密和个人隐私等行为，构成犯罪的，依法追究刑事责任；尚不构成犯罪的，依法给予处分。

反恐怖主义工作领导机构、有关部门及其工作人员在反恐怖主义工作中滥用职权、玩忽职守、徇私舞弊或者有其他违法违纪行为的，任何单位和个人有权向有关部门检举、控告。有关部门接到检举、控告后，应当及时处理并回复检举、控告人。

第九十五条　对依照本法规定查封、扣押、冻结、扣留、收缴的物品、资金等，经审查发现与恐怖主义无关的，应当及时解除有关措施，予以退还。

第九十六条　有关单位和个人对依照本法作出的行政处罚和行政强制措施决定不服的，可以依法申请行政复议或者提起行政诉讼。

第十章　附则

第九十七条　本法自 2016 年 1 月 1 日起施行。2011 年 10 月 29 日第十一届全国人民代表大会常务委员会第二十三次会议通过的《全国人民代表大会常务委员会关于加强反恐怖工作有关问题的决定》同时废止。

中华人民共和国电子签名法

（2004 年 8 月 28 日第十届全国人民代表大会常务委员会第十一次会议通过　根据 2015 年 4 月 24 日第十二届全国人民代表大会常务委员会第十四次会议《关于修改〈中华人民共和国电力法〉等六部法律的决定》第一次修正　根据 2019 年 4 月 23 日第十三届全国人民代表大会常务委员会第十次会议《关于修改〈中华人民共和国建筑法〉等八部法律的决定》第二次修正）

第一章　总则

第一条　为了规范电子签名行为，确立电子签名的法律效力，维护有关各方的合法权益，制定本法。

第二条　本法所称电子签名，是指数据电文中以电子形式所含、所附用于识别签名人身份并表明签名人认可其中内容的数据。

本法所称数据电文，是指以电子、光学、磁或者类似手段生成、发送、接收或者储存的信息。

第三条　民事活动中的合同或者其他文件、单证等文书，当事人可以约定使用或者不使用电子签名、数据电文。

当事人约定使用电子签名、数据电文的文书，不得仅因为其采用电子签名、数据电文的形式而否定其法律效力。

前款规定不适用下列文书：

（一）涉及婚姻、收养、继承等人身关系的；

（二）涉及停止供水、供热、供气等公用事业服务的；

（三）法律、行政法规规定的不适用电子文书的其他情形。

第二章　数据电文

第四条　能够有形地表现所载内容，并可以随时调取查用的数据电文，视为符合法律、法规要求的书面形式。

第五条　符合下列条件的数据电文，视为满足法律、法规规定的原件形式要求：

（一）能够有效地表现所载内容并可供随时调取查用；

（二）能够可靠地保证自最终形成时起，内容保持完整、未被更改。但是，在数据电文上增加背书以及数据交换、储存和显示过程中发生的形式变化不影响数据电文的完整性。

第六条　符合下列条件的数据电文，视为满足法律、法规规定的文件保存要求：

（一）能够有效地表现所载内容并可供随时调取查用；

（二）数据电文的格式与其生成、发送或者接收时的格式相同，或者格式不相同但是能够准确表现原来生成、发送或者接收的内容；

（三）能够识别数据电文的发件人、收件人以及发送、接收的时间。

第七条　数据电文不得仅因为其是以电子、光学、磁或者类似手段生成、发送、接收或者储存的而被拒绝作为证据使用。

第八条　审查数据电文作为证据的真实性，应当考虑以下因素：

（一）生成、储存或者传递数据电文方法的可靠性；

（二）保持内容完整性方法的可靠性；

（三）用以鉴别发件人方法的可靠性；

（四）其他相关因素。

第九条　数据电文有下列情形之一的，视为发件人发送：

（一）经发件人授权发送的；

（二）发件人的信息系统自动发送的；

（三）收件人按照发件人认可的方法对数据电文进行验证后结果相符的。

当事人对前款规定的事项另有约定的，从其约定。

第十条　法律、行政法规规定或者当事人约定数据电文需要确认收讫的，应当确认收讫。发件人收到收件人的收讫确认时，数据电文视为已经收到。

第十一条　数据电文进入发件人控制之外的某个信息系统的时间，视为该数据电文的发送时间。

收件人指定特定系统接收数据电文的，数据电文进入该特定系统的时间，视为该数据电文的接收时间；未指定特定系统的，数据电文进入收件人的任何系统的首次时间，视为该数据电文的接收时间。

当事人对数据电文的发送时间、接收时间另有约定的，从其约定。

第十二条　发件人的主营业地为数据电文的发送地点，收件人的主营业地为数据电文的接收地点。没有主营业地的，其经常居住地为发送或者接收地点。

当事人对数据电文的发送地点、接收地点另有约定的，从其约定。

第三章　电子签名与认证

第十三条　电子签名同时符合下列条件的，视为可靠的电子签名：

（一）电子签名制作数据用于电子签名时，属于电子签名人专有；

（二）签署时电子签名制作数据仅由电子签名人控制；

（三）签署后对电子签名的任何改动能够被发现；

（四）签署后对数据电文内容和形式的任何改动能够被发现。

当事人也可以选择使用符合其约定的可靠条件的电子签名。

第十四条　可靠的电子签名与手写签名或者盖章具有同等的法律效力。

第十五条　电子签名人应当妥善保管电子签名制作数据。电子签名人知悉电子签名制作数据已经失密或者可能已经失密时，应当及时告知有关各方，并终止使用该电子签名制作数据。

第十六条　电子签名需要第三方认证的，由依法设立的电子认证服务提供者提供认证服务。

第十七条　提供电子认证服务，应当具备下列条件：

（一）取得企业法人资格；

（二）具有与提供电子认证服务相适应的专业技术人员和管理人员；

（三）具有与提供电子认证服务相适应的资金和经营场所；

（四）具有符合国家安全标准的技术和设备；

（五）具有国家密码管理机构同意使用密码的证明文件；

（六）法律、行政法规规定的其他条件。

第十八条　从事电子认证服务，应当向国务院信息产业主管部门提出申请，并提交符合本法第十七条规定条件的相关材料。国务院信息产业主管部门接到申请后经依法审查，征求国务院商务主管部门等有关部门的意见后，自接到申请之日起四十五日内作出许可或者不予许可的决定。予以许可的，颁发电子认证许可证书；不予许可的，应当书面通知申请人并告知理由。

取得认证资格的电子认证服务提供者，应当按照国务院信息产业主管部门的规定在互联网上公布其名称、许可证号等信息。

第十九条　电子认证服务提供者应当制定、公布符合国家有关规定的电子认证业务规则，并向国务院信息产业主管部门备案。

电子认证业务规则应当包括责任范围、作业操作规范、信息安全保障措施等事项。

第二十条　电子签名人向电子认证服务提供者申请电子签名认证证书，应当提供真实、完整和准确的信息。

电子认证服务提供者收到电子签名认证证书申请后，应当对申请人的身份进行查验，并对有关材料进行审查。

第二十一条　电子认证服务提供者签发的电子签名认证证书应当准确无误，并应当载明下列内容：

（一）电子认证服务提供者名称；

（二）证书持有人名称；

（三）证书序列号；

（四）证书有效期；

（五）证书持有人的电子签名验证数据；

（六）电子认证服务提供者的电子签名；

（七）国务院信息产业主管部门规定的其他内容。

第二十二条　电子认证服务提供者应当保证电子签名认证证书内容在有效期内完整、准确，并保证电子签名依赖方能够证实或者了解电子签名认证证书所载内容及其他有关事项。

第二十三条　电子认证服务提供者拟暂停或者终止电子认证服务的，应当在暂停或者终止服务九十日前，就业务承接及其他有关事项通知有关各方。

电子认证服务提供者拟暂停或者终止电子认证服务的，应当在暂停或者终止服务六十日前向国务院信息产业主管部门报告，并与其他电子认证服务提供者就业务承接进行协商，作出妥善安排。

电子认证服务提供者未能就业务承接事项与其他电子认证服务提供者达成协议的，应当申请国务院信息产业主管部门安排其他电子认证服务提供者承接其业务。

电子认证服务提供者被依法吊销电子认证许可证书的，其业务承接事项的处理按照国务院信息产业主管部门的规定执行。

第二十四条　电子认证服务提供者应当妥善保存与认证相关的信息，信息保存期限至少为电子签名认证证书失效后五年。

第二十五条　国务院信息产业主管部门依照本法制定电子认证

服务业的具体管理办法，对电子认证服务提供者依法实施监督管理。

第二十六条　经国务院信息产业主管部门根据有关协议或者对等原则核准后，中华人民共和国境外的电子认证服务提供者在境外签发的电子签名认证证书与依照本法设立的电子认证服务提供者签发的电子签名认证证书具有同等的法律效力。

第四章　法律责任

第二十七条　电子签名人知悉电子签名制作数据已经失密或者可能已经失密未及时告知有关各方、并终止使用电子签名制作数据，未向电子认证服务提供者提供真实、完整和准确的信息，或者有其他过错，给电子签名依赖方、电子认证服务提供者造成损失的，承担赔偿责任。

第二十八条　电子签名人或者电子签名依赖方因依据电子认证服务提供者提供的电子签名认证服务从事民事活动遭受损失，电子认证服务提供者不能证明自己无过错的，承担赔偿责任。

第二十九条　未经许可提供电子认证服务的，由国务院信息产业主管部门责令停止违法行为；有违法所得的，没收违法所得；违法所得三十万元以上的，处违法所得一倍以上三倍以下的罚款；没有违法所得或者违法所得不足三十万元的，处十万元以上三十万元以下的罚款。

第三十条　电子认证服务提供者暂停或者终止电子认证服务，未在暂停或者终止服务六十日前向国务院信息产业主管部门报告的，由国务院信息产业主管部门对其直接负责的主管人员处一万元以上五万元以下的罚款。

第三十一条　电子认证服务提供者不遵守认证业务规则、未妥善保存与认证相关的信息，或者有其他违法行为的，由国务院信息产业主管部门责令限期改正；逾期未改正的，吊销电子认证许可证书，其直接负责的主管人员和其他直接责任人员十年内不得从事电子认证服务。吊销电子认证许可证书的，应当予以公告并通知工商行政管理部门。

第三十二条　伪造、冒用、盗用他人的电子签名，构成犯罪的，依法追究刑事责任；给他人造成损失的，依法承担民事责任。

第三十三条　依照本法负责电子认证服务业监督管理工作的部门的工作人员，不依法履行行政许可、监督管理职责的，依法给予行政处分；构成犯罪的，依法追究刑事责任。

第五章　附则

第三十四条　本法中下列用语的含义：

（一）电子签名人，是指持有电子签名制作数据并以本人身份或者以其所代表的人的名义实施电子签名的人；

（二）电子签名依赖方，是指基于对电子签名认证证书或者电子签名的信赖从事有关活动的人；

（三）电子签名认证证书，是指可证实电子签名人与电子签名制作数据有联系的数据电文或者其他电子记录；

（四）电子签名制作数据，是指在电子签名过程中使用的，将电子签名与电子签名人可靠地联系起来的字符、编码等数据；

（五）电子签名验证数据，是指用于验证电子签名的数据，包括代码、口令、算法或者公钥等。

第三十五条　国务院或者国务院规定的部门可以依据本法制定政务活动和其他社会活动中使用电子签名、数据电文的具体办法。

第三十六条　本法自 2005 年 4 月 1 日起施行。

中华人民共和国网络安全法（节录）

（2016 年 11 月 7 日第十二届全国人民代表大会常务委员会第二十四次会议通过，自 2017 年 6 月 1 日起施行）

第十条　建设、运营网络或者通过网络提供服务，应当依照法律、行政法规的规定和国家标准的强制性要求，采取技术措施和其他必要措施，保障网络安全、稳定运行，有效应对网络安全事件，防范网络违法犯罪活动，维护网络数据的完整性、保密性和可用性。

第二十一条　国家实行网络安全等级保护制度。网络运营者应当按照网络安全等级保护制度的要求，履行下列安全保护义务，保障网络免受干扰、破坏或者未经授权的访问，防止网络数据泄露或者被窃取、篡改：

（一）制定内部安全管理制度和操作规程，确定网络安全负责人，落实网络安全保护责任；

（二）采取防范计算机病毒和网络攻击、网络侵入等危害网络安全行为的技术措施；

（三）采取监测、记录网络运行状态、网络安全事件的技术措施，并按照规定留存相关的网络日志不少于六个月；

（四）采取数据分类、重要数据备份和加密等措施；

（五）法律、行政法规规定的其他义务。

第三十三条　建设关键信息基础设施应当确保其具有支持业务稳定、持续运行的性能，并保证安全技术措施同步规划、同步建设、同步使用。

第三十四条　除本法第二十一条的规定外，关键信息基础设施的运营者还应当履行下列安全保护义务：

（一）设置专门安全管理机构和安全管理负责人，并对该负责人和关键岗位的人员进行安全背景审查；

（二）定期对从业人员进行网络安全教育、技术培训和技能考核；

（三）对重要系统和数据库进行容灾备份；

（四）制定网络安全事件应急预案，并定期进行演练；

（五）法律、行政法规规定的其他义务。

第三十五条　关键信息基础设施的运营者采购网络产品和服务，可能影响国家安全的，应当通过国家网信部门会同国务院有关部门组织的国家安全审查。

第三十八条　关键信息基础设施的运营者应当自行或者委托网

络安全服务机构对其网络的安全性和可能存在的风险每年至少进行一次检测评估，并将检测评估情况和改进措施报送相关负责关键信息基础设施安全保护工作的部门。

第五十九条　网络运营者不履行本法第二十一条、第二十五条规定的网络安全保护义务的，由有关主管部门责令改正，给予警告；拒不改正或者导致危害网络安全等后果的，处一万元以上十万元以下罚款，对直接负责的主管人员处五千元以上五万元以下罚款。

关键信息基础设施的运营者不履行本法第三十三条、第三十四条、第三十六条、第三十八条规定的网络安全保护义务的，由有关主管部门责令改正，给予警告；拒不改正或者导致危害网络安全等后果的，处十万元以上一百万元以下罚款，对直接负责的主管人员处一万元以上十万元以下罚款。

第七十二条　国家机关政务网络的运营者不履行本法规定的网络安全保护义务的，由其上级机关或者有关机关责令改正；对直接负责的主管人员和其他直接责任人员依法给予处分。

中华人民共和国数据安全法（节录）

（2021 年 6 月 10 日第十三届全国人民代表大会常务委员会第二十九次会议通过，自 2021 年 9 月 1 日起施行）

第二十七条　开展数据处理活动应当依照法律、法规的规定，建立健全全流程数据安全管理制度，组织开展数据安全教育培训，采取相应的技术措施和其他必要措施，保障数据安全。利用互联网等信息网络开展数据处理活动，应当在网络安全等级保护制度的基础上，履行上述数据安全保护义务。

重要数据的处理者应当明确数据安全负责人和管理机构，落实数据安全保护责任。

第四十五条　开展数据处理活动的组织、个人不履行本法第二十七条、第二十九条、第三十条规定的数据安全保护义务的，由有关主管部门责令改正，给予警告，可以并处五万元以上五十万元以下罚款，对直接负责的主管人员和其他直接责任人员可以处一万元以上十万元以下罚款；拒不改正或者造成大量数据泄露等严重后果的，处五十万元以上二百万元以下罚款，并可以责令暂停相关业务、停业整顿、吊销相关业务许可证或者吊销营业执照，对直接负责的主管人员和其他直接责任人员处五万元以上二十万元以下罚款。

违反国家核心数据管理制度，危害国家主权、安全和发展利益的，由有关主管部门处二百万元以上一千万元以下罚款，并根据情况责令暂停相关业务、停业整顿、吊销相关业务许可证或者吊销营业执照；构成犯罪的，依法追究刑事责任。

第四十九条　国家机关不履行本法规定的数据安全保护义务的，对直接负责的主管人员和其他直接责任人员依法给予处分。

中华人民共和国个人信息保护法（节录）

（2021年8月20日第十三届全国人民代表大会常务委员会第三十次会议通过，自2021年11月1日起施行）

第五十一条　个人信息处理者应当根据个人信息的处理目的、处理方式、个人信息的种类以及对个人权益的影响、可能存在的安全风险等，采取下列措施确保个人信息处理活动符合法律、行政法规的规定，并防止未经授权的访问以及个人信息泄露、篡改、丢失：

（一）制定内部管理制度和操作规程；

（二）对个人信息实行分类管理；

（三）采取相应的加密、去标识化等安全技术措施；

（四）合理确定个人信息处理的操作权限，并定期对从业人员进行安全教育和培训；

（五）制定并组织实施个人信息安全事件应急预案；

（六）法律、行政法规规定的其他措施。

第六十六条　违反本法规定处理个人信息，或者处理个人信息未履行本法规定的个人信息保护义务的，由履行个人信息保护职责的部门责令改正，给予警告，没收违法所得，对违法处理个人信息的应用程序，责令暂停或者终止提供服务；拒不改正的，并处一百万元以下罚款；对直接负责的主管人员和其他直接责任人员处一万元以上十万元以下罚款。

有前款规定的违法行为，情节严重的，由省级以上履行个人信息保护职责的部门责令改正，没收违法所得，并处五千万元以下或者上一年度营业额百分之五以下罚款，并可以责令暂停相关业务或者停业整顿、通报有关主管部门吊销相关业务许可或者吊销营业执照；对直接负责的主管人员和其他直接责任人员处十万元以上一百万元以下罚款，并可以决定禁止其在一定期限内担任相关企业的董事、监事、高级管理人员和个人信息保护负责人。

第六十八条第一款　国家机关不履行本法规定的个人信息保护义务的，由其上级机关或者履行个人信息保护职责的部门责令改正；对直接负责的主管人员和其他直接责任人员依法给予处分。

中华人民共和国外商投资法（节录）

（2019 年 3 月 15 日第十三届全国人民代表大会第二次会议通过，自 2020 年 1 月 1 日起施行）

第二条　在中华人民共和国境内（以下简称中国境内）的外商投资，适用本法。

本法所称外商投资，是指外国的自然人、企业或者其他组织（以下称外国投资者）直接或者间接在中国境内进行的投资活动，包括下列情形：

（一）外国投资者单独或者与其他投资者共同在中国境内设立外商投资企业；

（二）外国投资者取得中国境内企业的股份、股权、财产份额或者其他类似权益；

（三）外国投资者单独或者与其他投资者共同在中国境内投资新建项目；

（四）法律、行政法规或者国务院规定的其他方式的投资。

本法所称外商投资企业，是指全部或者部分由外国投资者投资，依照中国法律在中国境内经登记注册设立的企业。

第四条　国家对外商投资实行准入前国民待遇加负面清单管理制度。

前款所称准入前国民待遇，是指在投资准入阶段给予外国投资者及其投资不低于本国投资者及其投资的待遇；所称负面清单，是指国家规定在特定领域对外商投资实施的准入特别管理措施。国家对负面清单之外的外商投资，给予国民待遇。

负面清单由国务院发布或者批准发布。

中华人民共和国缔结或者参加的国际条约、协定对外国投资者准入待遇有更优惠规定的，可以按照相关规定执行。

第二十二条　国家保护外国投资者和外商投资企业的知识产权，保护知识产权权利人和相关权利人的合法权益；对知识产权侵权行为，严格依法追究法律责任。

国家鼓励在外商投资过程中基于自愿原则和商业规则开展技术合作。技术合作的条件由投资各方遵循公平原则平等协商确定。行政机关及其工作人员不得利用行政手段强制转让技术。

第二十三条　行政机关及其工作人员对于履行职责过程中知悉的外国投资者、外商投资企业的商业秘密，应当依法予以保密，不得泄露或者非法向他人提供。

第二十八条　外商投资准入负面清单规定禁止投资的领域，外国投资者不得投资。

外商投资准入负面清单规定限制投资的领域，外国投资者进行投资应当符合负面清单规定的条件。

外商投资准入负面清单以外的领域，按照内外资一致的原则实施管理。

第三十条　外国投资者在依法需要取得许可的行业、领域进行投资的，应当依法办理相关许可手续。

有关主管部门应当按照与内资一致的条件和程序，审核外国投资者的许可申请，法律、行政法规另有规定的除外。

第三十一条　外商投资企业的组织形式、组织机构及其活动准则，适用《中华人民共和国公司法》、《中华人民共和国合伙企业法》等法律的规定。

第三十二条　外商投资企业开展生产经营活动，应当遵守法律、行政法规有关劳动保护、社会保险的规定，依照法律、行政法规和国家有关规定办理税收、会计、外汇等事宜，并接受相关主管部门依法实施的监督检查。

第三十五条　国家建立外商投资安全审查制度，对影响或者可能影响国家安全的外商投资进行安全审查。

依法作出的安全审查决定为最终决定。

第三十六条　外国投资者投资外商投资准入负面清单规定禁止投资的领域的，由有关主管部门责令停止投资活动，限期处分股份、资产或者采取其他必要措施，恢复到实施投资前的状态；有违法所得的，没收违法所得。

外国投资者的投资活动违反外商投资准入负面清单规定的限制性准入特别管理措施的，由有关主管部门责令限期改正，采取必要措施满足准入特别管理措施的要求；逾期不改正的，依照前款规定处理。

外国投资者的投资活动违反外商投资准入负面清单规定的，除依照前两款规定处理外，还应当依法承担相应的法律责任。

中华人民共和国对外贸易法（节录）

（1994年5月12日第八届全国人民代表大会常务委员会第七次会议通过 2004年4月6日第十届全国人民代表大会常务委员会第八次会议修订 根据2016年11月7日第十二届全国人民代表大会常务委员会第二十四次会议《关于修改〈中华人民共和国对外贸易法〉等十二部法律的决定》第一次修正 根据2022年12月30日第十三届全国人民代表大会常务委员会第三十八次会议《关于修改〈中华人民共和国对外贸易法〉的决定》第二次修正）

第十三条　国家准许货物与技术的自由进出口。但是，法律、行政法规另有规定的除外。

第十四条　国务院对外贸易主管部门基于监测进出口情况的需要，可以对部分自由进出口的货物实行进出口自动许可并公布其目录。

实行自动许可的进出口货物，收货人、发货人在办理海关报关手续前提出自动许可申请的，国务院对外贸易主管部门或者其委托的机构应当予以许可；未办理自动许可手续的，海关不予放行。

进出口属于自由进出口的技术，应当向国务院对外贸易主管部门或者其委托的机构办理合同备案登记。

第十五条　国家基于下列原因，可以限制或者禁止有关货物、技术的进口或者出口：

（一）为维护国家安全、社会公共利益或者公共道德，需要限制或者禁止进口或者出口的；

（二）为保护人的健康或者安全，保护动物、植物的生命或者健康，保护环境，需要限制或者禁止进口或者出口的；

（三）为实施与黄金或者白银进出口有关的措施，需要限制或者禁止进口或者出口的；

（四）国内供应短缺或者为有效保护可能用竭的自然资源，需要限制或者禁止出口的；

（五）输往国家或者地区的市场容量有限，需要限制出口的；

（六）出口经营秩序出现严重混乱，需要限制出口的；

（七）为建立或者加快建立国内特定产业，需要限制进口的；

（八）对任何形式的农业、牧业、渔业产品有必要限制进口的；

（九）为保障国家国际金融地位和国际收支平衡，需要限制进口的；

（十）依照法律、行政法规的规定，其他需要限制或者禁止进口或者出口的；

（十一）根据我国缔结或者参加的国际条约、协定的规定，其他需要限制或者禁止进口或者出口的。

第十六条　国家对与裂变、聚变物质或者衍生此类物质的物质有关的货物、技术进出口，以及与武器、弹药或者其他军用物资有关的进出口，可以采取任何必要的措施，维护国家安全。

在战时或者为维护国际和平与安全，国家在货物、技术进出口方面可以采取任何必要的措施。

第十七条　国务院对外贸易主管部门会同国务院其他有关部门，依照本法第十五条和第十六条的规定，制定、调整并公布限制或者禁止进出口的货物、技术目录。

国务院对外贸易主管部门或者由其会同国务院其他有关部门，经国务院批准，可以在本法第十五条和第十六条规定的范围内，临时决定限制或者禁止前款规定目录以外的特定货物、技术的进口或者出口。

第十八条　国家对限制进口或者出口的货物，实行配额、许可证等方式管理；对限制进口或者出口的技术，实行许可证管理。

实行配额、许可证管理的货物、技术，应当按照国务院规定经国务院对外贸易主管部门或者经其会同国务院其他有关部门许可，方可进口或者出口。

国家对部分进口货物可以实行关税配额管理。

第十九条　进出口货物配额、关税配额，由国务院对外贸易主管部门或者国务院其他有关部门在各自的职责范围内，按照公开、公平、公正和效益的原则进行分配。具体办法由国务院规定。

第二十条　国家实行统一的商品合格评定制度，根据有关法律、行政法规的规定，对进出口商品进行认证、检验、检疫。

第三十三条　在对外贸易活动中，不得有下列行为：

（一）伪造、变造进出口货物原产地标记，伪造、变造或者买卖进出口货物原产地证书、进出口许可证、进出口配额证明或者其他进出口证明文件；

（二）骗取出口退税；

（三）走私；

（四）逃避法律、行政法规规定的认证、检验、检疫；

（五）违反法律、行政法规规定的其他行为。

中华人民共和国出口管制法（节录）

（2020年10月17日第十三届全国人民代表大会常务委员会第二十二次会议通过，自2020年12月1日起施行）

第二条　国家对两用物项、军品、核以及其他与维护国家安全和利益、履行防扩散等国际义务相关的货物、技术、服务等物项（以下统称管制物项）的出口管制，适用本法。

前款所称管制物项，包括物项相关的技术资料等数据。

本法所称出口管制，是指国家对从中华人民共和国境内向境外转移管制物项，以及中华人民共和国公民、法人和非法人组织向外国组织和个人提供管制物项，采取禁止或者限制性措施。

本法所称两用物项，是指既有民事用途，又有军事用途或者有助于提升军事潜力，特别是可以用于设计、开发、生产或者使用大规模杀伤性武器及其运载工具的货物、技术和服务。

本法所称军品，是指用于军事目的的装备、专用生产设备以及其他相关货物、技术和服务。

本法所称核，是指核材料、核设备、反应堆用非核材料以及相关技术和服务。

第三条　出口管制工作应当坚持总体国家安全观，维护国际和平，统筹安全和发展，完善出口管制管理和服务。

第四条　国家实行统一的出口管制制度，通过制定管制清单、名录或者目录（以下统称管制清单）、实施出口许可等方式进行管理。

中华人民共和国海关法（节录）

（1987 年 1 月 22 日第六届全国人民代表大会常务委员会第十九次会议通过　根据 2000 年 7 月 8 日第九届全国人民代表大会常务委员会第十六次会议《关于修改〈中华人民共和国海关法〉的决定》第一次修正　根据 2013 年 6 月 29 日第十二届全国人民代表大会常务委员会第三次会议《关于修改〈中华人民共和国文物保护法〉等十二部法律的决定》第二次修正　根据 2013 年 12 月 28 日第十二届全国人民代表大会常务委员会第六次会议《关于修改〈中华人民共和国海洋环境保护法〉等七部法律的决定》第三次修正　根据 2016 年 11 月 7 日第十二届全国人民代表大会常务委员会第二十四次会议《关于修改〈中华人民共和国对外贸易法〉等十二部法律的决定》第四次修正　根据 2017 年 11 月 4 日第十二届全国人民代表大会常务委员会第三十次会议《关于修改〈中华人民共和国会计法〉等十一部法律的决定》第五次修正　根据 2021 年 4 月 29 日第十三届全国人民代表大会常务委员会第二十八次会议《关于修改〈中华人民共和国道路交通安全法〉等八部法律的决定》第六次修正）

第八条　进出境运输工具、货物、物品，必须通过设立海关的地点进境或者出境。在特殊情况下，需要经过未设立海关的地点临时进境或者出境的，必须经国务院或者国务院授权的机关批准，并依照本法规定办理海关手续。

第九条　进出口货物，除另有规定的外，可以由进出口货物收发货人自行办理报关纳税手续，也可以由进出口货物收发货人委托报关企业办理报关纳税手续。

进出境物品的所有人可以自行办理报关纳税手续，也可以委托他人办理报关纳税手续。

第十条　报关企业接受进出口货物收发货人的委托，以委托人的名义办理报关手续的，应当向海关提交由委托人签署的授权委托书，遵守本法对委托人的各项规定。

报关企业接受进出口货物收发货人的委托，以自己的名义办理报关手续的，应当承担与收发货人相同的法律责任。

委托人委托报关企业办理报关手续的，应当向报关企业提供所委托报关事项的真实情况；报关企业接受委托人的委托办理报关手续的，应当对委托人所提供情况的真实性进行合理审查。

第十一条　进出口货物收发货人、报关企业办理报关手续，应当依法向海关备案。

报关企业和报关人员不得非法代理他人报关。

第一百条　本法下列用语的含义：

直属海关，是指直接由海关总署领导，负责管理一定区域范围内的海关业务的海关；隶属海关，是指由直属海关领导，负责办理具体海关业务的海关。

进出境运输工具，是指用以载运人员、货物、物品进出境的各种船舶、车辆、航空器和驮畜。

过境、转运和通运货物，是指由境外启运、通过中国境内继续运往境外的货物。其中，通过境内陆路运输的，称过境货物；在境内设立海关的地点换装运输工具，而不通过境内陆路运输的，称转运货物；由船舶、航空器载运进境并由原装运输工具载运出境的，称通运货物。

海关监管货物，是指本法第二十三条所列的进出口货物，过境、转运、通运货物，特定减免税货物，以及暂时进出口货物、保税货物和其他尚未办结海关手续的进出境货物。

保税货物，是指经海关批准未办理纳税手续进境，在境内储存、加工、装配后复运出境的货物。

海关监管区，是指设立海关的港口、车站、机场、国界孔道、国际邮件互换局（交换站）和其他有海关监管业务的场所，以及虽未设立海关，但是经国务院批准的进出境地点。

中华人民共和国刑法（节录）

（1979 年 7 月 1 日第五届全国人民代表大会第二次会议通过，1997 年 3 月 14 日第八届全国人民代表大会第五次会议修订；根据 1999 年 12 月 25 日中华人民共和国刑法修正案；2001 年 8 月 31 日《中华人民共和国刑法修正案（二）》，2001 年 12 月 29 日《中华人民共和国刑法修正案（三）》，2002 年 12 月 28 日《中华人民共和国刑法修正案（四）》，2005 年 2 月 28 日《中华人民共和国刑法修正案（五）》，2006 年 6 月 29 日《中华人民共和国刑法修正案（六）》，2009 年 2 月 28 日《中华人民共和国刑法修正案（七）》，2009 年 8 月 27 日《全国人民代表大会常务委员会关于修改部分法律的决定》，2011 年 2 月 25 日《中华人民共和国刑法修正案（八）》，2015 年 8 月 29 日《中华人民共和国刑法修正案（九）》，2017 年 11 月 4 日《中华人民共和国刑法修正案（十）》，2020 年 12 月 26 日《中华人民共和国刑法修正案（十一）》，2023 年 12 月 29 日《中华人民共和国刑法修正案（十二）》修正）

第一百五十三条　【走私普通货物、物品罪】走私本法第一百五十一条、第一百五十二条、第三百四十七条规定以外的货物、物品的，根据情节轻重，分别依照下列规定处罚：

（一）走私货物、物品偷逃应缴税额较大或者一年内曾因走私被给予二次行政处罚后又走私的，处三年以下有期徒刑或者拘役，并处偷逃应缴税额一倍以上五倍以下罚金。

（二）走私货物、物品偷逃应缴税额巨大或者有其他严重情节的，处三年以上十年以下有期徒刑，并处偷逃应缴税额一倍以上五倍以下罚金。

（三）走私货物、物品偷逃应缴税额特别巨大或者有其他特别严重情节的，处十年以上有期徒刑或者无期徒刑，并处偷逃应缴税额一倍以上五倍以下罚金或者没收财产。

单位犯前款罪的，对单位判处罚金，并对其直接负责的主管人员和其他直接责任人员，处三年以下有期徒刑或者拘役；情节严重的，处三年以上十年以下有期徒刑；情节特别严重的，处十年以上有期徒刑。

对多次走私未经处理的，按照累计走私货物、物品的偷逃应缴税额处罚。

第二百二十五条　【非法经营罪】违反国家规定，有下列非法经营行为之一，扰乱市场秩序，情节严重的，处五年以下有期徒刑或者拘役，并处或者单处违法所得一倍以上五倍以下罚金；情节特别严重的，处五年以上有期徒刑，并处违法所得一倍以上五倍以下罚金或者没收财产：

（一）未经许可经营法律、行政法规规定的专营、专卖物品或者其他限制买卖的物品的；

（二）买卖进出口许可证、进出口原产地证明以及其他法律、行政法规规定的经营许可证或者批准文件的；

（三）未经国家有关主管部门批准非法经营证券、期货、保险业务的，或者非法从事资金支付结算业务的；

（四）其他严重扰乱市场秩序的非法经营行为。

第二百五十三条之一　【侵犯公民个人信息罪】违反国家有关规定，向他人出售或者提供公民个人信息，情节严重的，处三年以下有期徒刑或者拘役，并处或者单处罚金；情节特别严重的，处三年以上七年以下有期徒刑，并处罚金。

违反国家有关规定，将在履行职责或者提供服务过程中获得的公民个人信息，出售或者提供给他人的，依照前款的规定从重处罚。

窃取或者以其他方法非法获取公民个人信息的，依照第一款的规定处罚。

单位犯前三款罪的，对单位判处罚金，并对其直接负责的主管人员和其他直接责任人员，依照各该款的规定处罚。

第二百八十五条　【非法侵入计算机信息系统罪；非法获取计算机信息系统数据、非法控制计算机信息系统罪；提供侵入、非法控制计算机信息系统程序、工具罪】违反国家规定，侵入国家事务、国防建设、尖端科学技术领域的计算机信息系统的，处三年以下有期徒刑或者拘役。

违反国家规定，侵入前款规定以外的计算机信息系统或者采用其他技术手段，获取该计算机信息系统中存储、处理或者传输的数据，或者对该计算机信息系统实施非法控制，情节严重的，处三年以下有期徒刑或者拘役，并处或者单处罚金；情节特别严重的，处三年以上七年以下有期徒刑，并处罚金。

提供专门用于侵入、非法控制计算机信息系统的程序、工具，或者明知他人实施侵入、非法控制计算机信息系统的违法犯罪行为而为其提供程序、工具，情节严重的，依照前款的规定处罚。

单位犯前三款罪的，对单位判处罚金，并对其直接负责的主管人员和其他直接责任人员，依照各该款的规定处罚。

第二百八十六条　【破坏计算机信息系统罪】违反国家规定，对计算机信息系统功能进行删除、修改、增加、干扰，造成计算机信息系统不能正常运行，后果严重的，处五年以下有期徒刑或者拘役；后果特别严重的，处五年以上有期徒刑。

违反国家规定，对计算机信息系统中存储、处理或者传输的数据和应用程序进行删除、修改、增加的操作，后果严重的，依照前款的规定处罚。

故意制作、传播计算机病毒等破坏性程序，影响计算机系统正常运行，后果严重的，依照第一款的规定处罚。

单位犯前三款罪的，对单位判处罚金，并对其直接负责的主管人员和其他直接责任人员，依照第一款的规定处罚。

第二百八十六条之一　【拒不履行信息网络安全管理义务罪】网络服务提供者不履行法律、行政法规规定的信息网络安全管理义务，经监管部门责令采取改正措施而拒不改正，有下列情形之一的，处三年以下有期徒刑、拘役或者管制，并处或者单处罚金：

（一）致使违法信息大量传播的；

（二）致使用户信息泄露，造成严重后果的；

（三）致使刑事案件证据灭失，情节严重的；

（四）有其他严重情节的。

单位犯前款罪的，对单位判处罚金，并对其直接负责的主管人员和其他直接责任人员，依照前款的规定处罚。

有前两款行为，同时构成其他犯罪的，依照处罚较重的规定定罪处罚。

第二百八十七条之二　【帮助信息网络犯罪活动罪】明知他人利用信息网络实施犯罪，为其犯罪提供互联网接入、服务器托管、网络存储、通讯传输等技术支持，或者提供广告推广、支付结算等帮助，情节严重的，处三年以下有期徒刑或者拘役，并处或者单处罚金。

单位犯前款罪的，对单位判处罚金，并对其直接负责的主管人员和其他直接责任人员，依照第一款的规定处罚。

有前两款行为，同时构成其他犯罪的，依照处罚较重的规定定罪处罚。

第三百九十八条　【故意泄露国家秘密罪】【过失泄露国家秘密罪】国家机关工作人员违反保守国家秘密法的规定，故意或者过失泄露国家秘密，情节严重的，处三年以下有期徒刑或者拘役；情节特别严重的，处三年以上七年以下有期徒刑。

非国家机关工作人员犯前款罪的，依照前款的规定酌情处罚。

第十一章 行政法规

商用密码管理条例

（1999 年 10 月 7 日中华人民共和国国务院令第 273 号发布，2023 年 4 月 27 日中华人民共和国国务院令第 760 号修订）

第一章 总则

第一条 为了规范商用密码应用和管理，鼓励和促进商用密码产业发展，保障网络与信息安全，维护国家安全和社会公共利益，保护公民、法人和其他组织的合法权益，根据《中华人民共和国密码法》等法律，制定本条例。

第二条 在中华人民共和国境内的商用密码科研、生产、销售、服务、检测、认证、进出口、应用等活动及监督管理，适用本条例。

本条例所称商用密码，是指采用特定变换的方法对不属于国家秘密的信息等进行加密保护、安全认证的技术、产品和服务。

第三条 坚持中国共产党对商用密码工作的领导，贯彻落实总体国家安全观。国家密码管理部门负责管理全国的商用密码工作。县级以上地方各级密码管理部门负责管理本行政区域的商用密码工作。

网信、商务、海关、市场监督管理等有关部门在各自职责范围内负责商用密码有关管理工作。

第四条　国家加强商用密码人才培养，建立健全商用密码人才发展体制机制和人才评价制度，鼓励和支持密码相关学科和专业建设，规范商用密码社会化培训，促进商用密码人才交流。

第五条　各级人民政府及其有关部门应当采取多种形式加强商用密码宣传教育，增强公民、法人和其他组织的密码安全意识。

第六条　商用密码领域的学会、行业协会等社会组织依照法律、行政法规及其章程的规定，开展学术交流、政策研究、公共服务等活动，加强学术和行业自律，推动诚信建设，促进行业健康发展。

密码管理部门应当加强对商用密码领域社会组织的指导和支持。

第二章　科技创新与标准化

第七条　国家建立健全商用密码科学技术创新促进机制，支持商用密码科学技术自主创新，对作出突出贡献的组织和个人按照国家有关规定予以表彰和奖励。

国家依法保护商用密码领域的知识产权。从事商用密码活动，应当增强知识产权意识，提高运用、保护和管理知识产权的能力。

国家鼓励在外商投资过程中基于自愿原则和商业规则开展商用密码技术合作。行政机关及其工作人员不得利用行政手段强制转让商用密码技术。

第八条　国家鼓励和支持商用密码科学技术成果转化和产业化应用，建立和完善商用密码科学技术成果信息汇交、发布和应用情况反馈机制。

第九条　国家密码管理部门组织对法律、行政法规和国家有关规定要求使用商用密码进行保护的网络与信息系统所使用的密码算法、密码协议、密钥管理机制等商用密码技术进行审查鉴定。

第十条　国务院标准化行政主管部门和国家密码管理部门依据各自职责，组织制定商用密码国家标准、行业标准，对商用密码团体标准的制定进行规范、引导和监督。国家密码管理部门依据职责，建立商用密码标准实施信息反馈和评估机制，对商用密码标准实施进行监督检查。

国家推动参与商用密码国际标准化活动，参与制定商用密码国际标准，推进商用密码中国标准与国外标准之间的转化运用，鼓励企业、社会团体和教育、科研机构等参与商用密码国际标准化活动。

其他领域的标准涉及商用密码的，应当与商用密码国家标准、行业标准保持协调。

第十一条　从事商用密码活动，应当符合有关法律、行政法规、商用密码强制性国家标准，以及自我声明公开标准的技术要求。

国家鼓励在商用密码活动中采用商用密码推荐性国家标准、行业标准，提升商用密码的防护能力，维护用户的合法权益。

第三章　检测认证

第十二条　国家推进商用密码检测认证体系建设，鼓励在商用密码活动中自愿接受商用密码检测认证。

第十三条　从事商用密码产品检测、网络与信息系统商用密码应用安全性评估等商用密码检测活动，向社会出具具有证明作用的数据、结果的机构，应当经国家密码管理部门认定，依法取得商用密码检测机构资质。

第十四条　取得商用密码检测机构资质，应当符合下列条件：

（一）具有法人资格；

（二）具有与从事商用密码检测活动相适应的资金、场所、设备设施、专业人员和专业能力；

（三）具有保证商用密码检测活动有效运行的管理体系。

第十五条　申请商用密码检测机构资质，应当向国家密码管理部门提出书面申请，并提交符合本条例第十四条规定条件的材料。

国家密码管理部门应当自受理申请之日起 20 个工作日内，对申请进行审查，并依法作出是否准予认定的决定。

需要对申请人进行技术评审的，技术评审所需时间不计算在本条规定的期限内。国家密码管理部门应当将所需时间书面告知申请人。

第十六条　商用密码检测机构应当按照法律、行政法规和商用密码检测技术规范、规则，在批准范围内独立、公正、科学、诚信地开展商用密码检测，对出具的检测数据、结果负责，并定期向国家密码管理部门报送检测实施情况。

商用密码检测技术规范、规则由国家密码管理部门制定并公布。

第十七条　国务院市场监督管理部门会同国家密码管理部门建立国家统一推行的商用密码认证制度，实行商用密码产品、服务、管理体系认证，制定并公布认证目录和技术规范、规则。

第十八条　从事商用密码认证活动的机构，应当依法取得商用密码认证机构资质。

申请商用密码认证机构资质，应当向国务院市场监督管理部门提出书面申请。申请人除应当符合法律、行政法规和国家有关规定要求的认证机构基本条件外，还应当具有与从事商用密码认证活动相适应的检测、检查等技术能力。

国务院市场监督管理部门在审查商用密码认证机构资质申请时，应当征求国家密码管理部门的意见。

第十九条　商用密码认证机构应当按照法律、行政法规和商用密码认证技术规范、规则，在批准范围内独立、公正、科学、诚信地开展商用密码认证，对出具的认证结论负责。

商用密码认证机构应当对其认证的商用密码产品、服务、管理体系实施有效的跟踪调查，以保证通过认证的商用密码产品、服务、管理体系持续符合认证要求。

第二十条　涉及国家安全、国计民生、社会公共利益的商用密码产品，应当依法列入网络关键设备和网络安全专用产品目录，由具备资格的商用密码检测、认证机构检测认证合格后，方可销售或者提供。

第二十一条　商用密码服务使用网络关键设备和网络安全专用产品的，应当经商用密码认证机构对该商用密码服务认证合格。

第四章　电子认证

第二十二条　采用商用密码技术提供电子认证服务，应当具有与使用密码相适应的场所、设备设施、专业人员、专业能力和管理体系，依法取得国家密码管理部门同意使用密码的证明文件。

第二十三条　电子认证服务机构应当按照法律、行政法规和电子认证服务密码使用技术规范、规则，使用密码提供电子认证服务，保证其电子认证服务密码使用持续符合要求。

电子认证服务密码使用技术规范、规则由国家密码管理部门制定并公布。

第二十四条　采用商用密码技术从事电子政务电子认证服务的机构，应当经国家密码管理部门认定，依法取得电子政务电子认证服务机构资质。

第二十五条　取得电子政务电子认证服务机构资质，应当符合下列条件：

（一）具有企业法人或者事业单位法人资格；

（二）具有与从事电子政务电子认证服务活动及其使用密码相适应的资金、场所、设备设施和专业人员；

（三）具有为政务活动提供长期电子政务电子认证服务的能力；

（四）具有保证电子政务电子认证服务活动及其使用密码安全运行的管理体系。

第二十六条　申请电子政务电子认证服务机构资质，应当向国家密码管理部门提出书面申请，并提交符合本条例第二十五条规定条件的材料。

国家密码管理部门应当自受理申请之日起20个工作日内，对申请进行审查，并依法作出是否准予认定的决定。

需要对申请人进行技术评审的，技术评审所需时间不计算在本条规定的期限内。国家密码管理部门应当将所需时间书面告知申请人。

第二十七条　外商投资电子政务电子认证服务，影响或者可能影响国家安全的，应当依法进行外商投资安全审查。

第二十八条　电子政务电子认证服务机构应当按照法律、行政法规和电子政务电子认证服务技术规范、规则，在批准范围内提供电子政务电子认证服务，并定期向主要办事机构所在地省、自治区、直辖市密码管理部门报送服务实施情况。

电子政务电子认证服务技术规范、规则由国家密码管理部门制定并公布。

第二十九条　国家建立统一的电子认证信任机制。国家密码管理部门负责电子认证信任源的规划和管理，会同有关部门推动电子认证服务互信互认。

第三十条　密码管理部门会同有关部门负责政务活动中使用电子签名、数据电文的管理。

政务活动中电子签名、电子印章、电子证照等涉及的电子认证服务，应当由依法设立的电子政务电子认证服务机构提供。

第五章　进出口

第三十一条　涉及国家安全、社会公共利益且具有加密保护功能的商用密码，列入商用密码进口许可清单，实施进口许可。涉及国家安全、社会公共利益或者中国承担国际义务的商用密码，列入商用密码出口管制清单，实施出口管制。

商用密码进口许可清单和商用密码出口管制清单由国务院商务主管部门会同国家密码管理部门和海关总署制定并公布。

大众消费类产品所采用的商用密码不实行进口许可和出口管制制度。

第三十二条　进口商用密码进口许可清单中的商用密码或者出口商用密码出口管制清单中的商用密码，应当向国务院商务主管部门申请领取进出口许可证。

商用密码的过境、转运、通运、再出口，在境外与综合保税区等海关特殊监管区域之间进出，或者在境外与出口监管仓库、保税物流中心等保税监管场所之间进出的，适用前款规定。

第三十三条　进口商用密码进口许可清单中的商用密码或者出口商用密码出口管制清单中的商用密码时，应当向海关交验进出口许可证，并按照国家有关规定办理报关手续。

进出口经营者未向海关交验进出口许可证，海关有证据表明进出口产品可能属于商用密码进口许可清单或者出口管制清单范围的，应当向进出口经营者提出质疑；海关可以向国务院商务主管部门提出组织鉴别，并根据国务院商务主管部门会同国家密码管理部门作出的鉴别结论依法处置。在鉴别或者质疑期间，海关对进出口产品不予放行。

第三十四条　申请商用密码进出口许可，应当向国务院商务主管部门提出书面申请，并提交下列材料：

（一）申请人的法定代表人、主要经营管理人以及经办人的身份证明；

（二）合同或者协议的副本；

（三）商用密码的技术说明；

（四）最终用户和最终用途证明；

（五）国务院商务主管部门规定提交的其他文件。

国务院商务主管部门应当自受理申请之日起 45 个工作日内，会同国家密码管理部门对申请进行审查，并依法作出是否准予许可的决定。

对国家安全、社会公共利益或者外交政策有重大影响的商用密码出口，由国务院商务主管部门会同国家密码管理部门等有关部门报国务院批准。报国务院批准的，不受前款规定时限的限制。

第六章　应用促进

第三十五条　国家鼓励公民、法人和其他组织依法使用商用密码保护网络与信息安全，鼓励使用经检测认证合格的商用密码。

任何组织或者个人不得窃取他人加密保护的信息或者非法侵入他人的商用密码保障系统，不得利用商用密码从事危害国家安全、社会公共利益、他人合法权益等违法犯罪活动。

第三十六条　国家支持网络产品和服务使用商用密码提升安全性，支持并规范商用密码在信息领域新技术、新业态、新模式中的应用。

第三十七条　国家建立商用密码应用促进协调机制，加强对商用密码应用的统筹指导。国家机关和涉及商用密码工作的单位在其职责范围内负责本机关、本单位或者本系统的商用密码应用和安全保障工作。

密码管理部门会同有关部门加强商用密码应用信息收集、风险评估、信息通报和重大事项会商，并加强与网络安全监测预警和信息通报的衔接。

第三十八条　法律、行政法规和国家有关规定要求使用商用密码进行保护的关键信息基础设施，其运营者应当使用商用密码进行保护，制定商用密码应用方案，配备必要的资金和专业人员，同步规划、同步建设、同步运行商用密码保障系统，自行或者委托商用密码检测机构开展商用密码应用安全性评估。

前款所列关键信息基础设施通过商用密码应用安全性评估方可投入运行，运行后每年至少进行一次评估，评估情况按照国家有关规定报送国家密码管理部门或者关键信息基础设施所在地省、自治区、直辖市密码管理部门备案。

第三十九条　法律、行政法规和国家有关规定要求使用商用密码进行保护的关键信息基础设施，使用的商用密码产品、服务应当经检测认证合格，使用的密码算法、密码协议、密钥管理机制等商用密码技术应当通过国家密码管理部门审查鉴定。

第四十条　关键信息基础设施的运营者采购涉及商用密码的网络产品和服务，可能影响国家安全的，应当依法通过国家网信部门会同国家密码管理部门等有关部门组织的国家安全审查。

第四十一条　网络运营者应当按照国家网络安全等级保护制度要求，使用商用密码保护网络安全。国家密码管理部门根据网络的安全保护等级，确定商用密码的使用、管理和应用安全性评估要求，制定网络安全等级保护密码标准规范。

第四十二条 商用密码应用安全性评估、关键信息基础设施安全检测评估、网络安全等级测评应当加强衔接，避免重复评估、测评。

第七章 监督管理

第四十三条 密码管理部门依法组织对商用密码活动进行监督检查，对国家机关和涉及商用密码工作的单位的商用密码相关工作进行指导和监督。

第四十四条 密码管理部门和有关部门建立商用密码监督管理协作机制，加强商用密码监督、检查、指导等工作的协调配合。

第四十五条 密码管理部门和有关部门依法开展商用密码监督检查，可以行使下列职权：

（一）进入商用密码活动场所实施现场检查；

（二）向当事人的法定代表人、主要负责人和其他有关人员调查、了解有关情况；

（三）查阅、复制有关合同、票据、账簿以及其他有关资料。

第四十六条 密码管理部门和有关部门推进商用密码监督管理与社会信用体系相衔接，依法建立推行商用密码经营主体信用记录、信用分级分类监管、失信惩戒以及信用修复等机制。

第四十七条 商用密码检测、认证机构和电子政务电子认证服务机构及其工作人员，应当对其在商用密码活动中所知悉的国家秘密和商业秘密承担保密义务。

密码管理部门和有关部门及其工作人员不得要求商用密码科研、生产、销售、服务、进出口等单位和商用密码检测、认证机构向其披露源代码等密码相关专有信息，并对其在履行职责中知悉的商业秘密和个人隐私严格保密，不得泄露或者非法向他人提供。

第四十八条 密码管理部门和有关部门依法开展商用密码监督管理，相关单位和人员应当予以配合，任何单位和个人不得非法干预和阻挠。

第四十九条　任何单位或者个人有权向密码管理部门和有关部门举报违反本条例的行为。密码管理部门和有关部门接到举报，应当及时核实、处理，并为举报人保密。

第八章　法律责任

第五十条　违反本条例规定，未经认定向社会开展商用密码检测活动，或者未经认定从事电子政务电子认证服务的，由密码管理部门责令改正或者停止违法行为，给予警告，没收违法产品和违法所得；违法所得 30 万元以上的，可以并处违法所得 1 倍以上 3 倍以下罚款；没有违法所得或者违法所得不足 30 万元的，可以并处 10 万元以上 30 万元以下罚款。

违反本条例规定，未经批准从事商用密码认证活动的，由市场监督管理部门会同密码管理部门依照前款规定予以处罚。

第五十一条　商用密码检测机构开展商用密码检测，有下列情形之一的，由密码管理部门责令改正或者停止违法行为，给予警告，没收违法所得；违法所得 30 万元以上的，可以并处违法所得 1 倍以上 3 倍以下罚款；没有违法所得或者违法所得不足 30 万元的，可以并处 10 万元以上 30 万元以下罚款；情节严重的，依法吊销商用密码检测机构资质：

（一）超出批准范围；

（二）存在影响检测独立、公正、诚信的行为；

（三）出具的检测数据、结果虚假或者失实；

（四）拒不报送或者不如实报送实施情况；

（五）未履行保密义务；

（六）其他违反法律、行政法规和商用密码检测技术规范、规则开展商用密码检测的情形。

第五十二条　商用密码认证机构开展商用密码认证，有下列情形之一的，由市场监督管理部门会同密码管理部门责令改正或者停止违法行为，给予警告，没收违法所得；违法所得 30 万元以上的，可以并处违法所得 1 倍以上 3 倍以下罚款；没有违法所得或者违法所得不足 30 万元的，可以并处 10 万元以上 30 万元以下罚款；情节严重的，依法吊销商用密码认证机构资质：

（一）超出批准范围；

（二）存在影响认证独立、公正、诚信的行为；

（三）出具的认证结论虚假或者失实；

（四）未对其认证的商用密码产品、服务、管理体系实施有效的跟踪调查；

（五）未履行保密义务；

（六）其他违反法律、行政法规和商用密码认证技术规范、规则开展商用密码认证的情形。

第五十三条　违反本条例第二十条、第二十一条规定，销售或者提供未经检测认证或者检测认证不合格的商用密码产品，或者提供未经认证或者认证不合格的商用密码服务的，由市场监督管理部门会同密码管理部门责令改正或者停止违法行为，给予警告，没收违法产品和违法所得；违法所得 10 万元以上的，可以并处违法所得 1 倍以上 3 倍以下罚款；没有违法所得或者违法所得不足 10 万元的，可以并处 3 万元以上 10 万元以下罚款。

第五十四条　电子认证服务机构违反法律、行政法规和电子认证服务密码使用技术规范、规则使用密码的，由密码管理部门责令改正或者停止违法行为，给予警告，没收违法所得；违法所得 30 万元以上的，可以并处违法所得 1 倍以上 3 倍以下罚款；没有违法所得或者违法所得不足 30 万元的，可以并处 10 万元以上 30 万元以下罚款；情节严重的，依法吊销电子认证服务使用密码的证明文件。

第五十五条　电子政务电子认证服务机构开展电子政务电子认证服务，有下列情形之一的，由密码管理部门责令改正或者停止违法行为，给予警告，没收违法所得；违法所得 30 万元以上的，可以并处违法所得 1 倍以上 3 倍以下罚款；没有违法所得或者违法所得不足 30 万元的，可以并处 10 万元以上 30 万元以下罚款；情节严重的，责令停业整顿，直至吊销电子政务电子认证服务机构资质：

（一）超出批准范围；

（二）拒不报送或者不如实报送实施情况；

（三）未履行保密义务；

（四）其他违反法律、行政法规和电子政务电子认证服务技术规范、规则提供电子政务电子认证服务的情形。

第五十六条　电子签名人或者电子签名依赖方因依据电子政务电子认证服务机构提供的电子签名认证服务在政务活动中遭受损失，电子政务电子认证服务机构不能证明自己无过错的，承担赔偿责任。

第五十七条　政务活动中电子签名、电子印章、电子证照等涉及的电子认证服务，违反本条例第三十条规定，未由依法设立的电子政务电子认证服务机构提供的，由密码管理部门责令改正，给予警告；拒不改正或者有其他严重情节的，由密码管理部门建议有关国家机关、单位对直接负责的主管人员和其他直接责任人员依法给予处分或者处理。有关国家机关、单位应当将处分或者处理情况书面告知密码管理部门。

第五十八条　违反本条例规定进出口商用密码的，由国务院商务主管部门或者海关依法予以处罚。

第五十九条　窃取他人加密保护的信息，非法侵入他人的商用密码保障系统，或者利用商用密码从事危害国家安全、社会公共利益、他人合法权益等违法活动的，由有关部门依照《中华人民共和国网络安全法》和其他有关法律、行政法规的规定追究法律责任。

第六十条　关键信息基础设施的运营者违反本条例第三十八条、第三十九条规定，未按照要求使用商用密码，或者未按照要求开展商用密码应用安全性评估的，由密码管理部门责令改正，给予警告；拒不改正或者有其他严重情节的，处 10 万元以上 100 万元以下罚款，对直接负责的主管人员处 1 万元以上 10 万元以下罚款。

第六十一条　关键信息基础设施的运营者违反本条例第四十条规定，使用未经安全审查或者安全审查未通过的涉及商用密码的网络产品或者服务的，由有关主管部门责令停止使用，处采购金额 1 倍以上 10 倍以下罚款；对直接负责的主管人员和其他直接责任人员处 1 万元以上 10 万元以下罚款。

第六十二条　网络运营者违反本条例第四十一条规定，未按照国家网络安全等级保护制度要求使用商用密码保护网络安全的，由密码管理部门责令改正，给予警告；拒不改正或者导致危害网络安全等后果的，处 1 万元以上 10 万元以下罚款，对直接负责的主管人员处 5000 元以上 5 万元以下罚款。

第六十三条　无正当理由拒不接受、不配合或者干预、阻挠密码管理部门、有关部门的商用密码监督管理的，由密码管理部门、有关部门责令改正，给予警告；拒不改正或者有其他严重情节的，处 5 万元以上 50 万元以下罚款，对直接负责的主管人员和其他直接责任人员处 1 万元以上 10 万元以下罚款；情节特别严重的，责令停业整顿，直至吊销商用密码许可证件。

第六十四条　国家机关有本条例第六十条、第六十一条、第六十二条、第六十三条所列违法情形的，由密码管理部门、有关部门责令改正，给予警告；拒不改正或者有其他严重情节的，由密码管理部门、有关部门建议有关国家机关对直接负责的主管人员和其他直接责任人员依法给予处分或者处理。有关国家机关应当将处分或者处理情况书面告知密码管理部门、有关部门。

第六十五条　密码管理部门和有关部门的工作人员在商用密码工作中滥用职权、玩忽职守、徇私舞弊，或者泄露、非法向他人提供在履行职责中知悉的商业秘密、个人隐私、举报人信息的，依法给予处分。

第六十六条　违反本条例规定，构成犯罪的，依法追究刑事责任；给他人造成损害的，依法承担民事责任。

第九章　附则

第六十七条　本条例自 2023 年 7 月 1 日起施行。

关键信息基础设施安全保护条例（节录）

（2021 年 4 月 27 日国务院第 133 次常务会议通过，2021 年 7 月 30 日中华人民共和国国务院令第 745 号公布，自 2021 年 9 月 1 日起施行）

第五条　国家对关键信息基础设施实行重点保护，采取措施，监测、防御、处置来源于中华人民共和国境内外的网络安全风险和威胁，保护关键信息基础设施免受攻击、侵入、干扰和破坏，依法惩治危害关键信息基础设施安全的违法犯罪活动。

任何个人和组织不得实施非法侵入、干扰、破坏关键信息基础设施的活动，不得危害关键信息基础设施安全。

第六条　运营者依照本条例和有关法律、行政法规的规定以及国家标准的强制性要求，在网络安全等级保护的基础上，采取技术保护措施和其他必要措施，应对网络安全事件，防范网络攻击和违法犯罪活动，保障关键信息基础设施安全稳定运行，维护数据的完整性、保密性和可用性。

第十二条　安全保护措施应当与关键信息基础设施同步规划、同步建设、同步使用。

第十三条　运营者应当建立健全网络安全保护制度和责任制，保障人力、财力、物力投入。运营者的主要负责人对关键信息基础设施安全保护负总责，领导关键信息基础设施安全保护和重大网络安全事件处置工作，组织研究解决重大网络安全问题。

第十四条　运营者应当设置专门安全管理机构，并对专门安全管理机构负责人和关键岗位人员进行安全背景审查。审查时，公安机关、国家安全机关应当予以协助。

第十五条 专门安全管理机构具体负责本单位的关键信息基础设施安全保护工作，履行下列职责：

（一）建立健全网络安全管理、评价考核制度，拟订关键信息基础设施安全保护计划；

（二）组织推动网络安全防护能力建设，开展网络安全监测、检测和风险评估；

（三）按照国家及行业网络安全事件应急预案，制定本单位应急预案，定期开展应急演练，处置网络安全事件；

（四）认定网络安全关键岗位，组织开展网络安全工作考核，提出奖励和惩处建议；

（五）组织网络安全教育、培训；

（六）履行个人信息和数据安全保护责任，建立健全个人信息和数据安全保护制度；

（七）对关键信息基础设施设计、建设、运行、维护等服务实施安全管理；

（八）按照规定报告网络安全事件和重要事项。

第三十九条 运营者有下列情形之一的，由有关主管部门依据职责责令改正，给予警告；拒不改正或者导致危害网络安全等后果的，处 10 万元以上 100 万元以下罚款，对直接负责的主管人员处 1 万元以上 10 万元以下罚款：

（一）在关键信息基础设施发生较大变化，可能影响其认定结果时未及时将相关情况报告保护工作部门的；

（二）安全保护措施未与关键信息基础设施同步规划、同步建设、同步使用的；

（三）未建立健全网络安全保护制度和责任制的；

（四）未设置专门安全管理机构的；

（五）未对专门安全管理机构负责人和关键岗位人员进行安全背景审查的；

（六）开展与网络安全和信息化有关的决策没有专门安全管理机构人员参与的；

（七）专门安全管理机构未履行本条例第十五条规定的职责的；

（八）未对关键信息基础设施每年至少进行一次网络安全检测和风险评估，未对发现的安全问题及时整改，或者未按照保护工作部门要求报送情况的；

（九）采购网络产品和服务，未按照国家有关规定与网络产品和服务提供者签订安全保密协议的；

（十）发生合并、分立、解散等情况，未及时报告保护工作部门，或者未按照保护工作部门的要求对关键信息基础设施进行处置的。

第四十一条　运营者采购可能影响国家安全的网络产品和服务，未按照国家网络安全规定进行安全审查的，由国家网信部门等有关主管部门依据职责责令改正，处采购金额 1 倍以上 10 倍以下罚款，对直接负责的主管人员和其他直接责任人员处 1 万元以上 10 万元以下罚款。

第四十二条　运营者对保护工作部门开展的关键信息基础设施网络安全检查检测工作，以及公安、国家安全、保密行政管理、密码管理等有关部门依法开展的关键信息基础设施网络安全检查工作不予配合的，由有关主管部门责令改正；拒不改正的，处 5 万元以上 50 万元以下罚款，对直接负责的主管人员和其他直接责任人员处 1 万元以上 10 万元以下罚款；情节严重的，依法追究相应法律责任。

第四十三条　实施非法侵入、干扰、破坏关键信息基础设施，危害其安全的活动尚不构成犯罪的，依照《中华人民共和国网络安全法》有关规定，由公安机关没收违法所得，处 5 日以下拘留，可以并处 5 万元以上 50 万元以下罚款；情节较重的，处 5 日以上 15 日以下拘留，可以并处 10 万元以上 100 万元以下罚款。

单位有前款行为的，由公安机关没收违法所得，处 10 万元以上 100 万元以下罚款，并对直接负责的主管人员和其他直接责任人员依照前款规定处罚。

违反本条例第五条第二款和第三十一条规定，受到治安管理处罚的人员，5 年内不得从事网络安全管理和网络运营关键岗位的工作；受到刑事处罚的人员，终身不得从事网络安全管理和网络运营关键岗位的工作。

第四十八条　电子政务关键信息基础设施的运营者不履行本条例规定的网络安全保护义务的，依照《中华人民共和国网络安全法》有关规定予以处理。

第五十条　存储、处理涉及国家秘密信息的关键信息基础设施的安全保护，还应当遵守保密法律、行政法规的规定。

关键信息基础设施中的密码使用和管理，还应当遵守相关法律、行政法规的规定。

网络数据安全管理条例（节录）

（2024 年 8 月 30 日国务院第 40 次常务会议通过，2024 年 9 月 24 日中华人民共和国国务院令第 790 号公布，自 2025 年 1 月 1 日起施行）

第八条　任何个人、组织不得利用网络数据从事非法活动，不得从事窃取或者以其他非法方式获取网络数据、非法出售或者非法向他人提供网络数据等非法网络数据处理活动。

任何个人、组织不得提供专门用于从事前款非法活动的程序、工具；明知他人从事前款非法活动的，不得为其提供互联网接入、服务器托管、网络存储、通讯传输等技术支持，或者提供广告推广、支付结算等帮助。

第九条　网络数据处理者应当依照法律、行政法规的规定和国家标准的强制性要求，在网络安全等级保护的基础上，加强网络数据安全防护，建立健全网络数据安全管理制度，采取加密、备份、访问控制、安全认证等技术措施和其他必要措施，保护网络数据免遭篡改、破坏、泄露或者非法获取、非法利用，处置网络数据安全事件，防范针对和利用网络数据实施的违法犯罪活动，并对所处理网络数据的安全承担主体责任。

第十三条 网络数据处理者开展网络数据处理活动，影响或者可能影响国家安全的，应当按照国家有关规定进行国家安全审查。

第十六条 网络数据处理者为国家机关、关键信息基础设施运营者提供服务，或者参与其他公共基础设施、公共服务系统建设、运行、维护的，应当依照法律、法规的规定和合同约定履行网络数据安全保护义务，提供安全、稳定、持续的服务。

前款规定的网络数据处理者未经委托方同意，不得访问、获取、留存、使用、泄露或者向他人提供网络数据，不得对网络数据进行关联分析。

第十七条 为国家机关提供服务的信息系统应当参照电子政务系统的管理要求加强网络数据安全管理，保障网络数据安全。

第十八条 网络数据处理者使用自动化工具访问、收集网络数据，应当评估对网络服务带来的影响，不得非法侵入他人网络，不得干扰网络服务正常运行。

第三十三条 重要数据的处理者应当每年度对其网络数据处理活动开展风险评估，并向省级以上有关主管部门报送风险评估报告，有关主管部门应当及时通报同级网信部门、公安机关。

风险评估报告应当包括下列内容：

（一）网络数据处理者基本信息、网络数据安全管理机构信息、网络数据安全负责人姓名和联系方式等；

（二）处理重要数据的目的、种类、数量、方式、范围、存储期限、存储地点等，开展网络数据处理活动的情况，不包括网络数据内容本身；

（三）网络数据安全管理制度及实施情况，加密、备份、标签标识、访问控制、安全认证等技术措施和其他必要措施及其有效性；

（四）发现的网络数据安全风险，发生的网络数据安全事件及处置情况；

（五）提供、委托处理、共同处理重要数据的风险评估情况；

（六）网络数据出境情况；

（七）有关主管部门规定的其他报告内容。

处理重要数据的大型网络平台服务提供者报送的风险评估报告，除包括前款规定的内容外，还应当充分说明关键业务和供应链网络数据安全等情况。

重要数据的处理者存在可能危害国家安全的重要数据处理活动的，省级以上有关主管部门应当责令其采取整改或者停止处理重要数据等措施。重要数据的处理者应当按照有关要求立即采取措施。

第五十六条　违反本条例第十三条规定的，由网信、电信、公安、国家安全等主管部门依据各自职责责令改正，给予警告，可以并处 10 万元以上 100 万元以下罚款，对直接负责的主管人员和其他直接责任人员可以处 1 万元以上 10 万元以下罚款；拒不改正或者情节严重的，处 100 万元以上 1000 万元以下罚款，并可以责令暂停相关业务、停业整顿、吊销相关业务许可证或者吊销营业执照，对直接负责的主管人员和其他直接责任人员处 10 万元以上 100 万元以下罚款。

第五十八条　违反本条例其他有关规定的，由有关主管部门依照《中华人民共和国网络安全法》《中华人民共和国数据安全法》《中华人民共和国个人信息保护法》等法律的有关规定追究法律责任。

第五十九条　网络数据处理者存在主动消除或者减轻违法行为危害后果、违法行为轻微并及时改正且没有造成危害后果或者初次违法且危害后果轻微并及时改正等情形的，依照《中华人民共和国行政处罚法》的规定从轻、减轻或者不予行政处罚。

中华人民共和国认证认可条例（节录）

（2003 年 9 月 3 日中华人民共和国国务院令第 390 号公布　根据 2016 年 2 月 6 日《国务院关于修改部分行政法规的决定》第一次修订　根据 2020 年 11 月 29 日《国务院关于修改和废止部分行政法规

的决定》第二次修订 根据 2023 年 7 月 20 日《国务院关于修改和
废止部分行政法规的决定》第三次修订)

第一章 总则

第一条 为了规范认证认可活动,提高产品、服务的质量和管理水平,促进经济和社会的发展,制定本条例。

第二条 本条例所称认证,是指由认证机构证明产品、服务、管理体系符合相关技术规范、相关技术规范的强制性要求或者标准的合格评定活动。

本条例所称认可,是指由认可机构对认证机构、检查机构、实验室以及从事评审、审核等认证活动人员的能力和执业资格,予以承认的合格评定活动。

第三条 在中华人民共和国境内从事认证认可活动,应当遵守本条例。

第四条 国家实行统一的认证认可监督管理制度。

国家对认证认可工作实行在国务院认证认可监督管理部门统一管理、监督和综合协调下,各有关方面共同实施的工作机制。

第五条 国务院认证认可监督管理部门应当依法对认证培训机构、认证咨询机构的活动加强监督管理。

第六条 认证认可活动应当遵循客观独立、公开公正、诚实信用的原则。

第七条 国家鼓励平等互利地开展认证认可国际互认活动。认证认可国际互认活动不得损害国家安全和社会公共利益。

第八条 从事认证认可活动的机构及其人员,对其所知悉的国家秘密和商业秘密负有保密义务。

第二章 认证机构

第九条 取得认证机构资质,应当经国务院认证认可监督管理部门批准,并在批准范围内从事认证活动。

未经批准，任何单位和个人不得从事认证活动。

第十条　取得认证机构资质，应当符合下列条件：

（一）取得法人资格；

（二）有固定的场所和必要的设施；

（三）有符合认证认可要求的管理制度；

（四）注册资本不得少于人民币 300 万元；

（五）有 10 名以上相应领域的专职认证人员。

从事产品认证活动的认证机构，还应当具备与从事相关产品认证活动相适应的检测、检查等技术能力。

第十一条　认证机构资质的申请和批准程序：

（一）认证机构资质的申请人，应当向国务院认证认可监督管理部门提出书面申请，并提交符合本条例第十条规定条件的证明文件；

（二）国务院认证认可监督管理部门自受理认证机构资质申请之日起 45 日内，应当作出是否批准的决定。涉及国务院有关部门职责的，应当征求国务院有关部门的意见。决定批准的，向申请人出具批准文件，决定不予批准的，应当书面通知申请人，并说明理由。

国务院认证认可监督管理部门应当公布依法取得认证机构资质的企业名录。

第十二条　境外认证机构在中华人民共和国境内设立代表机构，须向市场监督管理部门依法办理登记手续后，方可从事与所从属机构的业务范围相关的推广活动，但不得从事认证活动。

境外认证机构在中华人民共和国境内设立代表机构的登记，按照有关外商投资法律、行政法规和国家有关规定办理。

第十三条　认证机构不得与行政机关存在利益关系。

认证机构不得接受任何可能对认证活动的客观公正产生影响的资助；不得从事任何可能对认证活动的客观公正产生影响的产品开发、营销等活动。

认证机构不得与认证委托人存在资产、管理方面的利益关系。

第十四条　认证人员从事认证活动，应当在一个认证机构执业，不得同时在两个以上认证机构执业。

第十五条　向社会出具具有证明作用的数据和结果的检查机构、实验室，应当具备有关法律、行政法规规定的基本条件和能力，并依法经认定后，方可从事相应活动，认定结果由国务院认证认可监督管理部门公布。

第三章　认证

第十六条　国家根据经济和社会发展的需要，推行产品、服务、管理体系认证。

第十七条　认证机构应当按照认证基本规范、认证规则从事认证活动。认证基本规范、认证规则由国务院认证认可监督管理部门制定；涉及国务院有关部门职责的，国务院认证认可监督管理部门应当会同国务院有关部门制定。

属于认证新领域，前款规定的部门尚未制定认证规则的，认证机构可以自行制定认证规则，并报国务院认证认可监督管理部门备案。

第十八条　任何法人、组织和个人可以自愿委托依法设立的认证机构进行产品、服务、管理体系认证。

第十九条　认证机构不得以委托人未参加认证咨询或者认证培训等为理由，拒绝提供本认证机构业务范围内的认证服务，也不得向委托人提出与认证活动无关的要求或者限制条件。

第二十条　认证机构应当公开认证基本规范、认证规则、收费标准等信息。

第二十一条　认证机构以及与认证有关的检查机构、实验室从事认证以及与认证有关的检查、检测活动，应当完成认证基本规范、认证规则规定的程序，确保认证、检查、检测的完整、客观、真实，不得增加、减少、遗漏程序。

认证机构以及与认证有关的检查机构、实验室应当对认证、检查、检测过程作出完整记录，归档留存。

第二十二条　认证机构及其认证人员应当及时作出认证结论，并保证认证结论的客观、真实。认证结论经认证人员签字后，由认证机构负责人签署。

认证机构及其认证人员对认证结果负责。

第二十三条 认证结论为产品、服务、管理体系符合认证要求的，认证机构应当及时向委托人出具认证证书。

第二十四条 获得认证证书的，应当在认证范围内使用认证证书和认证标志，不得利用产品、服务认证证书、认证标志和相关文字、符号，误导公众认为其管理体系已通过认证，也不得利用管理体系认证证书、认证标志和相关文字、符号，误导公众认为其产品、服务已通过认证。

第二十五条 认证机构可以自行制定认证标志。认证机构自行制定的认证标志的式样、文字和名称，不得违反法律、行政法规的规定，不得与国家推行的认证标志相同或者近似，不得妨碍社会管理，不得有损社会道德风尚。

第二十六条 认证机构应当对其认证的产品、服务、管理体系实施有效的跟踪调查，认证的产品、服务、管理体系不能持续符合认证要求的，认证机构应当暂停其使用直至撤销认证证书，并予公布。

第二十七条 为了保护国家安全、防止欺诈行为、保护人体健康或者安全、保护动植物生命或者健康、保护环境，国家规定相关产品必须经过认证的，应当经过认证并标注认证标志后，方可出厂、销售、进口或者在其他经营活动中使用。

第二十八条 国家对必须经过认证的产品，统一产品目录，统一技术规范的强制性要求、标准和合格评定程序，统一标志，统一收费标准。

统一的产品目录（以下简称目录）由国务院认证认可监督管理部门会同国务院有关部门制定、调整，由国务院认证认可监督管理部门发布，并会同有关方面共同实施。

第二十九条 列入目录的产品，必须经国务院认证认可监督管理部门指定的认证机构进行认证。

列入目录产品的认证标志，由国务院认证认可监督管理部门统一规定。

第三十条　列入目录的产品，涉及进出口商品检验目录的，应当在进出口商品检验时简化检验手续。

第三十一条　国务院认证认可监督管理部门指定的从事列入目录产品认证活动的认证机构以及与认证有关的实验室（以下简称指定的认证机构、实验室），应当是长期从事相关业务、无不良记录，且已经依照本条例的规定取得认可、具备从事相关认证活动能力的机构。国务院认证认可监督管理部门指定从事列入目录产品认证活动的认证机构，应当确保在每一列入目录产品领域至少指定两家符合本条例规定条件的机构。

国务院认证认可监督管理部门指定前款规定的认证机构、实验室，应当事先公布有关信息，并组织在相关领域公认的专家组成专家评审委员会，对符合前款规定要求的认证机构、实验室进行评审；经评审并征求国务院有关部门意见后，按照资源合理利用、公平竞争和便利、有效的原则，在公布的时间内作出决定。

第三十二条　国务院认证认可监督管理部门应当公布指定的认证机构、实验室名录及指定的业务范围。

未经指定的认证机构、实验室不得从事列入目录产品的认证以及与认证有关的检查、检测活动。

第三十三条　列入目录产品的生产者或者销售者、进口商，均可自行委托指定的认证机构进行认证。

第三十四条　指定的认证机构、实验室应当在指定业务范围内，为委托人提供方便、及时的认证、检查、检测服务，不得拖延，不得歧视、刁难委托人，不得牟取不当利益。

指定的认证机构不得向其他机构转让指定的认证业务。

第三十五条　指定的认证机构、实验室开展国际互认活动，应当在国务院认证认可监督管理部门或者经授权的国务院有关部门对外签署的国际互认协议框架内进行。

第四章　认可

第三十六条　国务院认证认可监督管理部门确定的认可机构（以下简称认可机构），独立开展认可活动。

除国务院认证认可监督管理部门确定的认可机构外，其他任何单位不得直接或者变相从事认可活动。其他单位直接或者变相从事认可活动的，其认可结果无效。

第三十七条　认证机构、检查机构、实验室可以通过认可机构的认可，以保证其认证、检查、检测能力持续、稳定地符合认可条件。

第三十八条　从事评审、审核等认证活动的人员，应当经认可机构注册后，方可从事相应的认证活动。

第三十九条　认可机构应当具有与其认可范围相适应的质量体系，并建立内部审核制度，保证质量体系的有效实施。

第四十条　认可机构根据认可的需要，可以选聘从事认可评审活动的人员。从事认可评审活动的人员应当是相关领域公认的专家，熟悉有关法律、行政法规以及认可规则和程序，具有评审所需要的良好品德、专业知识和业务能力。

第四十一条　认可机构委托他人完成与认可有关的具体评审业务的，由认可机构对评审结论负责。

第四十二条　认可机构应当公开认可条件、认可程序、收费标准等信息。

认可机构受理认可申请，不得向申请人提出与认可活动无关的要求或者限制条件。

第四十三条　认可机构应当在公布的时间内，按照国家标准和国务院认证认可监督管理部门的规定，完成对认证机构、检查机构、实验室的评审，作出是否给予认可的决定，并对认可过程作出完整记录，归档留存。认可机构应当确保认可的客观公正和完整有效，并对认可结论负责。

认可机构应当向取得认可的认证机构、检查机构、实验室颁发认可证书，并公布取得认可的认证机构、检查机构、实验室名录。

第四十四条　认可机构应当按照国家标准和国务院认证认可监督管理部门的规定，对从事评审、审核等认证活动的人员进行考核，考核合格的，予以注册。

第四十五条　认可证书应当包括认可范围、认可标准、认可领域和有效期限。

第四十六条　取得认可的机构应当在取得认可的范围内使用认可证书和认可标志。取得认可的机构不当使用认可证书和认可标志的，认可机构应当暂停其使用直至撤销认可证书，并予公布。

第四十七条　认可机构应当对取得认可的机构和人员实施有效的跟踪监督，定期对取得认可的机构进行复评审，以验证其是否持续符合认可条件。取得认可的机构和人员不再符合认可条件的，认可机构应当撤销认可证书，并予公布。

取得认可的机构的从业人员和主要负责人、设施、自行制定的认证规则等与认可条件相关的情况发生变化的，应当及时告知认可机构。

第四十八条　认可机构不得接受任何可能对认可活动的客观公正产生影响的资助。

第四十九条　境内的认证机构、检查机构、实验室取得境外认可机构认可的，应当向国务院认证认可监督管理部门备案。

第五章　监督管理

第五十条　国务院认证认可监督管理部门可以采取组织同行评议，向被认证企业征求意见，对认证活动和认证结果进行抽查，要求认证机构以及与认证有关的检查机构、实验室报告业务活动情况的方式，对其遵守本条例的情况进行监督。发现有违反本条例行为的，应当及时查处，涉及国务院有关部门职责的，应当及时通报有关部门。

第五十一条　国务院认证认可监督管理部门应当重点对指定的认证机构、实验室进行监督，对其认证、检查、检测活动进行定期或者不定期的检查。指定的认证机构、实验室，应当定期向国务院认证认可监督管理部门提交报告，并对报告的真实性负责；报告应当对从事列入目录产品认证、检查、检测活动的情况作出说明。

第五十二条　认可机构应当定期向国务院认证认可监督管理部门提交报告，并对报告的真实性负责；报告应当对认可机构执行认可制度的情况、从事认可活动的情况、从业人员的工作情况作出说明。

国务院认证认可监督管理部门应当对认可机构的报告作出评价，并采取查阅认可活动档案资料、向有关人员了解情况等方式，对认可机构实施监督。

第五十三条　国务院认证认可监督管理部门可以根据认证认可监督管理的需要，就有关事项询问认可机构、认证机构、检查机构、实验室的主要负责人，调查了解情况，给予告诫，有关人员应当积极配合。

第五十四条　县级以上地方人民政府市场监督管理部门在国务院认证认可监督管理部门的授权范围内，依照本条例的规定对认证活动实施监督管理。

国务院认证认可监督管理部门授权的县级以上地方人民政府市场监督管理部门，以下称地方认证监督管理部门。

第五十五条　任何单位和个人对认证认可违法行为，有权向国务院认证认可监督管理部门和地方认证监督管理部门举报。国务院认证认可监督管理部门和地方认证监督管理部门应当及时调查处理，并为举报人保密。

第六章　法律责任

第五十六条　未经批准擅自从事认证活动的，予以取缔，处 10 万元以上 50 万元以下的罚款，有违法所得的，没收违法所得。

第五十七条　境外认证机构未经登记在中华人民共和国境内设立代表机构的，予以取缔，处 5 万元以上 20 万元以下的罚款。

经登记设立的境外认证机构代表机构在中华人民共和国境内从事认证活动的，责令改正，处 10 万元以上 50 万元以下的罚款，有违法所得的，没收违法所得；情节严重的，撤销批准文件，并予公布。

第五十八条　认证机构接受可能对认证活动的客观公正产生影响的资助，或者从事可能对认证活动的客观公正产生影响的产品开发、营销等活动，或者与认证委托人存在资产、管理方面的利益关系的，责令停业整顿；情节严重的，撤销批准文件，并予公布；有违法所得的，没收违法所得；构成犯罪的，依法追究刑事责任。

第五十九条　认证机构有下列情形之一的，责令改正，处5万元以上20万元以下的罚款，有违法所得的，没收违法所得；情节严重的，责令停业整顿，直至撤销批准文件，并予公布：

（一）超出批准范围从事认证活动的；

（二）增加、减少、遗漏认证基本规范、认证规则规定的程序的；

（三）未对其认证的产品、服务、管理体系实施有效的跟踪调查，或者发现其认证的产品、服务、管理体系不能持续符合认证要求，不及时暂停其使用或者撤销认证证书并予公布的；

（四）聘用未经认可机构注册的人员从事认证活动的。

与认证有关的检查机构、实验室增加、减少、遗漏认证基本规范、认证规则规定的程序的，依照前款规定处罚。

第六十条　认证机构有下列情形之一的，责令限期改正；逾期未改正的，处2万元以上10万元以下的罚款：

（一）以委托人未参加认证咨询或者认证培训等为理由，拒绝提供本认证机构业务范围内的认证服务，或者向委托人提出与认证活动无关的要求或者限制条件的；

（二）自行制定的认证标志的式样、文字和名称，与国家推行的认证标志相同或者近似，或者妨碍社会管理，或者有损社会道德风尚的；

（三）未公开认证基本规范、认证规则、收费标准等信息的；

（四）未对认证过程作出完整记录，归档留存的；

（五）未及时向其认证的委托人出具认证证书的。

与认证有关的检查机构、实验室未对与认证有关的检查、检测过程作出完整记录，归档留存的，依照前款规定处罚。

第六十一条　认证机构出具虚假的认证结论，或者出具的认证结论严重失实的，撤销批准文件，并予公布；对直接负责的主管人员和负有直接责任的认证人员，撤销其执业资格；构成犯罪的，依法追究刑事责任；造成损害的，认证机构应当承担相应的赔偿责任。

指定的认证机构有前款规定的违法行为的，同时撤销指定。

第六十二条　认证人员从事认证活动，不在认证机构执业或者同时在两个以上认证机构执业的，责令改正，给予停止执业 6 个月以上 2 年以下的处罚，仍不改正的，撤销其执业资格。

第六十三条　认证机构以及与认证有关的实验室未经指定擅自从事列入目录产品的认证以及与认证有关的检查、检测活动的，责令改正，处 10 万元以上 50 万元以下的罚款，有违法所得的，没收违法所得。

认证机构未经指定擅自从事列入目录产品的认证活动的，撤销批准文件，并予公布。

第六十四条　指定的认证机构、实验室超出指定的业务范围从事列入目录产品的认证以及与认证有关的检查、检测活动的，责令改正，处 10 万元以上 50 万元以下的罚款，有违法所得的，没收违法所得；情节严重的，撤销指定直至撤销批准文件，并予公布。

指定的认证机构转让指定的认证业务的，依照前款规定处罚。

第六十五条　认证机构、检查机构、实验室取得境外认可机构认可，未向国务院认证认可监督管理部门备案的，给予警告，并予公布。

第六十六条　列入目录的产品未经认证，擅自出厂、销售、进口或者在其他经营活动中使用的，责令限期改正，处 5 万元以上 20 万元以下的罚款；未经认证的违法产品货值金额不足 1 万元的，处货值金额 2 倍以下的罚款；有违法所得的，没收违法所得。

第六十七条　认可机构有下列情形之一的，责令改正；情节严重的，对主要负责人和负有责任的人员撤职或者解聘：

（一）对不符合认可条件的机构和人员予以认可的；

（二）发现取得认可的机构和人员不符合认可条件，不及时撤销认可证书，并予公布的；

（三）接受可能对认可活动的客观公正产生影响的资助的。

被撤职或者解聘的认可机构主要负责人和负有责任的人员，自被撤职或者解聘之日起5年内不得从事认可活动。

第六十八条　认可机构有下列情形之一的，责令改正；对主要负责人和负有责任的人员给予警告：

（一）受理认可申请，向申请人提出与认可活动无关的要求或者限制条件的；

（二）未在公布的时间内完成认可活动，或者未公开认可条件、认可程序、收费标准等信息的；

（三）发现取得认可的机构不当使用认可证书和认可标志，不及时暂停其使用或者撤销认可证书并予公布的；

（四）未对认可过程作出完整记录，归档留存的。

第六十九条　国务院认证认可监督管理部门和地方认证监督管理部门及其工作人员，滥用职权、徇私舞弊、玩忽职守，有下列行为之一的，对直接负责的主管人员和其他直接责任人员，依法给予降级或者撤职的行政处分；构成犯罪的，依法追究刑事责任：

（一）不按照本条例规定的条件和程序，实施批准和指定的；

（二）发现认证机构不再符合本条例规定的批准或者指定条件，不撤销批准文件或者指定的；

（三）发现指定的实验室不再符合本条例规定的指定条件，不撤销指定的；

（四）发现认证机构以及与认证有关的检查机构、实验室出具虚假的认证以及与认证有关的检查、检测结论或者出具的认证以及与认证有关的检查、检测结论严重失实，不予查处的；

（五）发现本条例规定的其他认证认可违法行为，不予查处的。

第七十条　伪造、冒用、买卖认证标志或者认证证书的，依照《中华人民共和国产品质量法》等法律的规定查处。

第七十一条　本条例规定的行政处罚，由国务院认证认可监督管理部门或者其授权的地方认证监督管理部门按照各自职责实施。

法律、其他行政法规另有规定的，依照法律、其他行政法规的规定执行。

第七十二条　认证人员自被撤销执业资格之日起 5 年内，认可机构不再受理其注册申请。

中华人民共和国货物进出口管理条例

（2001 年 12 月 10 日中华人民共和国国务院令第 332 号公布　根据 2024 年 3 月 10 日《国务院关于修改和废止部分行政法规的决定》修订）

第一章　总则

第一条　为了规范货物进出口管理，维护货物进出口秩序，促进对外贸易健康发展，根据《中华人民共和国对外贸易法》（以下简称对外贸易法）的有关规定，制定本条例。

第二条　从事将货物进口到中华人民共和国关境内或者将货物出口到中华人民共和国关境外的贸易活动，应当遵守本条例。

第三条　国家对货物进出口实行统一的管理制度。

第四条　国家准许货物的自由进出口，依法维护公平、有序的货物进出口贸易。

除法律、行政法规明确禁止或者限制进出口的外，任何单位和个人均不得对货物进出口设置、维持禁止或者限制措施。

第五条　中华人民共和国在货物进出口贸易方面根据所缔结或者参加的国际条约、协定，给予其他缔约方、参加方最惠国待遇、国民待遇，或者根据互惠、对等原则给予对方最惠国待遇、国民待遇。

第六条　任何国家或者地区在货物进出口贸易方面对中华人民共和国采取歧视性的禁止、限制或者其他类似措施的，中华人民共和国可以根据实际情况对该国家或者地区采取相应的措施。

第七条 国务院对外经济贸易主管部门（以下简称国务院外经贸主管部门）依照对外贸易法和本条例的规定，主管全国货物进出口贸易工作。

国务院有关部门按照国务院规定的职责，依照本条例的规定负责货物进出口贸易管理的有关工作。

第二章 货物进口管理

第一节 禁止进口的货物

第八条 有对外贸易法第十六条规定情形之一的货物，禁止进口。其他法律、行政法规规定禁止进口的，依照其规定。

禁止进口的货物目录由国务院外经贸主管部门会同国务院有关部门制定、调整并公布。

第九条 属于禁止进口的货物，不得进口。

第二节 限制进口的货物

第十条 有对外贸易法第十五条第（一）、（四）、（五）、（六）、（七）项规定情形之一的货物，限制进口。其他法律、行政法规规定限制进口的，依照其规定。

限制进口的货物目录由国务院外经贸主管部门会同国务院有关部门制定、调整并公布。

限制进口的货物目录，应当至少在实施前 21 天公布；在紧急情况下，应当不迟于实施之日公布。

第十一条 国家规定有数量限制的限制进口货物，实行配额管理；其他限制进口货物，实行许可证管理。

实行关税配额管理的进口货物，依照本章第四节的规定执行。

第十二条 实行配额管理的限制进口货物，由国务院外经贸主管部门和国务院有关经济管理部门（以下统称进口配额管理部门）按照国务院规定的职责划分进行管理。

第十三条　对实行配额管理的限制进口货物，进口配额管理部门应当在每年 7 月 31 日前公布下一年度进口配额总量。

配额申请人应当在每年 8 月 1 日至 8 月 31 日向进口配额管理部门提出下一年度进口配额的申请。

进口配额管理部门应当在每年 10 月 31 日前将下一年度的配额分配给配额申请人。

进口配额管理部门可以根据需要对年度配额总量进行调整，并在实施前 21 天予以公布。

第十四条　配额可以按照对所有申请统一办理的方式分配。

第十五条　按照对所有申请统一办理的方式分配配额的，进口配额管理部门应当自规定的申请期限截止之日起 60 天内作出是否发放配额的决定。

第十六条　进口配额管理部门分配配额时，应当考虑下列因素：

（一）申请人的进口实绩；

（二）以往分配的配额是否得到充分使用；

（三）申请人的生产能力、经营规模、销售状况；

（四）新的进口经营者的申请情况；

（五）申请配额的数量情况；

（六）需要考虑的其他因素。

第十七条　进口经营者凭进口配额管理部门发放的配额证明，向国务院外经贸主管部门申领进口配额许可证。国务院外经贸主管部门应当自收到申请之日起 3 个工作日内发放进口配额许可证。

进口经营者凭国务院外经贸主管部门发放的进口配额许可证，向海关办理报关验放手续。

第十八条　配额持有者未使用完其持有的年度配额的，应当在当年 9 月 1 日前将未使用的配额交还进口配额管理部门；未按期交还并且在当年年底前未使用完的，进口配额管理部门可以在下一年度对其扣减相应的配额。

第十九条　实行许可证管理的限制进口货物，进口经营者应当向国务院外经贸主管部门或者国务院有关部门（以下统称进口许可证管理部门）提出申请。进口许可证管理部门应当自收到申请之日起 30 天内决定是否许可。

进口经营者凭进口许可证管理部门发放的进口许可证，向海关办理报关验放手续。

前款所称进口许可证，包括法律、行政法规规定的各种具有许可进口性质的证明、文件。

第二十条　进口配额管理部门和进口许可证管理部门应当根据本条例的规定制定具体管理办法，对申请人的资格、受理申请的部门、审查的原则和程序等事项作出明确规定并在实施前予以公布。

受理申请的部门一般为一个部门。

进口配额管理部门和进口许可证管理部门要求申请人提交的文件，应当限于为保证实施管理所必需的文件和资料，不得仅因细微的、非实质性的错讹拒绝接受申请。

第三节　自由进口的货物

第二十一条　进口属于自由进口的货物，不受限制。

第二十二条　基于监测货物进口情况的需要，国务院外经贸主管部门和国务院有关经济管理部门可以按照国务院规定的职责划分，对部分属于自由进口的货物实行自动进口许可管理。

实行自动进口许可管理的货物目录，应当至少在实施前 21 天公布。

第二十三条　进口属于自动进口许可管理的货物，均应当给予许可。

第二十四条　进口属于自动进口许可管理的货物，进口经营者应当在办理海关报关手续前，向国务院外经贸主管部门或者国务院有关经济管理部门提交自动进口许可申请。

国务院外经贸主管部门或者国务院有关经济管理部门应当在收到申请后，立即发放自动进口许可证明；在特殊情况下，最长不得超过 10 天。

进口经营者凭国务院外经贸主管部门或者国务院有关经济管理部门发放的自动进口许可证明，向海关办理报关验放手续。

第四节　关税配额管理的货物

第二十五条　实行关税配额管理的进口货物目录，由国务院外经贸主管部门会同国务院有关经济管理部门制定、调整并公布。

第二十六条　属于关税配额内进口的货物，按照配额内税率缴纳关税；属于关税配额外进口的货物，按照配额外税率缴纳关税。

第二十七条　进口配额管理部门应当在每年 9 月 15 日至 10 月 14 日公布下一年度的关税配额总量。

配额申请人应当在每年 10 月 15 日至 10 月 30 日向进口配额管理部门提出关税配额的申请。

第二十八条　关税配额可以按照对所有申请统一办理的方式分配。

第二十九条　按照对所有申请统一办理的方式分配关税配额的，进口配额管理部门应当在每年 12 月 31 日前作出是否发放配额的决定。

第三十条　进口经营者凭进口配额管理部门发放的关税配额证明，向海关办理关税配额内货物的报关验放手续。

国务院有关经济管理部门应当及时将年度关税配额总量、分配方案和关税配额证明实际发放的情况向国务院外经贸主管部门备案。

第三十一条　关税配额持有者未使用完其持有的年度配额的，应当在当年 9 月 15 日前将未使用的配额交还进口配额管理部门；未按期交还并且在当年年底前未使用完的，进口配额管理部门可以在下一年度对其扣减相应的配额。

第三十二条　进口配额管理部门应当根据本条例的规定制定有关关税配额的具体管理办法，对申请人的资格、受理申请的部门、审查的原则和程序等事项作出明确规定并在实施前予以公布。

受理申请的部门一般为一个部门。

进口配额管理部门要求关税配额申请人提交的文件，应当限于为保证实施关税配额管理所必需的文件和资料，不得仅因细微的、非实质性的错讹拒绝接受关税配额申请。

第三章　货物出口管理

第一节　禁止出口的货物

第三十三条　有对外贸易法第十六条规定情形之一的货物，禁止出口。其他法律、行政法规规定禁止出口的，依照其规定。

禁止出口的货物目录由国务院外经贸主管部门会同国务院有关部门制定、调整并公布。

第三十四条　属于禁止出口的货物，不得出口。

第二节　限制出口的货物

第三十五条　有对外贸易法第十五条第（一）、（二）、（三）、（七）项规定情形之一的货物，限制出口。其他法律、行政法规规定限制出口的，依照其规定。

限制出口的货物目录由国务院外经贸主管部门会同国务院有关部门制定、调整并公布。

限制出口的货物目录，应当至少在实施前 21 天公布；在紧急情况下，应当不迟于实施之日公布。

第三十六条　国家规定有数量限制的限制出口货物，实行配额管理；其他限制出口货物，实行许可证管理。

第三十七条　实行配额管理的限制出口货物，由国务院外经贸主管部门和国务院有关经济管理部门（以下统称出口配额管理部门）按照国务院规定的职责划分进行管理。

第三十八条　对实行配额管理的限制出口货物，出口配额管理部门应当在每年 10 月 31 日前公布下一年度出口配额总量。

配额申请人应当在每年 11 月 1 日至 11 月 15 日向出口配额管理部门提出下一年度出口配额的申请。

出口配额管理部门应当在每年 12 月 15 日前将下一年度的配额分配给配额申请人。

第三十九条　配额可以通过直接分配的方式分配，也可以通过招标等方式分配。

第四十条　出口配额管理部门应当自收到申请之日起 30 天内并不晚于当年 12 月 15 日作出是否发放配额的决定。

第四十一条　出口经营者凭出口配额管理部门发放的配额证明，向国务院外经贸主管部门申领出口配额许可证。国务院外经贸主管部门应当自收到申请之日起 3 个工作日内发放出口配额许可证。

出口经营者凭国务院外经贸主管部门发放的出口配额许可证，向海关办理报关验放手续。

第四十二条　配额持有者未使用完其持有的年度配额的，应当在当年 10 月 31 日前将未使用的配额交还出口配额管理部门；未按期交还并且在当年年底前未使用完的，出口配额管理部门可以在下一年度对其扣减相应的配额。

第四十三条　实行许可证管理的限制出口货物，出口经营者应当向国务院外经贸主管部门或者国务院有关部门（以下统称出口许可证管理部门）提出申请，出口许可证管理部门应当自收到申请之日起 30 天内决定是否许可。

出口经营者凭出口许可证管理部门发放的出口许可证，向海关办理报关验放手续。

前款所称出口许可证，包括法律、行政法规规定的各种具有许可出口性质的证明、文件。

第四十四条　出口配额管理部门和出口许可证管理部门应当根据本条例的规定制定具体管理办法，对申请人的资格、受理申请的部门、审查的原则和程序等事项作出明确规定并在实施前予以公布。

受理申请的部门一般为一个部门。

出口配额管理部门和出口许可证管理部门要求申请人提交的文件，应当限于为保证实施管理所必需的文件和资料，不得仅因细微的、非实质性的错讹拒绝接受申请。

第四章　国营贸易和指定经营

第四十五条　国家可以对部分货物的进出口实行国营贸易管理。

实行国营贸易管理的进出口货物目录由国务院外经贸主管部门会同国务院有关经济管理部门制定、调整并公布。

第四十六条　国务院外经贸主管部门和国务院有关经济管理部门按照国务院规定的职责划分确定国营贸易企业名录并予以公布。

第四十七条　实行国营贸易管理的货物，国家允许非国营贸易企业从事部分数量的进出口。

第四十八条　国营贸易企业应当每半年向国务院外经贸主管部门提供实行国营贸易管理的货物的购买价格、销售价格等有关信息。

第四十九条　国务院外经贸主管部门基于维护进出口经营秩序的需要，可以在一定期限内对部分货物实行指定经营管理。

实行指定经营管理的进出口货物目录由国务院外经贸主管部门制定、调整并公布。

第五十条　确定指定经营企业的具体标准和程序，由国务院外经贸主管部门制定并在实施前公布。

指定经营企业名录由国务院外经贸主管部门公布。

第五十一条　除本条例第四十七条规定的情形外，未列入国营贸易企业名录和指定经营企业名录的企业或者其他组织，不得从事实行国营贸易管理、指定经营管理的货物的进出口贸易。

第五十二条　国营贸易企业和指定经营企业应当根据正常的商业条件从事经营活动，不得以非商业因素选择供应商，不得以非商业因素拒绝其他企业或者组织的委托。

第五章　进出口监测和临时措施

第五十三条　国务院外经贸主管部门负责对货物进出口情况进行监测、评估，并定期向国务院报告货物进出口情况，提出建议。

第五十四条　国家为维护国际收支平衡，包括国际收支发生严重失衡或者受到严重失衡威胁时，或者为维持与实施经济发展计划相适应的外汇储备水平，可以对进口货物的价值或者数量采取临时限制措施。

第五十五条　国家为建立或者加快建立国内特定产业，在采取现有措施无法实现的情况下，可以采取限制或者禁止进口的临时措施。

第五十六条　国家为执行下列一项或者数项措施，必要时可以对任何形式的农产品水产品采取限制进口的临时措施：

（一）对相同产品或者直接竞争产品的国内生产或者销售采取限制措施；

（二）通过补贴消费的形式，消除国内过剩的相同产品或者直接竞争产品；

（三）对完全或者主要依靠该进口农产品水产品形成的动物产品采取限产措施。

第五十七条　有下列情形之一的，国务院外经贸主管部门可以对特定货物的出口采取限制或者禁止的临时措施：

（一）发生严重自然灾害等异常情况，需要限制或者禁止出口的；

（二）出口经营秩序严重混乱，需要限制出口的；

（三）依照对外贸易法第十五条、第十六条的规定，需要限制或者禁止出口的。

第五十八条　对进出口货物采取限制或者禁止的临时措施的，国务院外经贸主管部门应当在实施前予以公告。

第六章　对外贸易促进

第五十九条　国家采取出口信用保险、出口信贷、出口退税、设立外贸发展基金等措施，促进对外贸易发展。

第六十条　国家采取有效措施，促进企业的技术创新和技术进步，提高企业的国际竞争能力。

第六十一条　国家通过提供信息咨询服务，帮助企业开拓国际市场。

第六十二条　货物进出口经营者可以依法成立和参加进出口商会，实行行业自律和协调。

第六十三条　国家鼓励企业积极应对国外歧视性反倾销、反补贴、保障措施及其他限制措施，维护企业的正当贸易权利。

第七章　法律责任

第六十四条　进口或者出口属于禁止进出口的货物，或者未经批准、许可擅自进口或者出口属于限制进出口的货物的，依照刑法关于走私罪的规定，依法追究刑事责任；尚不够刑事处罚的，依照海关法的有关规定处罚。

第六十五条　擅自超出批准、许可的范围进口或者出口属于限制进出口的货物的，依照刑法关于走私罪或者非法经营罪的规定，依法追究刑事责任；尚不够刑事处罚的，依照海关法的有关规定处罚。

第六十六条　伪造、变造或者买卖货物进出口配额证明、批准文件、许可证或者自动进口许可证明的，依照刑法关于非法经营罪或者伪造、变造、买卖国家机关公文、证件、印章罪的规定，依法追究刑事责任；尚不够刑事处罚的，依照海关法的有关规定处罚。

第六十七条　进出口经营者以欺骗或者其他不正当手段获取货物进出口配额、批准文件、许可证或者自动进口许可证明的，依法收缴其货物进出口配额、批准文件、许可证或者自动进口许可证明。

第六十八条　违反本条例第五十一条规定，擅自从事实行国营贸易管理或者指定经营管理的货物进出口贸易，扰乱市场秩序，情节严重的，依照刑法关于非法经营罪的规定，依法追究刑事责任；尚不够刑事处罚的，由市场监督管理部门依法给予行政处罚。

第六十九条　国营贸易企业或者指定经营企业违反本条例第四十八条、第五十二条规定的，由国务院外经贸主管部门予以警告；

情节严重的，可以暂停直至取消其国营贸易企业或者指定经营企业资格。

第七十条　货物进出口管理工作人员在履行货物进出口管理职责中，滥用职权、玩忽职守或者利用职务上的便利收受、索取他人财物的，依照刑法关于滥用职权罪、玩忽职守罪、受贿罪或者其他罪的规定，依法追究刑事责任；尚不够刑事处罚的，依法给予行政处分。

第八章　附则

第七十一条　对本条例规定的行政机关发放配额、关税配额、许可证或者自动许可证明的决定不服的，对确定国营贸易企业或者指定经营企业资格的决定不服的，或者对行政处罚的决定不服的，可以依法申请行政复议，也可以依法向人民法院提起诉讼。

第七十二条　本条例的规定不妨碍依据法律、行政法规对进出口货物采取的关税、检验检疫、安全、环保、知识产权保护等措施。

第七十三条　出口核用品、核两用品、监控化学品、军品等出口管制货物的，依照有关行政法规的规定办理。

第七十四条　对进口货物需要采取反倾销措施、反补贴措施、保障措施的，依照对外贸易法和有关法律、行政法规的规定执行。

第七十五条　法律、行政法规对保税区、出口加工区等特殊经济区的货物进出口管理另有规定的，依照其规定。

第七十六条　国务院外经贸主管部门负责有关货物进出口贸易的双边或者多边磋商、谈判，并负责贸易争端解决的有关事宜。

第七十七条　本条例自 2002 年 1 月 1 日起施行。1984 年 1 月 10 日国务院发布的《中华人民共和国进口货物许可制度暂行条例》，1992 年 12 月 21 日国务院批准、1992 年 12 月 29 日对外经济贸易部发布的《出口商品管理暂行办法》，1993 年 9 月 22 日国务院批准、1993 年 10 月 7 日国家经济贸易委员会、对外贸易经济合作部发布的《机电产品进口管理暂行办法》，1993 年 12 月 22 日国务院批准、1993 年 12 月 29 日国家计划委员会、对外贸易经济合作部发布的

《一般商品进口配额管理暂行办法》，1994年6月13日国务院批准、1994年7月19日对外贸易经济合作部、国家计划委员会发布的《进口商品经营管理暂行办法》，同时废止。

中华人民共和国技术进出口管理条例

（2001年12月10日中华人民共和国国务院令第331号公布　根据2011年1月8日《国务院关于废止和修改部分行政法规的决定》第一次修订　根据2019年3月2日《国务院关于修改部分行政法规的决定》第二次修订　根据2020年11月29日《国务院关于修改和废止部分行政法规的决定》第三次修订）

第一章　总则

第一条　为了规范技术进出口管理，维护技术进出口秩序，促进国民经济和社会发展，根据《中华人民共和国对外贸易法》（以下简称对外贸易法）及其他有关法律的有关规定，制定本条例。

第二条　本条例所称技术进出口，是指从中华人民共和国境外向中华人民共和国境内，或者从中华人民共和国境内向中华人民共和国境外，通过贸易、投资或者经济技术合作的方式转移技术的行为。

前款规定的行为包括专利权转让、专利申请权转让、专利实施许可、技术秘密转让、技术服务和其他方式的技术转移。

第三条　国家对技术进出口实行统一的管理制度，依法维护公平、自由的技术进出口秩序。

第四条　技术进出口应当符合国家的产业政策、科技政策和社会发展政策，有利于促进我国科技进步和对外经济技术合作的发展，有利于维护我国经济技术权益。

第五条　国家准许技术的自由进出口；但是，法律、行政法规另有规定的除外。

第六条　国务院对外经济贸易主管部门（以下简称国务院外经贸主管部门）依照对外贸易法和本条例的规定，负责全国的技术进出口管理工作。省、自治区、直辖市人民政府外经贸主管部门根据国务院外经贸主管部门的授权，负责本行政区域内的技术进出口管理工作。

国务院有关部门按照国务院的规定，履行技术进出口项目的有关管理职责。

第二章　技术进口管理

第七条　国家鼓励先进、适用的技术进口。

第八条　有对外贸易法第十六条规定情形之一的技术，禁止或者限制进口。

国务院外经贸主管部门会同国务院有关部门，制定、调整并公布禁止或者限制进口的技术目录。

第九条　属于禁止进口的技术，不得进口。

第十条　属于限制进口的技术，实行许可证管理；未经许可，不得进口。

第十一条　进口属于限制进口的技术，应当向国务院外经贸主管部门提出技术进口申请并附有关文件。

技术进口项目需经有关部门批准的，还应当提交有关部门的批准文件。

第十二条　国务院外经贸主管部门收到技术进口申请后，应当会同国务院有关部门对申请进行审查，并自收到申请之日起30个工作日内作出批准或者不批准的决定。

第十三条　技术进口申请经批准的，由国务院外经贸主管部门发给技术进口许可意向书。

进口经营者取得技术进口许可意向书后，可以对外签订技术进口合同。

第十四条　进口经营者签订技术进口合同后，应当向国务院外经贸主管部门提交技术进口合同副本及有关文件，申请技术进口许可证。

国务院外经贸主管部门对技术进口合同的真实性进行审查，并自收到前款规定的文件之日起 10 个工作日内，对技术进口作出许可或者不许可的决定。

第十五条　申请人依照本条例第十一条的规定向国务院外经贸主管部门提出技术进口申请时，可以一并提交已经签订的技术进口合同副本。

国务院外经贸主管部门应当依照本条例第十二条和第十四条的规定对申请及其技术进口合同的真实性一并进行审查，并自收到前款规定的文件之日起 40 个工作日内，对技术进口作出许可或者不许可的决定。

第十六条　技术进口经许可的，由国务院外经贸主管部门颁发技术进口许可证。技术进口合同自技术进口许可证颁发之日起生效。

第十七条　对属于自由进口的技术，实行合同登记管理。

进口属于自由进口的技术，合同自依法成立时生效，不以登记为合同生效的条件。

第十八条　进口属于自由进口的技术，应当向国务院外经贸主管部门办理登记，并提交下列文件：

（一）技术进口合同登记申请书；

（二）技术进口合同副本；

（三）签约双方法律地位的证明文件。

第十九条　国务院外经贸主管部门应当自收到本条例第十八条规定的文件之日起 3 个工作日内，对技术进口合同进行登记，颁发技术进口合同登记证。

第二十条　申请人凭技术进口许可证或者技术进口合同登记证，办理外汇、银行、税务、海关等相关手续。

第二十一条　依照本条例的规定，经许可或者登记的技术进口合同，合同的主要内容发生变更的，应当重新办理许可或者登记手续。

经许可或者登记的技术进口合同终止的，应当及时向国务院外经贸主管部门备案。

第二十二条　国务院外经贸主管部门和有关部门及其工作人员在履行技术进口管理职责中，对所知悉的商业秘密负有保密义务。

第二十三条　技术进口合同的让与人应当保证自己是所提供技术的合法拥有者或者有权转让、许可者。

技术进口合同的受让人按照合同约定使用让与人提供的技术，被第三方指控侵权的，受让人应当立即通知让与人；让与人接到通知后，应当协助受让人排除妨碍。

第二十四条　技术进口合同的让与人应当保证所提供的技术完整、无误、有效，能够达到约定的技术目标。

第二十五条　技术进口合同的受让人、让与人应当在合同约定的保密范围和保密期限内，对让与人提供的技术中尚未公开的秘密部分承担保密义务。

在保密期限内，承担保密义务的一方在保密技术非因自己的原因被公开后，其承担的保密义务即予终止。

第二十六条　技术进口合同期满后，技术让与人和受让人可以依照公平合理的原则，就技术的继续使用进行协商。

第三章　技术出口管理

第二十七条　国家鼓励成熟的产业化技术出口。

第二十八条　有对外贸易法第十六条规定情形之一的技术，禁止或者限制出口。

国务院外经贸主管部门会同国务院有关部门，制定、调整并公布禁止或者限制出口的技术目录。

第二十九条　属于禁止出口的技术，不得出口。

第三十条　属于限制出口的技术，实行许可证管理；未经许可，不得出口。

第三十一条　出口属于限制出口的技术，应当向国务院外经贸主管部门提出申请。

第三十二条　国务院外经贸主管部门收到技术出口申请后，应当会同国务院科技管理部门对申请出口的技术进行审查，并自收到申请之日起 30 个工作日内作出批准或者不批准的决定。

限制出口的技术需经有关部门进行保密审查的，按照国家有关规定执行。

第三十三条 技术出口申请经批准的，由国务院外经贸主管部门发给技术出口许可意向书。

申请人取得技术出口许可意向书后，方可对外进行实质性谈判，签订技术出口合同。

第三十四条 申请人签订技术出口合同后，应当向国务院外经贸主管部门提交下列文件，申请技术出口许可证：

（一）技术出口许可意向书；

（二）技术出口合同副本；

（三）技术资料出口清单；

（四）签约双方法律地位的证明文件。

国务院外经贸主管部门对技术出口合同的真实性进行审查，并自收到前款规定的文件之日起 15 个工作日内，对技术出口作出许可或者不许可的决定。

第三十五条 技术出口经许可的，由国务院外经贸主管部门颁发技术出口许可证。技术出口合同自技术出口许可证颁发之日起生效。

第三十六条 对属于自由出口的技术，实行合同登记管理。

出口属于自由出口的技术，合同自依法成立时生效，不以登记为合同生效的条件。

第三十七条 出口属于自由出口的技术，应当向国务院外经贸主管部门办理登记，并提交下列文件：

（一）技术出口合同登记申请书；

（二）技术出口合同副本；

（三）签约双方法律地位的证明文件。

第三十八条 国务院外经贸主管部门应当自收到本条例第三十

七条规定的文件之日起 3 个工作日内，对技术出口合同进行登记，颁发技术出口合同登记证。

第三十九条 申请人凭技术出口许可证或者技术出口合同登记证办理外汇、银行、税务、海关等相关手续。

第四十条 依照本条例的规定，经许可或者登记的技术出口合同，合同的主要内容发生变更的，应当重新办理许可或者登记手续。

经许可或者登记的技术出口合同终止的，应当及时向国务院外经贸主管部门备案。

第四十一条 国务院外经贸主管部门和有关部门及其工作人员在履行技术出口管理职责中，对国家秘密和所知悉的商业秘密负有保密义务。

第四十二条 出口核技术、核两用品相关技术、监控化学品生产技术、军事技术等出口管制技术的，依照有关行政法规的规定办理。

第四章 法律责任

第四十三条 进口或者出口属于禁止进出口的技术的，或者未经许可擅自进口或者出口属于限制进出口的技术的，依照刑法关于走私罪、非法经营罪、泄露国家秘密罪或者其他罪的规定，依法追究刑事责任；尚不够刑事处罚的，区别不同情况，依照海关法的有关规定处罚，或者由国务院外经贸主管部门给予警告，没收违法所得，处违法所得 1 倍以上 5 倍以下的罚款；国务院外经贸主管部门并可以撤销其对外贸易经营许可。

第四十四条 擅自超出许可的范围进口或者出口属于限制进出口的技术的，依照刑法关于非法经营罪或者其他罪的规定，依法追究刑事责任；尚不够刑事处罚的，区别不同情况，依照海关法的有关规定处罚，或者由国务院外经贸主管部门给予警告，没收违法所得，处违法所得 1 倍以上 3 倍以下的罚款；国务院外经贸主管部门并可以暂停直至撤销其对外贸易经营许可。

第四十五条　伪造、变造或者买卖技术进出口许可证或者技术进出口合同登记证的，依照刑法关于非法经营罪或者伪造、变造、买卖国家机关公文、证件、印章罪的规定，依法追究刑事责任；尚不够刑事处罚的，依照海关法的有关规定处罚；国务院外经贸主管部门并可以撤销其对外贸易经营许可。

第四十六条　以欺骗或者其他不正当手段获取技术进出口许可的，由国务院外经贸主管部门吊销其技术进出口许可证，暂停直至撤销其对外贸易经营许可。

第四十七条　以欺骗或者其他不正当手段获取技术进出口合同登记的，由国务院外经贸主管部门吊销其技术进出口合同登记证，暂停直至撤销其对外贸易经营许可。

第四十八条　技术进出口管理工作人员违反本条例的规定，泄露国家秘密或者所知悉的商业秘密的，依照刑法关于泄露国家秘密罪或者侵犯商业秘密罪的规定，依法追究刑事责任；尚不够刑事处罚的，依法给予行政处分。

第四十九条　技术进出口管理工作人员滥用职权、玩忽职守或者利用职务上的便利收受、索取他人财物的，依照刑法关于滥用职权罪、玩忽职守罪、受贿罪或者其他罪的规定，依法追究刑事责任；尚不够刑事处罚的，依法给予行政处分。

第五章　附则

第五十条　对国务院外经贸主管部门作出的有关技术进出口的批准、许可、登记或者行政处罚决定不服的，可以依法申请行政复议，也可以依法向人民法院提起诉讼。

第五十一条　本条例公布前国务院制定的有关技术进出口管理的规定与本条例的规定不一致的，以本条例为准。

第五十二条　本条例自 2002 年 1 月 1 日起施行。1985 年 5 月 24 日国务院发布的《中华人民共和国技术引进合同管理条例》和 1987 年 12 月 30 日国务院批准、1988 年 1 月 20 日对外经济贸易部发布的《中华人民共和国技术引进合同管理条例施行细则》同时废止。

中华人民共和国外商投资法实施条例（节录）

（2019 年 12 月 12 日国务院第 74 次常务会议通过，自 2020 年 1 月 1 日起施行）

第十一条　国家根据国民经济和社会发展需要，制定鼓励外商投资产业目录，列明鼓励和引导外国投资者投资的特定行业、领域、地区。鼓励外商投资产业目录由国务院投资主管部门会同国务院商务主管部门等有关部门拟订，报国务院批准后由国务院投资主管部门、商务主管部门发布。

第十三条　外商投资企业依法和内资企业平等参与国家标准、行业标准、地方标准和团体标准的制定、修订工作。外商投资企业可以根据需要自行制定或者与其他企业联合制定企业标准。

外商投资企业可以向标准化行政主管部门和有关行政主管部门提出标准的立项建议，在标准立项、起草、技术审查以及标准实施信息反馈、评估等过程中提出意见和建议，并按照规定承担标准起草、技术审查的相关工作以及标准的外文翻译工作。

标准化行政主管部门和有关行政主管部门应当建立健全相关工作机制，提高标准制定、修订的透明度，推进标准制定、修订全过程信息公开。

第十四条　国家制定的强制性标准对外商投资企业和内资企业平等适用，不得专门针对外商投资企业适用高于强制性标准的技术要求。

第二十二条　外国投资者在中国境内的出资、利润、资本收益、资产处置所得、取得的知识产权许可使用费、依法获得的补偿或者赔偿、清算所得等，可以依法以人民币或者外汇自由汇入、汇出，任何单位和个人不得违法对币种、数额以及汇入、汇出的频次等进行限制。

外商投资企业的外籍职工和香港、澳门、台湾职工的工资收入和其他合法收入，可以依法自由汇出。

第二十三条　国家加大对知识产权侵权行为的惩处力度，持续强化知识产权执法，推动建立知识产权快速协同保护机制，健全知识产权纠纷多元化解决机制，平等保护外国投资者和外商投资企业的知识产权。

标准制定中涉及外国投资者和外商投资企业专利的，应当按照标准涉及专利的有关管理规定办理。

第二十四条　行政机关（包括法律、法规授权的具有管理公共事务职能的组织，下同）及其工作人员不得利用实施行政许可、行政检查、行政处罚、行政强制以及其他行政手段，强制或者变相强制外国投资者、外商投资企业转让技术。

第二十五条　行政机关依法履行职责，确需外国投资者、外商投资企业提供涉及商业秘密的材料、信息的，应当限定在履行职责所必需的范围内，并严格控制知悉范围，与履行职责无关的人员不得接触有关材料、信息。

行政机关应当建立健全内部管理制度，采取有效措施保护履行职责过程中知悉的外国投资者、外商投资企业的商业秘密；依法需要与其他行政机关共享信息的，应当对信息中含有的商业秘密进行保密处理，防止泄露。

第三十五条　外国投资者在依法需要取得许可的行业、领域进行投资的，除法律、行政法规另有规定外，负责实施许可的有关主管部门应当按照与内资一致的条件和程序，审核外国投资者的许可申请，不得在许可条件、申请材料、审核环节、审核时限等方面对外国投资者设置歧视性要求。

负责实施许可的有关主管部门应当通过多种方式，优化审批服务，提高审批效率。对符合相关条件和要求的许可事项，可以按照有关规定采取告知承诺的方式办理。

第四十条　国家建立外商投资安全审查制度，对影响或者可能影响国家安全的外商投资进行安全审查。

第四十三条　行政机关及其工作人员利用行政手段强制或者变相强制外国投资者、外商投资企业转让技术的，对直接负责的主管人员和其他直接责任人员依法给予处分。

第十二章 部门规章

商用密码检测机构管理办法

（2023 年 9 月 11 日国家密码管理局局务会议审议通过，自 2023 年 11 月 1 日起施行）

第一条 为了加强商用密码检测机构管理，规范商用密码检测活动，根据《中华人民共和国密码法》、《商用密码管理条例》等有关法律法规，制定本办法。

第二条 商用密码检测机构的资质认定和监督管理适用本办法。

第三条 从事商用密码产品检测、网络与信息系统商用密码应用安全性评估等商用密码检测活动，向社会出具具有证明作用的数据、结果的机构，应当经国家密码管理局认定，依法取得商用密码检测机构资质。

第四条 国家密码管理局负责全国商用密码检测机构的资质认定和监督管理。县级以上地方各级密码管理部门负责本行政区域内商用密码检测机构的监督管理。

第五条 商用密码检测机构应当在资质认定业务范围内从事商用密码检测活动。国家密码管理局制定并公布商用密码检测机构资质认定基本规范和商用密码检测机构资质认定业务范围。

第六条 取得商用密码检测机构资质，应当符合下列条件：

（一）具有法人资格；

（二）具有与从事商用密码检测活动相适应的资金；

（三）成立 2 年以上，从事网络安全检测评估领域相关工作 1 年以上，无重大违法或者不良信用记录；

（四）具有与从事商用密码检测活动相适应的场所；

（五）具有与从事商用密码检测活动相适应的设备设施；

（六）具有保证商用密码检测活动独立、公正、科学、诚信的管理体系；

（七）具有与从事商用密码检测活动相适应的专业人员；

（八）具有与从事商用密码检测活动相适应的专业能力。

外商投资企业法人申请商用密码检测机构资质，除符合上述条件外，还应当符合我国外商投资有关法律法规的规定。

第七条　申请商用密码检测机构资质，应当向国家密码管理局提出书面申请，向国家密码管理局委托进行受理的省、自治区、直辖市密码管理部门提交《商用密码检测机构资质申请表》及以下材料，并对其真实性负责：

（一）法人资格证书；

（二）资本结构和股权情况；

（三）无重大违法或者不良信用记录、不从事可能影响商用密码检测公平公正性活动的承诺；

（四）工作场所等固定资产产权证书或者租赁合同；

（五）工作环境和设备设施配置情况；

（六）项目管理、质量管理、人员管理、档案管理、安全保密管理等管理体系建立情况；

（七）法定代表人、最高管理者、技术负责人、质量负责人、授权签字人以及专业人员情况；

（八）申请人认为需要补充的其他材料。

受国家密码管理局委托进行受理的省、自治区、直辖市密码管理部门自收到申请材料之日起 5 个工作日内，对申请材料进行形式审查，根据下列情况分别作出处理：申请材料内容齐全、符合规定形式的，应当受理行政许可申请并出具受理通知书；申请材料内容不齐全或者不符合规定形式的，应当当场或者在 5 个工作日内一次性告知申请人需要补正的全部材料；不予受理的，应当出具不予受理通知书并说明理由。

第八条　国家密码管理局应当自行政许可申请受理之日起 20 个工作日内，依据商用密码检测机构资质认定基本规范的要求，对申请进行审查，并依法作出是否准予许可的书面决定。

需要对申请人进行技术评审的，技术评审所需时间不计算在本条规定的期限内。国家密码管理局应当将所需时间书面告知申请人。

第九条　国家密码管理局根据技术评审需要和专业要求，可以委托专业技术评价机构实施技术评审。

技术评审包括专业人员能力考核，场所、设备设施、管理体系建设实地查勘，检测能力考核等。

专业技术评价机构应当严格按照商用密码检测机构资质认定基本规范开展技术评审活动，对技术评审结论的真实性、符合性负责，并承担相应法律责任。国家密码管理局应当对技术评审活动进行监督，建立责任追究机制。

第十条　申请人有下列情形之一的，国家密码管理局应当终止审查：

（一）隐瞒有关情况或者提供虚假材料的；

（二）采取贿赂、请托等不正当手段，影响审查工作公平公正进行的；

（三）无正当理由拒绝接受审查的；

（四）违反商用密码检测机构从业要求的。

第十一条　准予许可的，国家密码管理局向申请人颁发《商用密码检测机构资质证书》，并公布取得资质证书的商用密码检测机构名录。

有下列情形之一的，国家密码管理局应当出具不予行政许可决定书，说明理由并告知申请人相关权利：

（一）终止审查的；

（二）审查不合格的；

（三）法律法规规定的不予许可的其他情形。

第十二条 《商用密码检测机构资质证书》有效期 5 年，内容包括：获证机构名称、统一社会信用代码、注册地址、证书编号、有效期限、资质认定业务范围、发证机关和发证日期。

《商用密码检测机构资质证书》有效期届满需要延续的，应当在有效期届满 3 个月前向国家密码管理局提出书面申请。国家密码管理局根据申请人的实际情况，采取书面或者现场形式开展审查，在《商用密码检测机构资质证书》有效期届满前作出是否准予延续的决定。

禁止转让、出租、出借、伪造、变造、冒用、租借《商用密码检测机构资质证书》。

第十三条 有下列情形之一的，商用密码检测机构应当自变更之日起 30 日内向国家密码管理局申请办理变更手续：

（一）机构名称、注册地址、法人性质发生变更的；

（二）法定代表人、最高管理者、技术负责人、质量负责人、授权签字人发生变更的；

（三）资质认定业务范围发生变更的；

（四）依法需要办理变更的其他事项。

商用密码检测机构发生变更的事项影响其符合资质认定条件和要求的，国家密码管理局根据申请人的实际情况，采取书面或者现场形式开展审查。需要进行技术评审的，依照本办法第九条规定对其开展技术评审。

第十四条 商用密码检测机构有下列情形之一的，国家密码管理局应当依法注销其商用密码检测机构资质：

（一）《商用密码检测机构资质证书》有效期届满，未申请延续或者依法不予延续批准的；

（二）申请注销商用密码检测机构资质的；

（三）被依法撤销、吊销商用密码检测机构资质的；

（四）依法终止的；

（五）因法人性质变更、改制、分立或者合并等原因发生变化，或者发生其他影响其符合资质认定条件和要求的变更事项，经审查发现不符合资质认定条件和要求的；

（六）资质认定业务范围被全部取消的；

（七）法律法规规定的应当注销商用密码检测机构资质的其他情形。

第十五条　商用密码检测机构及相关从业人员应当按照法律、行政法规和商用密码检测技术规范、规则，在批准范围内独立、公正、科学、诚信地开展商用密码检测，对出具的检测数据、结果负责，尊重知识产权，恪守职业道德，承担社会责任，保守在工作中知悉的国家秘密、商业秘密和个人隐私。

第十六条　商用密码检测机构应当保证其基本条件和技术能力能够持续符合资质认定条件和要求，并确保管理体系有效运行。

第十七条　商用密码检测机构应当遵守以下从业要求：

（一）加强对本机构人员的监督管理，经常性组织开展安全保密教育和业务培训；本机构从事检测活动的专业人员每年接受商用密码教育培训的时长不得少于40学时，相关情况应当记录留存；

（二）本机构及关联方不得从事商用密码产品生产、销售（检测工具除外），信息系统或者商用密码保障系统集成、运营，电子认证服务，电子政务电子认证服务，或者其他可能影响商用密码检测公平公正性的活动；

（三）不得同时聘用正在其他商用密码检测机构从业的人员，或者存在其他恶意竞争、扰乱市场秩序的情形；

（四）不得以单独出租设备设施或者委派人员等方式承担业务，所承担的业务不得分包、转包；

（五）不得以任何方式推荐或者限定被检测单位购买使用特定主体生产或者提供的商用密码产品或者服务；

（六）独立于出具的检测数据、结果、报告所涉及的利益相关各方，不受任何可能干扰技术判断因素的影响；

（七）使用符合国家密码管理要求的设备设施；

（八）法律法规和国家有关规定提出的其他从业要求。

第十八条　商用密码检测机构出具的检测报告，应当符合相关国家标准、行业标准和有关规定的要求，保证内容真实、客观、准确、完整。商用密码检测机构对其出具的检测报告负责，并承担相应的法律责任。

商用密码检测机构应当指定授权签字人在其业务能力范围内签字确认本机构出具的检测报告，并加盖机构公章或者专用章。授权签字人应当系统掌握商用密码管理政策和专业知识，具备密码或者网络安全领域高级技术职称或者同等专业水平。

第十九条　商用密码检测机构应当对检测原始记录和检测报告归档留存，保证其具有可追溯性。检测原始记录和检测报告的保存期限不得少于 6 年。

从事商用密码产品检测的商用密码检测机构应当按照相关标准规范的要求，对检测样品和相关数据信息进行妥善管理。商用密码检测机构资质被注销的，应当对检测样品和相关数据信息进行妥善处理。

第二十条　商用密码检测机构应当于每年 1 月 15 日前通过所在地省、自治区、直辖市密码管理部门向国家密码管理局报送上一年度工作报告以及相关统计数据，包括持续符合资质认定条件和要求、遵守从业规范、开展检测活动、实施标准等情况。

第二十一条　商用密码检测机构不得有以下出具虚假或者失实检测数据、结果、报告的行为：

（一）未经检测，直接出具检测数据、结果、报告的；

（二）篡改、编造原始数据、记录，出具检测数据、结果、报告的；

（三）伪造检测报告和原始记录签名，或者非授权签字人签发检测报告的；

（四）漏检关键项目、干扰检测过程或者改动关键项目的检测方法，造成检测数据、结果、报告失实的；

（五）其他出具虚假或者失实检测数据、结果、报告的行为。

第二十二条　密码管理部门对商用密码检测机构依法开展监督检查，可以行使下列职权：

（一）进入检测活动场所实施现场检查；

（二）向商用密码检测机构、委托人等有关单位及人员调查、了解有关情况或者验证相关检测活动；

（三）查阅、复制有关合同、票据、账簿以及检测活动中形成的检测数据、结果、报告等有关材料。

国家密码管理局根据工作需要，可以行使下列职权：

（一）组织商用密码检测机构检测能力验证；

（二）对商用密码检测机构出具的检测数据、结果、报告等有关材料进行抽样检查。

密码管理部门和有关部门及其工作人员不得要求商用密码科研、生产、销售、服务、进出口等单位和商用密码检测、认证机构向其披露源代码等密码相关专有信息，并对其在履行职责中知悉的商业秘密和个人隐私严格保密，不得泄露或者非法向他人提供。

第二十三条　商用密码检测机构应当积极配合密码管理部门的监督检查，按照要求参加检测能力验证和抽样检查，并如实提供相关材料和信息。检测能力验证或者抽样检查结果不合格的，应当开展为期不少于 6 个月的整改，整改期间不得开展相应业务范围的商用密码检测活动。商用密码检测机构整改结束后，应当经国家密码管理局组织验收合格，方可恢复开展相应业务范围的商用密码检测活动；经整改仍不能满足相应业务范围的资质认定条件和要求的，取消其相应业务范围的资质认定，直至注销其商用密码检测机构资质。

第二十四条　以欺骗、贿赂等不正当手段取得商用密码检测机构资质的，国家密码管理局应当依法撤销商用密码检测机构资质。该机构在 3 年内不得再次申请商用密码检测机构资质。

申请商用密码检测机构资质时隐瞒有关情况或者提供虚假材料的，国家密码管理局不予受理或者不予许可。该机构在 1 年内不得再次申请商用密码检测机构资质。

第二十五条　商用密码检测机构违反《中华人民共和国密码法》、《商用密码管理条例》和本办法规定，有下列情形之一的，由密码管理部门责令改正或者停止违法行为，给予警告，没收违法所得；违法所得 30 万元以上的，可以并处违法所得 1 倍以上 3 倍以下罚款；没有违法所得或者违法所得不足 30 万元的，可以并处 10 万元以上 30 万元以下罚款；情节严重的，由国家密码管理局吊销其商用密码检测机构资质：

（一）超出批准范围开展商用密码检测的；

（二）转让、出租、出借、伪造、变造、冒用、租借《商用密码检测机构资质证书》的；

（三）本机构及关联方从事商用密码产品生产、销售（检测工具除外），信息系统或者商用密码保障系统集成、运营，电子认证服务，电子政务电子认证服务，或者其他可能影响商用密码检测公平公正性的活动的；

（四）同时聘用正在其他商用密码检测机构从业的人员或者存在其他恶意竞争、扰乱市场秩序情形的；

（五）以单独出租设备设施或者委派人员等方式承担业务，或者分包、转包所承担业务的；

（六）推荐或者限定被检测单位购买使用特定主体生产或者提供的商用密码产品或者服务的；

（七）违反法律、行政法规和商用密码检测技术规范、规则要求开展检测活动或者存在其他影响检测独立、公正、科学、诚信的行为的；

（八）出具的检测数据、结果、报告虚假或者失实的；

（九）未按照要求如实报送年度工作报告以及相关统计数据的；

（十）泄露在工作中知悉的商业秘密、个人隐私的。

第二十六条　商用密码检测机构违反本办法规定，有下列情形之一的，由密码管理部门责令改正；逾期未改正或者改正后仍不符合要求的，处 1 万元以上 10 万元以下罚款：

（一）未按照要求申请办理变更手续的；

（二）未按照要求开展安全保密教育和业务培训的；

（三）使用不符合国家密码管理要求的设备设施的；

（四）出具未经授权签字人签字确认的检测报告，授权签字人超出其业务能力范围签发检测报告，或者未在检测报告上加盖机构公章或者专用章的；

（五）未按照要求保存检测原始记录和检测报告，或者未按照要求妥善管理检测样品和相关数据信息的。

第二十七条　县级以上地方各级密码管理部门应当依法公开监督检查结果，将商用密码检测机构受到的行政处罚等信息纳入国家企业信用信息公示系统等平台，并定期将年度商用密码检测机构监督检查结果等信息逐级报至国家密码管理局。

第二十八条　从事商用密码检测机构监督管理工作的人员滥用职权、玩忽职守、徇私舞弊，或者泄露、非法向他人提供在履行职责中知悉的商业秘密、个人隐私、举报人信息的，依法给予处分。

第二十九条　本办法自 2023 年 11 月 1 日起施行。

商用密码应用安全性评估管理办法

（2023 年 9 月 11 日国家密码管理局局务会议审议通过，自 2023 年 11 月 1 日起施行）

第一条　为了规范商用密码应用安全性评估工作，保障网络与信息安全，维护国家安全和社会公共利益，保护公民、法人和其他组织的合法权益，根据《中华人民共和国密码法》、《商用密码管理条例》等有关法律法规，制定本办法。

第二条　本办法所称商用密码应用安全性评估，是指按照有关法律法规和标准规范，对网络与信息系统使用商用密码技术、产品和服务的合规性、正确性、有效性进行检测分析和评估验证的活动。

第三条　国家密码管理局负责管理全国的商用密码应用安全性

评估工作。县级以上地方各级密码管理部门负责管理本行政区域的商用密码应用安全性评估工作。

国家机关和涉及商用密码工作的单位在其职责范围内负责指导、监督本机关、本单位或者本系统的商用密码应用安全性评估工作。

第四条　从事商用密码应用安全性评估活动，向社会出具具有证明作用的商用密码应用安全性评估数据、结果的机构，应当经国家密码管理局认定，依法取得商用密码检测机构资质。

第五条　国家密码管理局支持商用密码应用安全性评估技术、标准、工具创新，完善商用密码应用安全性评估标准体系，鼓励设立商用密码应用安全性评估行业组织，加强行业自律，维护行业秩序。

第六条　法律、行政法规和国家有关规定要求使用商用密码进行保护的网络与信息系统（以下简称重要网络与信息系统），其运营者应当使用商用密码进行保护，制定商用密码应用方案，配备必要的资金和专业人员，同步规划、同步建设、同步运行商用密码保障系统，并定期开展商用密码应用安全性评估。

第七条　重要网络与信息系统规划阶段，其运营者应当依照相关法律法规和标准规范，根据商用密码应用需求，制定商用密码应用方案，规划商用密码保障系统。

重要网络与信息系统的运营者应当自行或者委托商用密码检测机构对商用密码应用方案进行商用密码应用安全性评估。商用密码应用方案未通过商用密码应用安全性评估的，不得作为商用密码保障系统的建设依据。

第八条　重要网络与信息系统建设阶段，其运营者应当按照通过商用密码应用安全性评估的商用密码应用方案组织实施，落实商用密码安全防护措施，建设商用密码保障系统。

重要网络与信息系统运行前，其运营者应当自行或者委托商用密码检测机构开展商用密码应用安全性评估。网络与信息系统未通过商用密码应用安全性评估的，运营者应当进行改造，改造期间不得投入运行。

第九条　重要网络与信息系统建成运行后，其运营者应当自行或者委托商用密码检测机构每年至少开展一次商用密码应用安全性评估，确保商用密码保障系统正确有效运行。未通过商用密码应用安全性评估的，运营者应当进行改造，并在改造期间采取必要措施保证网络与信息系统运行安全。

第十条　对商用密码应用方案开展商用密码应用安全性评估，应当包括以下内容：

（一）考量商用密码应用需求的全面性、合理性和针对性，对照相关标准规范选取适用指标的准确性，以及不适用指标论证的充分性；

（二）分析商用密码应用流程和机制是否具备可实施性、商用密码保护措施是否达到相应的商用密码应用要求、相关描述是否详尽；

（三）论证商用密码技术、产品和服务选用的合规性，密钥管理的安全性，以及使用商用密码解决安全风险的科学性；

（四）编制形成商用密码应用安全性评估报告。

第十一条　对建设完成的网络与信息系统开展商用密码应用安全性评估，应当包括以下内容：

（一）对照商用密码应用方案，了解网络与信息系统基本情况，准确划定评估范围；

（二）确定评估指标及评估对象，论证编制商用密码应用安全性评估实施方案；

（三）依据商用密码应用安全性评估实施方案，开展现场评估，做好数据采集和信息汇总，研判商用密码保障系统配置及运行情况；

（四）根据客观凭据逐项对评估指标进行判定，编制形成商用密码应用安全性评估报告。

第十二条　运营者开展商用密码应用安全性评估活动，应当遵守法律法规、标准规范要求，遵循客观实际、科学公正、诚实信用原则。委托商用密码检测机构开展商用密码应用安全性评估的，不得对评估结果施加不当影响，并应当提供以下支持：

（一）对网络与信息系统的重要数据进行备份；

（二）提供完整有效的网络与信息系统设备清单和网络拓扑；

（三）提供详细的网络与信息系统商用密码应用方案、密码相关管理制度和密码配置、运行、维护记录；

（四）提供商用密码产品管理入口、网络交换设备接入端口等相关信息、数据接入分析条件，并配合进行数据采集；

（五）安排网络与信息系统相关网络管理员、系统管理员、密钥管理员、密码安全审计员、密码操作员等做好配合；

（六）其他需要配合的事项。

第十三条　自行开展商用密码应用安全性评估的网络与信息系统，其运营者应当符合以下要求：

（一）具有与开展商用密码应用安全性评估活动相适应的设备设施；

（二）具有与开展商用密码应用安全性评估活动相适应的项目管理、质量管理、人员管理、档案管理、安全保密管理等规章制度；

（三）具有与开展商用密码应用安全性评估活动相适应的专业人员；

（四）具有与开展商用密码应用安全性评估活动相适应的专业能力。

自行开展商用密码应用安全性评估形成的商用密码应用安全性评估报告，应当符合相关国家标准、行业标准和有关规定的要求，由本单位密码或者网络安全负责人签字确认并加盖本单位公章。

运营者应当对商用密码应用安全性评估原始记录和商用密码应用安全性评估报告归档留存，保证其具有可追溯性。商用密码应用安全性评估原始记录和商用密码应用安全性评估报告的保存期限不得少于 6 年。

第十四条　重要网络与信息系统的运营者应当在商用密码应用安全性评估报告形成后 30 日内，将评估报告和相关工作情况按照国家有关规定报送国家密码管理局或者网络与信息系统所在地省、自治区、直辖市密码管理部门备案。

国家密码管理局或者省、自治区、直辖市密码管理部门对商用密码应用安全性评估结果备案材料进行形式审查。形式审查未通过的，相关运营者应当重新提交备案材料。

国家密码管理局可以对商用密码应用安全性评估结果进行抽样检查。抽样检查不合格的，相关运营者应当重新开展商用密码应用安全性评估。

省、自治区、直辖市密码管理部门应当按季度向国家密码管理局报送本地区商用密码应用安全性评估工作开展情况。

第十五条　运营者发现密码相关重大安全事件、重大密码安全隐患或者特殊紧急情况的，应当及时向国家密码管理局或者网络与信息系统所在地省、自治区、直辖市密码管理部门报告，并启动应急处置方案，必要时开展商用密码应用安全性评估。

第十六条　县级以上地方各级密码管理部门、国家机关和涉及商用密码工作的单位可以根据工作需要，对本地区、本机关、本单位或者本系统的重要网络与信息系统商用密码应用安全性评估情况开展专项检查。

第十七条　重要网络与信息系统的运营者违反《中华人民共和国密码法》、《商用密码管理条例》和本办法规定，有下列情形之一的，由密码管理部门责令改正，给予警告；拒不改正或者有其他严重情节的，处10万元以上100万元以下罚款，对直接负责的主管人员处1万元以上10万元以下罚款：

（一）重要网络与信息系统规划阶段，未对商用密码应用方案进行商用密码应用安全性评估的；

（二）重要网络与信息系统建设阶段，未按照通过商用密码应用安全性评估的商用密码应用方案建设商用密码保障系统的；

（三）重要网络与信息系统运行前，未开展商用密码应用安全性评估的；

（四）重要网络与信息系统运行前，未通过商用密码应用安全性评估且未进行改造的；

（五）重要网络与信息系统建成运行后，未定期开展商用密码应用安全性评估的；

（六）重要网络与信息系统建成运行后，未通过定期开展的商用密码应用安全性评估且未进行改造的；

（七）违反法律法规、标准规范要求开展商用密码应用安全性评估的；

（八）不符合相关要求自行开展商用密码应用安全性评估的。

第十八条　重要网络与信息系统的运营者违反本办法规定，有下列情形之一的，由密码管理部门责令改正；逾期未改正或者改正后仍不符合要求的，处 1 万元以上 10 万元以下罚款，对直接负责的主管人员处 5000 元以上 5 万元以下罚款：

（一）对商用密码应用安全性评估结果施加不当影响的；

（二）未为商用密码应用安全性评估活动提供必要支持的；

（三）未按照要求进行商用密码应用安全性评估结果备案的。

第十九条　从事商用密码应用安全性评估监督管理工作的人员滥用职权、玩忽职守、徇私舞弊，或者泄露、非法向他人提供在履行职责中知悉的商业秘密、个人隐私、举报人信息的，依法给予处分。

第二十条　本办法施行前正在建设的重要网络与信息系统，其运营者应当加强商用密码应用方案编制论证，建设完善商用密码保障系统，并按照本办法第八条规定开展商用密码应用安全性评估。

本办法施行前已经投入运行的重要网络与信息系统，其运营者应当按照本办法第九条规定开展商用密码应用安全性评估。

第二十一条　本办法自 2023 年 11 月 1 日起施行。

电子政务电子认证服务管理办法

（2024 年 8 月 26 日国家密码管理局局务会议审议通过，2024 年 9 月 4 日发布，自 2024 年 11 月 1 日起施行）

第一章　总则

第一条　为了规范电子政务电子认证服务行为，对电子政务电子认证服务机构实施监督管理，保障电子政务安全可靠，维护有关各方合法权益，根据《中华人民共和国密码法》、《中华人民共和国电子签名法》和《商用密码管理条例》等有关法律法规，制定本办法。

第二条　在中华人民共和国境内设立电子政务电子认证服务机构、提供电子政务电子认证服务及其监督管理，适用本办法。

第三条　本办法所称电子政务电子认证服务，是指采用商用密码技术为政务活动提供电子签名认证服务，保证电子签名的真实性和可靠性的活动。

第四条　从事电子政务电子认证服务的机构，应当经国家密码管理局认定，依法取得电子政务电子认证服务机构资质。

第五条　国家密码管理局对全国电子政务电子认证服务活动实施监督管理。

县级以上地方各级密码管理部门对本行政区域的电子政务电子认证服务活动实施监督管理。

第二章　资质认定

第六条　取得电子政务电子认证服务机构资质，应当符合下列条件：

（一）具有企业法人或者事业单位法人资格；

（二）具有与从事电子政务电子认证服务活动及其使用密码相适应的资金；

（三）具有与从事电子政务电子认证服务活动及其使用密码相适应的运营场所；

（四）具有在境内设置、符合国家有关密码标准的电子认证服务系统等设备设施；

（五）具有30名以上与从事电子政务电子认证服务活动及其使用密码相适应的专业技术人员、运营管理人员、安全管理人员和客户服务人员等专业人员；

（六）具有为政务活动提供长期电子政务电子认证服务的能力，

包括持续保持财务状况良好、运营资金充足、设备设施稳定运行、专业人员队伍稳定，没有重大违法记录或者不良信用记录等；

（七）具有保证电子政务电子认证服务活动及其使用密码安全运行的管理体系。

第七条　申请电子政务电子认证服务机构资质，应当向国家密码管理局提出书面申请，向国家密码管理局委托进行受理的省、自治区、直辖市密码管理部门提交下列材料：

（一）电子政务电子认证服务机构资质申请表；

（二）法人资格证书；

（三）资金情况，包括注册资本、资本结构、股权结构、运营资金保障等情况；

（四）运营场所情况；

（五）电子认证服务系统相关技术材料及相关设备清单，包括电子认证服务系统建设工作报告、技术工作报告、安全性设计报告、安全管理策略和规范、标准符合性自评估报告，相关软件、硬件清单及其符合国家有关安全标准的情况等；

（六）专业人员情况；

（七）为用户提供长期服务和质量保障能力说明及承诺；

（八）电子政务电子认证服务及其使用密码安全管理体系建立情况，包括业务运营管理、电子认证服务系统运行管理、人员管理、档案管理、安全保密管理等管理体系建立情况。

第八条　受国家密码管理局委托进行受理的省、自治区、直辖市密码管理部门自收到申请材料之日起5个工作日内，对申请材料进行形式审查，根据下列情况分别作出处理：申请材料齐全、符合规定形式的，应当受理行政许可申请并出具受理通知书；申请材料不齐全或者不符合规定形式的，应当当场或者在5个工作日内一次告知需要补正的全部内容；不予受理的，应当出具不予受理通知书并说明理由。

第九条　国家密码管理局应当自行政许可申请受理之日起20个工作日内，对行政许可申请进行审查，并依法作出是否许可的决定。

准予许可的，颁发《电子政务电子认证服务机构资质证书》，并予以公开；不予许可的，应当出具不予行政许可决定书，说明理由并告知申请人相关权利。

需要对申请人进行技术评审的，技术评审所需时间不计算在本条规定的期限内。国家密码管理局应当将所需时间书面告知申请人。

第十条　国家密码管理局根据技术评审需要和专业要求，可以委托专业机构或者组织专家实施技术评审。

技术评审包括电子认证服务系统安全性审查，运营场所、设备设施、管理体系建设实地查勘，专业人员能力考核等。

专业机构和专家应当独立、公正、科学、诚信地开展技术评审活动，对技术评审结论的真实性、符合性负责，并承担相应法律责任。国家密码管理局应当对技术评审活动进行监督，建立责任追究机制。

第十一条　外商投资电子政务电子认证服务，影响或者可能影响国家安全的，应当依法进行外商投资安全审查。

第十二条　《电子政务电子认证服务机构资质证书》有效期5年，内容包括：获证机构名称、证书编号、有效期限、发证机关和发证日期等。

《电子政务电子认证服务机构资质证书》由正本和副本组成，正本、副本具有同等法律效力。

禁止转让、出租、出借、伪造、变造、冒用、租借《电子政务电子认证服务机构资质证书》。

第十三条　电子政务电子认证服务机构应当在其网站和运营场所公布并及时更新其《电子政务电子认证服务机构资质证书》的机构名称、证书编号、有效期限、发证机关和发证日期等内容。

第十四条　有下列情形之一的，电子政务电子认证服务机构应当自变更之日起30日内向国家密码管理局办理变更手续：

（一）机构名称、住所、法定代表人发生变更；

（二）机构注册资本、资本结构、股权结构、法人性质或者单位隶属关系发生变更；

（三）电子认证服务系统等设备设施发生变化，影响或者可能影响电子政务电子认证服务使用密码安全；

（四）新建、搬迁电子认证服务系统；

（五）依法需要办理变更的其他事项。

电子政务电子认证服务机构发生变更的事项影响其符合资质认定条件和要求的，国家密码管理局根据申请人的实际情况，采取书面或者现场形式开展审查。需要进行技术评审的，依照本办法第十条规定对其开展技术评审。

第十五条　电子政务电子认证服务机构资质有效期届满需要延续的，应当在有效期届满 60 日前向国家密码管理局提出书面申请。国家密码管理局根据申请人的实际情况，采取书面或者现场形式进行审查，并在电子政务电子认证服务机构资质有效期届满前作出是否准予延续的决定。

第三章　行为规范

第十六条　电子政务电子认证服务机构应当按照国家密码管理局公布的电子政务电子认证业务规则规范等要求，制定本机构的电子政务电子认证业务规则和相应的电子签名认证证书策略，在提供电子政务电子认证服务前予以公布，并向住所地省、自治区、直辖市密码管理部门备案。

电子政务电子认证业务规则和电子签名认证证书策略发生变更的，电子政务电子认证服务机构应当予以公布，并自公布之日起 30 日内向住所地省、自治区、直辖市密码管理部门备案。

电子政务电子认证服务机构应当保持本机构已公布的电子政务电子认证业务规则和电子签名认证证书策略的可访问性。

第十七条　电子政务电子认证服务机构应当按照本机构公布的电子政务电子认证业务规则提供电子政务电子认证服务。

第十八条　电子政务电子认证服务机构应当保证提供下列服务：

（一）电子签名认证证书注册、签发、更新、撤销等生命周期管理服务；

（二）电子签名认证证书信息查询服务；

（三）电子签名认证证书状态查询服务；

（四）电子签名认证证书使用支持服务；

（五）其他与电子签名认证相关的服务。

第十九条　电子政务电子认证服务机构签发的电子签名认证证书应当载明下列内容：

（一）电子政务电子认证服务机构名称；

（二）电子签名认证证书持有人名称；

（三）电子签名认证证书序列号；

（四）电子签名认证证书有效期；

（五）电子签名认证证书对应的证书策略对象标识符；

（六）电子签名制作数据对应的电子签名验证数据；

（七）电子政务电子认证服务机构的电子签名；

（八）国家密码管理局规定的其他内容。

第二十条　电子政务电子认证服务机构应当保证电子签名认证证书内容在有效期内完整、准确，并保证电子签名依赖方能够证实或者了解电子签名认证证书所载内容及其他有关事项。

第二十一条　电子签名人向电子政务电子认证服务机构申请电子签名认证证书，应当提供真实、完整和准确的信息。

电子政务电子认证服务机构受理电子签名认证证书申请时，应当对申请人的身份进行查验，对有关申请材料进行审查，并向申请人告知电子签名认证证书和电子签名的使用条件、电子签名所产生的法律责任、保存和使用电子签名认证证书持有人信息的权限和责任、电子政务电子认证服务机构和电子签名认证证书持有人的责任范围等事项。

电子政务电子认证服务机构受理电子签名认证证书申请后，应当与申请人签订电子政务电子认证服务协议，明确双方的权利义务。

第二十二条　电子政务电子认证服务机构应当遵守国家有关密码管理要求，保障电子政务电子认证服务使用密码安全。

电子政务电子认证服务机构提供的电子政务电子认证服务应当纳入统一的电子认证信任体系，遵守电子认证服务互信互认要求。

第二十三条　电子政务电子认证服务机构应当建立完善的保密制度，对其在工作中知悉的国家秘密、商业秘密和个人隐私承担保密义务，采取相应的技术措施和其他必要措施保护有关信息和数据安全。

第二十四条　电子政务电子认证服务机构应当完整记录和保存与电子签名认证相关的信息，保证认证过程和结果具有可追溯性，信息保存期限至少为电子签名认证证书失效后 5 年。

第二十五条　电子政务电子认证服务机构委托其他机构开展电子签名认证证书注册业务的，应当自委托协议签订之日起 30 日内将受委托开展电子签名认证证书注册业务的机构（以下简称受委托机构）名称、负责人，电子签名认证证书注册业务办理地址，委托事项等情况向受委托机构住所地省、自治区、直辖市密码管理部门备案。备案内容发生变更的，电子政务电子认证服务机构应当自变更之日起 30 日内向受委托机构住所地省、自治区、直辖市密码管理部门备案。

电子政务电子认证服务机构应当对受委托机构开展电子签名认证证书注册业务的行为进行监督，并对该行为的后果承担法律责任。

受委托机构在委托范围内，以委托其开展电子签名认证证书注册业务的电子政务电子认证服务机构名义开展电子签名认证证书注册业务，不得再委托其他机构或者个人开展电子签名认证证书注册业务。

第二十六条　电子政务电子认证服务机构应当自行或者委托专业机构每年至少进行一次电子政务电子认证服务合规性评估，对评估中发现的问题及时进行整改，并向住所地省、自治区、直辖市密码管理部门报送合规性评估报告。

第二十七条　电子政务电子认证服务机构应当建立和完善投诉处理机制，公布投诉方式，畅通投诉渠道，及时受理并妥善处理有关投诉事项。

第二十八条　电子政务电子认证服务机构应当对本单位及受委托机构的从业人员进行岗位培训，建立培训制度，制定培训计划，加强考核并做好培训记录。

第二十九条　电子政务电子认证服务机构拟暂停或者终止电子政务电子认证服务的，应当在暂停或者终止服务 60 日前向国家密码管理局报告，并与其他电子政务电子认证服务机构就业务承接进行协商，作出妥善安排。

电子政务电子认证服务机构未能就业务承接事项与其他电子政务电子认证服务机构达成协议的，应当申请国家密码管理局安排其他电子政务电子认证服务机构承接其业务。

电子政务电子认证服务机构被依法吊销电子政务电子认证服务机构资质的，其业务承接事项的处理按照国家密码管理局的规定执行。

电子政务电子认证服务机构有根据国家密码管理局的安排承接其他机构开展的电子政务电子认证服务业务的义务。

第四章　监督管理

第三十条　密码管理部门依法对电子政务电子认证服务活动进行监督检查。监督检查可以采取书面检查、实地核查、网络监测等方式。

第三十一条　密码管理部门依法实施监督检查时，可以进入电子政务电子认证服务活动场所实施现场检查，调查、了解有关情况，查阅、复制有关资料，并可以委托专业机构或者组织专家开展有关检测鉴定工作。

电子政务电子认证服务机构及受委托机构应当予以配合，并如实提供相关材料和技术支持。

第三十二条　密码管理部门开展监督检查，不得妨碍电子政务电子认证服务机构及受委托机构的正常经营和服务活动，不得收取任何费用，不得泄露或者非法向他人提供在履行职责中知悉的商业秘密和个人隐私。

第三十三条　电子政务电子认证服务机构有下列情形之一的，密码管理部门应当进行重点监督检查：

（一）一年内在监督检查中发现存在严重问题；

（二）因违反有关法律法规受到行政处罚；

（三）其他需要进行重点监督检查的情形。

第三十四条　电子政务电子认证服务机构应当保证其基本条件和能力能够持续符合资质认定条件和要求。

第三十五条　电子政务电子认证服务机构应当于每年1月15日前向住所地省、自治区、直辖市密码管理部门报送上一年度工作报告，包括：

（一）持续符合资质认定条件和要求的情况；

（二）电子政务电子认证服务业务开展情况及相关统计数据；

（三）行为规范执行情况；

（四）电子认证服务系统安全运行情况；

（五）电子政务电子认证服务及其使用密码安全管理体系执行情况。

第三十六条　有下列情形之一的，电子政务电子认证服务机构应当自发生之日起15日内向住所地省、自治区、直辖市密码管理部门报告：

（一）重大安全风险和安全事件；

（二）重要系统、关键设备事故；

（三）关键岗位人员变动；

（四）重大财产损失。

第五章　法律责任

第三十七条　未经认定从事电子政务电子认证服务的，由密码管理部门依据《中华人民共和国密码法》和《商用密码管理条例》有关规定进行处罚。

第三十八条　电子政务电子认证服务机构违反《中华人民共和国密码法》、《商用密码管理条例》和本办法有关规定，有下列情形之一的，由密码管理部门责令改正或者停止违法行为，给予警告，没收违法所得；违法所得 30 万元以上的，可以并处违法所得 1 倍以上 3 倍以下罚款；没有违法所得或者违法所得不足 30 万元的，可以并处 10 万元以上 30 万元以下罚款；情节严重的，责令停业整顿，直至吊销电子政务电子认证服务机构资质：

（一）超出批准范围开展电子政务电子认证服务；

（二）转让、出租、出借、伪造、变造、冒用、租借《电子政务电子认证服务机构资质证书》；

（三）未按照本机构公布的电子政务电子认证业务规则提供电子政务电子认证服务；

（四）电子签名认证证书内容不符合规定要求；

（五）电子签名认证证书申请受理未查验申请人身份、未审查有关申请材料、未向申请人告知有关事项，或者未与申请人签订电子政务电子认证服务协议；

（六）泄露或者非法向他人提供在履行职责中知悉的商业秘密、个人隐私；

（七）未按照要求完整记录、保存与电子签名认证相关的信息；

（八）未履行监督义务，受委托机构以自身名义开展电子签名认证证书注册业务，或者再委托其他机构、个人开展电子签名认证证书注册业务；

（九）拒不报送或者不如实报送年度工作报告、重大事项报告等实施情况。

第三十九条　电子政务电子认证服务机构违反本办法有关规定，有下列情形之一的，由密码管理部门责令改正；逾期未改正或者改正后仍不符合要求的，处 1 万元以上 10 万元以下罚款：

（一）未按照本办法第十四条规定办理变更手续；

（二）未按照本办法第十六条、第二十五条规定进行备案；

（三）未按照要求进行电子政务电子认证服务合规性评估，或者未对评估中发现的问题及时进行整改；

（四）未建立投诉处理机制、公布投诉方式，或者未及时受理、妥善处理有关投诉事项；

（五）未对本单位及受委托机构的从业人员进行岗位培训；

（六）未按照要求报告暂停或者终止电子政务电子认证服务的情况；

（七）未按照要求承接电子政务电子认证服务业务。

第四十条 电子签名人或者电子签名依赖方因依据电子政务电子认证服务机构提供的电子签名认证服务在政务活动中遭受损失，电子政务电子认证服务机构不能证明自己无过错的，承担赔偿责任。

第四十一条 从事电子政务电子认证服务监督管理工作的人员滥用职权、玩忽职守、徇私舞弊，或者泄露、非法向他人提供在履行职责中知悉的商业秘密、个人隐私、举报人信息的，依法给予处分。

第六章 附则

第四十二条 本办法自 2024 年 11 月 1 日起施行。

网络安全审查办法

（2021 年 11 月 16 日国家互联网信息办公室 2021 年第 20 次室务会议审议通过，并经国家发展和改革委员会、工业和信息化部、公安部、国家安全部、财政部、商务部、中国人民银行、国家市场监督管理总局、国家广播电视总局、中国证券监督管理委员会、国家保密局、国家密码管理局同意，自 2022 年 2 月 15 日起施行）

第一条 为了确保关键信息基础设施供应链安全，保障网络安全和数据安全，维护国家安全，根据《中华人民共和国国家安全法》、《中华人民共和国网络安全法》、《中华人民共和国数据安全法》、《关键信息基础设施安全保护条例》，制定本办法。

第二条 关键信息基础设施运营者采购网络产品和服务，网络平台运营者开展数据处理活动，影响或者可能影响国家安全的，应当按照本办法进行网络安全审查。

前款规定的关键信息基础设施运营者、网络平台运营者统称为当事人。

第三条 网络安全审查坚持防范网络安全风险与促进先进技术应用相结合、过程公正透明与知识产权保护相结合、事前审查与持续监管相结合、企业承诺与社会监督相结合，从产品和服务以及数据处理活动安全性、可能带来的国家安全风险等方面进行审查。

第四条 在中央网络安全和信息化委员会领导下，国家互联网信息办公室会同中华人民共和国国家发展和改革委员会、中华人民共和国工业和信息化部、中华人民共和国公安部、中华人民共和国国家安全部、中华人民共和国财政部、中华人民共和国商务部、中国人民银行、国家市场监督管理总局、国家广播电视总局、中国证券监督管理委员会、国家保密局、国家密码管理局建立国家网络安全审查工作机制。

网络安全审查办公室设在国家互联网信息办公室，负责制定网络安全审查相关制度规范，组织网络安全审查。

第五条 关键信息基础设施运营者采购网络产品和服务的，应当预判该产品和服务投入使用后可能带来的国家安全风险。影响或者可能影响国家安全的，应当向网络安全审查办公室申报网络安全审查。

关键信息基础设施安全保护工作部门可以制定本行业、本领域预判指南。

第六条 对于申报网络安全审查的采购活动，关键信息基础设施运营者应当通过采购文件、协议等要求产品和服务提供者配合网络安全审查，包括承诺不利用提供产品和服务的便利条件非法获取用户数据、非法控制和操纵用户设备，无正当理由不中断产品供应或者必要的技术支持服务等。

第七条　掌握超过100万用户个人信息的网络平台运营者赴国外上市，必须向网络安全审查办公室申报网络安全审查。

第八条　当事人申报网络安全审查，应当提交以下材料：

（一）申报书；

（二）关于影响或者可能影响国家安全的分析报告；

（三）采购文件、协议、拟签订的合同或者拟提交的首次公开募股（IPO）等上市申请文件；

（四）网络安全审查工作需要的其他材料。

第九条　网络安全审查办公室应当自收到符合本办法第八条规定的审查申报材料起10个工作日内，确定是否需要审查并书面通知当事人。

第十条　网络安全审查重点评估相关对象或者情形的以下国家安全风险因素：

（一）产品和服务使用后带来的关键信息基础设施被非法控制、遭受干扰或者破坏的风险；

（二）产品和服务供应中断对关键信息基础设施业务连续性的危害；

（三）产品和服务的安全性、开放性、透明性、来源的多样性，供应渠道的可靠性以及因为政治、外交、贸易等因素导致供应中断的风险；

（四）产品和服务提供者遵守中国法律、行政法规、部门规章情况；

（五）核心数据、重要数据或者大量个人信息被窃取、泄露、毁损以及非法利用、非法出境的风险；

（六）上市存在关键信息基础设施、核心数据、重要数据或者大量个人信息被外国政府影响、控制、恶意利用的风险，以及网络信息安全风险；

（七）其他可能危害关键信息基础设施安全、网络安全和数据安全的因素。

第十一条　网络安全审查办公室认为需要开展网络安全审查的，

应当自向当事人发出书面通知之日起 30 个工作日内完成初步审查，包括形成审查结论建议和将审查结论建议发送网络安全审查工作机制成员单位、相关部门征求意见；情况复杂的，可以延长 15 个工作日。

第十二条　网络安全审查工作机制成员单位和相关部门应当自收到审查结论建议之日起 15 个工作日内书面回复意见。

网络安全审查工作机制成员单位、相关部门意见一致的，网络安全审查办公室以书面形式将审查结论通知当事人；意见不一致的，按照特别审查程序处理，并通知当事人。

第十三条　按照特别审查程序处理的，网络安全审查办公室应当听取相关单位和部门意见，进行深入分析评估，再次形成审查结论建议，并征求网络安全审查工作机制成员单位和相关部门意见，按程序报中央网络安全和信息化委员会批准后，形成审查结论并书面通知当事人。

第十四条　特别审查程序一般应当在 90 个工作日内完成，情况复杂的可以延长。

第十五条　网络安全审查办公室要求提供补充材料的，当事人、产品和服务提供者应当予以配合。提交补充材料的时间不计入审查时间。

第十六条　网络安全审查工作机制成员单位认为影响或者可能影响国家安全的网络产品和服务以及数据处理活动，由网络安全审查办公室按程序报中央网络安全和信息化委员会批准后，依照本办法的规定进行审查。

为了防范风险，当事人应当在审查期间按照网络安全审查要求采取预防和消减风险的措施。

第十七条　参与网络安全审查的相关机构和人员应当严格保护知识产权，对在审查工作中知悉的商业秘密、个人信息，当事人、产品和服务提供者提交的未公开材料，以及其他未公开信息承担保密义务；未经信息提供方同意，不得向无关方披露或者用于审查以外的目的。

第十八条　当事人或者网络产品和服务提供者认为审查人员有失客观公正，或者未能对审查工作中知悉的信息承担保密义务的，可以向网络安全审查办公室或者有关部门举报。

第十九条　当事人应当督促产品和服务提供者履行网络安全审查中作出的承诺。

网络安全审查办公室通过接受举报等形式加强事前事中事后监督。

第二十条　当事人违反本办法规定的，依照《中华人民共和国网络安全法》、《中华人民共和国数据安全法》的规定处理。

第二十一条　本办法所称网络产品和服务主要指核心网络设备、重要通信产品、高性能计算机和服务器、大容量存储设备、大型数据库和应用软件、网络安全设备、云计算服务，以及其他对关键信息基础设施安全、网络安全和数据安全有重要影响的网络产品和服务。

第二十二条　涉及国家秘密信息的，依照国家有关保密规定执行。

国家对数据安全审查、外商投资安全审查另有规定的，应当同时符合其规定。

第二十三条　本办法自 2022 年 2 月 15 日起施行。2020 年 4 月 13 日公布的《网络安全审查办法》(国家互联网信息办公室、国家发展和改革委员会、工业和信息化部、公安部、国家安全部、财政部、商务部、中国人民银行、国家市场监督管理总局、国家广播电视总局、国家保密局、国家密码管理局令第 6 号) 同时废止。

禁止出口限制出口技术管理办法

(根据《中华人民共和国对外贸易法》和《中华人民共和国技术进出口管理条例》，2009 年 4 月 20 日公布修订后的《禁止出口限制出口技术管理办法》，自公布之日起 30 日后施行。原对外贸易经济

合作部、科学技术部 2001 年第 14 号令《禁止出口限制出口技术管理办法》同时废止）

第一条　为规范我国技术出口的管理，根据《中华人民共和国对外贸易法》、《中华人民共和国技术进出口管理条例》，制定本办法。

第二条　列入《中国禁止出口限制出口技术目录》（另行发布）中禁止出口的技术，不得出口。

第三条　国家对列入《中国禁止出口限制出口技术目录》的限制出口技术实行许可证管理，凡出口国家限制出口技术的，应按本办法履行出口许可手续。

第四条　属于本办法第三条规定的限制出口技术的出口许可由技术出口经营者所在地的省、自治区、直辖市商务主管部门（以下简称"地方商务主管部门"）会同省、自治区、直辖市科技行政主管部门（以下简称"地方科技行政主管部门"）管理。

第五条　技术出口经营者出口本办法第三条所规定的限制出口技术前，应填写《中国限制出口技术申请书》（以下简称《申请书》），报送地方商务主管部门履行出口许可手续。

属于国家秘密技术的限制出口技术，在按本办法履行许可手续前，应先按《国家秘密技术出口审查规定》办理保密审查手续，并持保密审查主管部门批准的《国家秘密技术出口保密审查批准书》按本条第一款规定程序办理出口申请。

第六条　地方商务主管部门自收到《申请书》之日起 30 个工作日内，会同地方科技行政主管部门分别对技术出口项目进行贸易审查和技术审查，并决定是否准予出口。

申请人提供的申请材料不完备、申请内容不清或有其他申请不符合规定的情形，地方商务主管部门可要求申请人对申请材料进行修改或补充。

第七条　地方商务主管部门应在收到《申请书》之日起 5 个工作日之内，将相关材料转地方科技行政主管部门。地方科技行政主管部门在收到《申请书》之日起 15 个工作日内，组织专家对申请出口的技术进行技术审查并将审查结果反馈地方商务主管部门，同时报科技部备案。

第八条　限制出口技术的贸易审查应包括以下内容：

（一）是否符合我国对外贸易政策，并有利于促进外贸出口；

（二）是否符合我国的产业出口政策，并有利于促进国民经济发展；

（三）是否符合我国对外承诺的义务。

第九条　限制出口技术的技术审查应包括以下内容：

（一）是否危及国家安全；

（二）是否符合我国科技发展政策，并有利于科技进步；

（三）是否符合我国的产业技术政策，并能带动大型和成套设备、高新技术产品的生产和经济技术合作。

第十条　出口申请获得批准后，由地方商务主管部门颁发由商务部统一印制和编号的《中华人民共和国技术出口许可意向书》（以下简称《技术出口许可意向书》）。《技术出口许可意向书》的有效期为 3 年。

在申请出口信贷、保险意向承诺时，必须出具《技术出口许可意向书》，金融、保险机构凭《技术出口许可意向书》办理有关业务。

第十一条　对没有取得《技术出口许可意向书》的限制出口技术项目，任何单位和个人都不得对外进行实质性谈判，不得作出有关技术出口的具有法律效力的承诺。

第十二条　技术出口经营者在《技术出口许可意向书》有效期内，未签订技术出口合同的，应按本办法第五条规定的程序向地方商务主管部门重新提出出口申请。

第十三条　技术出口经营者签订技术出口合同后，持《技术出口许可意向书》、合同副本、技术资料出口清单（文件、资料、图纸、其他）、签约双方法律地位证明文件到地方商务主管部门申请技术出口许可证。

第十四条　地方商务主管部门对技术出口合同的真实性进行审查，并自收到本办法第十三条规定的文件之日起 15 个工作日内，对技术出口做出是否许可的决定，对许可出口的技术颁发由商务部统一印制和编号的《中华人民共和国技术出口许可证》（以下简称《技术出口许可证》）。

第十五条　限制出口技术的技术出口合同自《技术出口许可证》颁发之日起生效。

第十六条　技术出口经营者到地方商务主管部门领取《技术出口许可证》前，应登录商务部网站上的"技术进出口合同信息管理系统"（网址为：jsjckqy.fwmys.gov.cn），按程序录入合同内容。

第十七条　技术出口经营者获得《技术出口许可证》后，如需更改技术出口内容，应按本办法规定的程序重新履行技术出口许可手续。

第十八条　凡经批准允许出口的国家限制出口技术出口项目，技术出口经营者在办理海关事宜时，应主动出示《技术出口许可证》，海关验核后办理有关放行手续。

第十九条　商务部会同科技部负责对地方商务主管部门和地方科技主管部门的技术出口许可进行监督检查，同时加强对限制出口技术管理的培训和指导。

地方商务主管部门应在每年 1 月 31 日前将上年度批准的技术出口许可事项向商务部备案。

第二十条　凡违反本办法规定的，将依据《中华人民共和国技术进出口管理条例》及其他有关法律规定，追究有关当事人和单位的责任。

第二十一条　核技术、核两用品相关技术、化学两用品相关技术、生物两用品相关技术、导弹相关技术和国防军工专有技术的出口不适用本办法。

第二十二条　本办法自公布之日起 30 日后施行。2002 年 1 月 1 日起施行的《禁止出口限制出口技术管理办法》（原对外贸易经济合作部、科学技术部 2001 年第 14 号令）同时废止。

两用物项和技术出口通用许可管理办法

（中华人民共和国商务部 2009 年第 22 次部务会议审议通过，自 2009 年 7 月 1 日起施行）

第一章 总则

第一条 为维护国家安全和社会公共利益，完善两用物项和技术出口管理，依据《中华人民共和国对外贸易法》和有关行政法规规章的规定，制定本办法。

第二条 本办法所称有关行政法规规章是指《中华人民共和国核两用品及相关技术出口管制条例》《中华人民共和国生物两用品及相关设备和技术出口管制条例》《中华人民共和国导弹及相关物项和技术出口管制条例》《有关化学品及相关设备和技术出口管制办法》等。

本办法所称两用物项和技术是指前款有关行政法规规章管制的物项和技术。

第三条 本办法所称两用物项和技术出口通用许可是指商务部根据两用物项和技术出口经营者的申请，依照有关行政法规规章和本办法的规定进行审查，准予其持商务部签发的两用物项和技术出口通用许可批复，依据许可有效期和范围，在《两用物项和技术进出口许可证管理办法》（商务部、海关总署 2005 年第 29 号令）规定的发证机构多次申领两用物项和技术出口许可证的行为。

未取得两用物项和技术出口通用许可，出口经营者应当依据有关行政法规规章的规定，逐单申请出口许可。

第四条 商务部是全国两用物项和技术出口通用许可的主管部门。

商务部委托的省级商务主管部门按照本办法的规定，负责本地区两用物项和技术出口通用许可的日常监督管理。

第五条　两用物项和技术出口通用许可分为甲类通用许可和乙类通用许可。

甲类通用许可允许出口经营者在许可有效期内向一个或多个特定国家（或地区）的一个或多个最终用户，出口一种或多种特定两用物项和技术。

乙类通用许可允许出口经营者在许可有效期内向同一特定国家（或地区）的固定最终用户多次出口同种类特定两用物项和技术。

第六条　两用物项和技术出口通用许可有效期不超过3年。

第二章　通用许可的实施

第七条　国家对两用物项和技术出口通用许可的实施进行严格审查。

两用物项和技术出口通用许可经营者（以下简称"通用许可经营者"）应当满足以下条件：

（一）是合法的对外贸易经营者；

（二）建立企业两用物项和技术内部控制机制；

（三）从事两用物项和技术出口业务两年以上（含两年）；

（四）申请甲类通用许可的，应当连续两年以上（含两年）年申领两用物项和技术出口许可数量超过40份（含40份）；申请乙类通用许可的，应当连续两年以上（含两年）年申领同种类两用物项和技术出口许可数量超过30份（含30份）；

（五）近3年内未受过刑事处罚或受过有关部门行政处罚；

（六）有相对固定的两用物项和技术销售渠道及最终用户。

第八条　两用物项和技术通用许可经营者应当向商务部提出通用许可申请，并向商务部委托的省级商务主管部门提交下列申请材料：

（一）两用物项和技术出口通用许可申请表；

（二）企业两用物项和技术内部控制机制建立和运行情况说明及相关证明文件；

（三）近 3 年内未受过刑事处罚或受过有关部门行政处罚的保证文书；

（四）合法的对外贸易经营者的证明文件；

（五）从事两用物项和技术出口业务情况说明，包括：近两年两用物项和技术出口许可证申领及使用情况说明；两用物项和技术销售渠道及用户情况说明，包括与交易各方关系、交易情况及进口商和最终用户说明；

（六）拟申请出口通用许可的物项和技术的种类及相关技术说明文件；

（七）依照有关行政法规规章规定，每份合同执行前向最终用户索取相关保证文书或最终用户和最终用途说明文件的保证文件；

（八）主管部门要求提交的其他文件。

两用物项和技术出口通用许可申请表由商务部统一制定。

第九条　商务部委托的省级商务主管部门自收到本办法第八条规定的文件之日起 10 个工作日内将申请材料送商务部。商务部自收到申请材料之日起，依照有关行政法规规章的规定进行审查或会同有关部门进行审查，并做出许可或者不予许可的决定。予以许可的，由商务部签发两用物项和技术出口通用许可批复；不予许可的，应当说明理由。

在审查过程中，商务部或其委托的省级商务主管部门可以根据需要约谈企业主要管理人员，了解企业内部出口控制机制建立和执行情况。必要时，可对企业进行实地考察验证。

在审查过程中，商务部可以委托专家咨询机构对企业内部出口控制机制的建立及运行情况进行评估。专家咨询机构由商务部确定，并以公告形式对外发布。

第十条　下列情形不适用通用许可：

（一）企业已建立完备的内部出口控制机制但无法确认其有效执行的；

（二）有关行政主管部门认为出口存在扩散风险以及其他不适宜通用许可的。

第十一条　通用许可经营者无法判断拟出口的物项和技术是否符合有关行政法规规章规定，或者无法判断拟出口的物项和技术是否属于通用许可范围，应当依照有关行政法规规章的规定，逐单申请出口许可。

第十二条　严禁伪造、变造、买卖或者转让两用物项和技术出口通用许可批复；严禁超出许可范围使用两用物项和技术出口通用许可批复或者利用两用物项和技术通用许可批复从事扰乱市场竞争秩序的违法违规行为。

第三章　两用物项和技术出口许可证的申领

第十三条　通用许可经营者获得商务部签发的两用物项和技术出口通用许可批复后，凭加盖企业公章的批复文件到《两用物项和技术进出口许可证管理办法》规定的两用物项和技术出口许可证发证机构申领两用物项和技术出口许可证。

两用物项和技术出口许可证申领的其他程序依照《两用物项和技术进出口许可证管理办法》执行。

第四章　通用许可经营者的义务

第十四条　通用许可经营者应当按照国家有关出口管制政策、法规要求，有效执行企业内部控制机制。

第十五条　通用许可经营者应当如实提供申请材料并妥善保存依照有关行政法规规章规定的保证文书或最终用户和最终用途说明以及合同、发票、账册、单据、记录、文件、业务函电、录音录像制品和其他资料五年。

第十六条　通用许可经营者知道或者应当知道，或者得到商务部或其委托的省级商务主管部门通知，或者在从事相关两用物项和技术出口过程中发现，其拟出口的物项和技术存在危害国家安全和社会公共利益风险时，应当立即暂停或停止相关出口活动，采取必要的补救措施，并及时向商务部及其委托的省级商务主管部门报告。

第十七条　通用许可经营者应当在通用许可有效期内，主动了解两用物项和技术出口管制政策、法规，参加商务主管部门举办的相关培训。

第十八条　通用许可经营者应当依照企业内部控制机制的要求，检查机制执行情况，如实向商务部及其委托的省级商务主管部门报告本企业出现的违法违规行为，并积极配合商务部及其委托的省级商务主管部门做好相关工作。

第十九条　通用许可经营者应当在通用许可有效期内每六个月及通用许可有效期截止之日起 30 日内向商务部及其委托的省级商务部主管部门报告通用许可使用情况，包括两用物项和技术的出口时间、物项种类、规格型号、数量、贸易方式、出口国（地区）、进口商、最终用户、最终用途以及运输途径和报关口岸等。

第五章　监督管理

第二十条　商务部应当及时通过"出口管制政务平台"或其他媒介发布相关出口管制政策、法规，对通用许可经营者进行政策、法规培训。

第二十一条　商务部、商务部委托的省级商务主管部门以及商务部委托的专家咨询机构可以根据通用许可经营者的要求，提供相关培训和技术指导。

第二十二条　商务部或其委托的省级商务主管部门可以对通用许可经营者进行监督检查。必要时，可进行实地检查。通用许可经营者应当予以配合、协助，如实提供有关情况和材料、物品。

第二十三条　实地检查时，商务部或其委托的省级商务主管部门可以通过询问相关工作人员、查询复制本办法第十四条规定保存的资料等方式对企业内部控制机制的执行情况进行检查，并提出整改意见。

第二十四条　实地检查时，检查人员不得少于 2 人，并出示合法证件。检查人员少于 2 人或者未出示合法证件的，通用许可经营者有权拒绝检查。

第二十五条 对存在危害国家安全和社会公共利益风险的出口行为，商务部或其委托的省级商务主管部门依照有关行政法规规章和本办法的规定，可以要求两用物项和技术出口通用许可经营者暂停或停止相关物项和技术的出口，必要时，可以撤销通用许可或采取任何必要措施，维护国家安全和社会公共利益。

第六章 法律责任

第二十六条 未取得通用许可出口两用物项和技术的，或者伪造、变造、买卖或转让两用物项和技术出口通用许可批复的，或者以欺骗及其他不正当手段获取两用物项和技术出口通用许可的，或者超出通用许可范围出口两用物项和技术的，依照有关行政法规规章处罚；构成犯罪的，依法追究刑事责任。

第二十七条 通用许可经营者违反本办法第四章规定的，商务部可以要求其限期改正；情节严重的，可以取消其出口通用许可，并依照有关行政法规规章规定予以处罚。

第七章 附则

第二十八条 本办法由商务部负责解释。

第二十九条 本办法自 2009 年 7 月 1 日起施行。

电子认证服务管理办法

（2009 年 2 月 18 日中华人民共和国工业和信息化部令第 1 号公布。自 2009 年 3 月 31 日起施行。根据 2015 年 4 月 29 日中华人民共和国工业和信息化部令第 29 号公布的《工业和信息化部关于修改部分规章的决定》修订）

第一章 总则

第一条 为了规范电子认证服务行为，对电子认证服务提供者实施监督管理，根据《中华人民共和国电子签名法》和其他法律、行政法规的规定，制定本办法。

第二条　本办法所称电子认证服务，是指为电子签名相关各方提供真实性、可靠性验证的活动。

本办法所称电子认证服务提供者，是指为需要第三方认证的电子签名提供认证服务的机构（以下称为"电子认证服务机构"）。

向社会公众提供服务的电子认证服务机构应当依法设立。

第三条　在中华人民共和国境内设立电子认证服务机构和为电子签名提供电子认证服务，适用本办法。

第四条　中华人民共和国工业和信息化部（以下简称"工业和信息化部"）依法对电子认证服务机构和电子认证服务实施监督管理。

第二章　电子认证服务机构

第五条　电子认证服务机构应当具备下列条件：

（一）具有独立的企业法人资格。

（二）具有与提供电子认证服务相适应的人员。从事电子认证服务的专业技术人员、运营管理人员、安全管理人员和客户服务人员不少于三十名，并且应当符合相应岗位技能要求。

（三）注册资本不低于人民币三千万元。

（四）具有固定的经营场所和满足电子认证服务要求的物理环境。

（五）具有符合国家有关安全标准的技术和设备。

（六）具有国家密码管理机构同意使用密码的证明文件。

（七）法律、行政法规规定的其他条件。

第六条　申请电子认证服务许可的，应当向工业和信息化部提交下列材料：

（一）书面申请。

（二）人员证明。

（三）企业法人营业执照副本及复印件。

（四）经营场所证明。

（五）国家有关认证检测机构出具的技术、设备、物理环境符合国家有关安全标准的凭证。

（六）国家密码管理机构同意使用密码的证明文件。

第七条　工业和信息化部对提交的申请材料进行形式审查。申请材料齐全、符合法定形式的，应当向申请人出具受理通知书。申请材料不齐全或者不符合法定形式的，应当当场或者在五日内一次告知申请人需要补正的全部内容。

第八条　工业和信息化部对决定受理的申请材料进行实质审查。需要对有关内容进行核实的，指派两名以上工作人员实地进行核查。

第九条　工业和信息化部对与申请人有关事项书面征求中华人民共和国商务部等有关部门的意见。

第十条　工业和信息化部应当自接到申请之日起四十五日内作出准予许可或者不予许可的书面决定。不予许可的，应当书面通知申请人并说明理由；准予许可的，颁发《电子认证服务许可证》，并公布下列信息：

（一）《电子认证服务许可证》编号。

（二）电子认证服务机构名称。

（三）发证机关和发证日期。

电子认证服务许可相关信息发生变更的，工业和信息化部应当及时公布。

《电子认证服务许可证》的有效期为五年。

第十一条　电子认证服务机构不得倒卖、出租、出借或者以其他形式非法转让《电子认证服务许可证》。

第十二条　取得认证资格的电子认证服务机构，在提供电子认证服务之前，应当通过互联网公布下列信息：

（一）机构名称和法定代表人。

（二）机构住所和联系办法。

（三）《电子认证服务许可证》编号。

（四）发证机关和发证日期。

（五）《电子认证服务许可证》有效期的起止时间。

第十三条　电子认证服务机构在《电子认证服务许可证》的有效期内变更公司名称、住所、法定代表人、注册资本的，应当在完成工商变更登记之日起 15 日内办理《电子认证服务许可证》变更手续。

第十四条　《电子认证服务许可证》的有效期届满需要延续的，电子认证服务机构应当在许可证有效期届满三十日前向工业和信息化部申请办理延续手续，并自办结之日起五日内按照本办法第十二条的规定公布相关信息。

第三章　电子认证服务

第十五条　电子认证服务机构应当按照工业和信息化部公布的《电子认证业务规则规范》等要求，制定本机构的电子认证业务规则和相应的证书策略，在提供电子认证服务前予以公布，并向工业和信息化部备案。

电子认证业务规则和证书策略发生变更的，电子认证服务机构应当予以公布，并自公布之日起三十日内向工业和信息化部备案。

第十六条　电子认证服务机构应当按照公布的电子认证业务规则提供电子认证服务。

第十七条　电子认证服务机构应当保证提供下列服务：

（一）制作、签发、管理电子签名认证证书。

（二）确认签发的电子签名认证证书的真实性。

（三）提供电子签名认证证书目录信息查询服务。

（四）提供电子签名认证证书状态信息查询服务。

第十八条　电子认证服务机构应当履行下列义务：

（一）保证电子签名认证证书内容在有效期内完整、准确。

（二）保证电子签名依赖方能够证实或者了解电子签名认证证书所载内容及其他有关事项。

（三）妥善保存与电子认证服务相关的信息。

第十九条　电子认证服务机构应当建立完善的安全管理和内部审计制度。

第二十条　电子认证服务机构应当遵守国家的保密规定，建立完善的保密制度。

电子认证服务机构对电子签名人和电子签名依赖方的资料，负有保密的义务。

第二十一条　电子认证服务机构在受理电子签名认证证书申请前，应当向申请人告知下列事项：

（一）电子签名认证证书和电子签名的使用条件。

（二）服务收费的项目和标准。

（三）保存和使用证书持有人信息的权限和责任。

（四）电子认证服务机构的责任范围。

（五）证书持有人的责任范围。

（六）其他需要事先告知的事项。

第二十二条　电子认证服务机构受理电子签名认证申请后，应当与证书申请人签订合同，明确双方的权利义务。

第四章　电子认证服务的暂停、终止

第二十三条　电子认证服务机构在《电子认证服务许可证》的有效期内拟终止电子认证服务的，应当在终止服务六十日前向工业和信息化部报告，并办理《电子认证服务许可证》注销手续。

第二十四条　电子认证服务机构拟暂停或者终止电子认证服务的，应当在暂停或者终止电子认证服务九十日前，就业务承接及其他有关事项通知有关各方。

电子认证服务机构拟暂停或者终止电子认证服务的，应当在暂停或者终止电子认证服务六十日前向工业和信息化部报告，并与其他电子认证服务机构就业务承接进行协商，作出妥善安排。

第二十五条　电子认证服务机构拟暂停或者终止电子认证服务，未能就业务承接事项与其他电子认证服务机构达成协议的，应当申请工业和信息化部安排其他电子认证服务机构承接其业务。

第二十六条　电子认证服务机构被依法吊销电子认证服务许可的，其业务承接事项按照工业和信息化部的规定处理。

第二十七条　电子认证服务机构有根据工业和信息化部的安排承接其他机构开展的电子认证服务业务的义务。

第五章　电子签名认证证书

第二十八条　电子签名认证证书应当准确载明下列内容：

（一）签发电子签名认证证书的电子认证服务机构名称。

（二）证书持有人名称。

（三）证书序列号。

（四）证书有效期。

（五）证书持有人的电子签名验证数据。

（六）电子认证服务机构的电子签名。

（七）工业和信息化部规定的其他内容。

第二十九条　有下列情况之一的，电子认证服务机构可以撤销其签发的电子签名认证证书：

（一）证书持有人申请撤销证书。

（二）证书持有人提供的信息不真实。

（三）证书持有人没有履行双方合同规定的义务。

（四）证书的安全性不能得到保证。

（五）法律、行政法规规定的其他情况。

第三十条　有下列情况之一的，电子认证服务机构应当对申请人提供的证明身份的有关材料进行查验，并对有关材料进行审查：

（一）申请人申请电子签名认证证书。

（二）证书持有人申请更新证书。

（三）证书持有人申请撤销证书。

第三十一条　电子认证服务机构更新或者撤销电子签名认证证书时，应当予以公告。

第六章　监督管理

第三十二条　工业和信息化部对电子认证服务机构进行定期、不定期的监督检查，监督检查的内容主要包括法律法规符合性、安全运营管理、风险管理等。

工业和信息化部对电子认证服务机构实行监督检查时，应当记录监督检查的情况和处理结果，由监督检查人员签字后归档。公众有权查阅监督检查记录。

工业和信息化部对电子认证服务机构实行监督检查，不得妨碍电子认证服务机构正常的生产经营活动，不得收取任何费用。

第三十三条　取得电子认证服务许可的电子认证服务机构，在电子认证服务许可的有效期内不得降低其设立时所应具备的条件。

第三十四条　电子认证服务机构应当如实向工业和信息化部报送认证业务开展情况报告、财务会计报告等有关资料。

第三十五条　电子认证服务机构有下列情况之一的，应当及时向工业和信息化部报告：

（一）重大系统、关键设备事故。

（二）重大财产损失。

（三）重大法律诉讼。

（四）关键岗位人员变动。

第三十六条　电子认证服务机构应当对其从业人员进行岗位培训。

第三十七条　工业和信息化部根据监督管理工作的需要，可以委托有关省、自治区和直辖市信息产业主管部门承担具体的监督管理事项。

第七章　罚则

第三十八条　电子认证服务机构向工业和信息化部隐瞒有关情况、提供虚假材料或者拒绝提供反映其活动的真实材料的，由工业和信息化部责令改正，给予警告或者处以 5000 元以上 1 万元以下的罚款。

第三十九条　工业和信息化部与省、自治区、直辖市信息产业主管部门的工作人员，不依法履行监督管理职责的，由工业和信息化部或者省、自治区、直辖市信息产业主管部门依据职权视情节轻重，分别给予警告、记过、记大过、降级、撤职、开除的行政处分；构成犯罪的，依法追究刑事责任。

第四十条　电子认证服务机构违反本办法第十三条、第十五条、第二十七条的规定的，由工业和信息化部依据职权责令限期改正，处以警告，可以并处 1 万元以下的罚款。

第四十一条　电子认证服务机构违反本办法第三十三条的规定的，由工业和信息化部依据职权责令限期改正，处以 3 万元以下的罚款，并将上述情况向社会公告。

第八章　附则

第四十二条　经工业和信息化部根据有关协议或者对等原则核准后，中华人民共和国境外的电子认证服务机构在境外签发的电子签名认证证书与依照本办法设立的电子认证服务机构签发的电子签名认证证书具有同等的法律效力。

第四十三条　本办法自 2009 年 3 月 31 日起施行。2005 年 2 月 8 日发布的《电子认证服务管理办法》（中华人民共和国信息产业部令第 35 号）同时废止。